THE WORST DECISIONS ...EVER!
HISTORY'S BIGGEST MISTAKES AND THE PEOPLE WHO MADE THEM

失敗だらけの人類史
英雄たちの残念な決断

PICTURE CREDITS

Key: t=top, b=bottom, l=left, r=right, c=center

All images public domain unless otherwise indicated:

Alamy: 11t Private Collection/AF Fotografie, 13tl North Wind Picture Archives, 19t Eye Ubiquitous, 39tl World History Archive, 193t Trinity Mirror/Mirrorpix.

The Art Archive: 57t, 85tl, 91tl, 105t.

Corbis: 102b, 123tl, 129tl, 135tl, 143tl, 147br, 153b, 161tl, 173t, 174tl, 183t, 207t, 213tl.

Dreamstime: 9l Sampete, 16-17t Alexkhripunov, 29tl Chaikovsky, 31tl Salajean, 35tl Larrui, 37tl Cleymans, 38t Tupungato, 139b Luisrftc, 15tl Molekuul, 157b Amaviael, 159t Instamatic, 177tl Newsfocus1, 178t Newsfocus1, 195t Sjors737, 200–01 Smirnov, 203br Akodisinghe, 217t Andrey Plis.

Getty Images: 152tl 2015 Thomas Niedermueller/Life Ball 2015, 209tl Gideon Mendel.

ImageMagick: 187bl.

Library of Congress: 26tl, 33t, 65l, 69l, 79tl, 80t, 83, 87t, 89tr, 109tl, 110b, 115tl, 119bl.

Mary Evans Picture Library: 41tl, 42t, 43bl, 49b, 50tl, 7tl, 72–73t.

Rex Features: 25t Everett Collection/Rex Feature, 191l.

Shutterstock: 95t Everett Historical, 97t Everett Historical.

Sputnik Images: 189tr.

Wikimedia Commons: 204t Ed Yourdon.

[THE WORST DECISIONS ...EVER!]
HISTORY'S BIGGEST MISTAKES
AND THE PEOPLE WHO MADE THEM

STEPHEN WEIR

失敗だらけの人類史
英雄たちの残念な決断

ステファン・ウェイア 著
定木大介、吉田旬子 訳

NATIONAL GEOGRAPHIC

目次 失敗だらけの人類史
英雄たちの残念な決断

6	序章
8	アダムとイブ、禁断の木の実を口にする
12	パリスがメネラオスの美人妻をさらう
18	ハンニバル、軍勢を率いてアルプスを越える
24	クレオパトラ、アントニウスと手を結ぶ
28	皇帝ネロとローマの大火
32	バイキングの探検家、グリーンランドに入植
36	教皇シルウェステル2世と世界の終わり
40	アレクサンデル3世とプレスター・ジョンの探索
44	ポジェブラト、欧州統合のアイデアを各国に売り込む
48	モンテスマ2世、スペイン人侵略者を歓迎する
52	ヨハン・デ・ウィット、マンハッタン島を手放す
56	ノース卿、ボストン茶会事件で米国を失う
60	ナポレオン、モスクワを前に翻意する
64	戦争省、ナイチンゲールの邪魔をする
68	インド陸軍、牛脂をめぐって反乱
74	オースティン、オーストラリアにウサギを放つ
78	カスター将軍とリトルビッグホーンの惨劇
84	ベルギー王レオポルドとアフリカの分割
90	ニコライとアレクサンドラ、怪僧ラスプーチンを狂信
94	タイタニック号に積まれたイズメイ社長の救命ボート
98	ガヴリロ・プリンツィプ、サンドイッチを買う
104	ウィンストン・チャーチルとガリポリでの完敗
108	英国司令官ヘイグ、ソンム川で作戦を変更せず
114	フランス軍、マジノ要塞線を過信する

118	チャーチルの描いた国境線、今日まで中東紛争の火種に
122	20世紀最悪の暴君 スターリンと大粛清
128	日本軍の奇襲攻撃とシンガポールの陥落
134	原因は干ばつにあらず ベンガルの米飢饉
138	不毛の土地に種をまく 悲惨な落花生計画
142	人間をモルモットにしたマラリンガでの核実験
146	無能の宰相イーデンとスエズ動乱の大失敗
150	グリューネンタール社、新薬サリドマイドを発売する
156	ワクチンとエイズと、コンゴのチンパンジー
160	マクナマラ国防長官がベトナムに撒いた枯葉剤
164	マーフィーの法則と抜けていたハイフン
168	ナウルの鳥の糞と欲に目がくらんだ島民
172	ユニオン・カーバイド社、ボパール工場の経費削減
176	出版王マクスウェル、年金基金を盗む
182	ソ連、チェルノブイリで軽率に試験を行う
186	CIA、ムジャーヒディーンに武器を提供する
190	宝石商ラトナー、うっかり商売の秘密を暴露
194	バングラデシュの洪水と東インド会社の森林破壊
198	ロッキード・マーティン社、数字の確認を2度も怠る
202	起きなかった2000年問題、必要なかった備え
206	ムガベ大統領、ジンバブエの大地を接収
210	ずる賢いエンロン社、数字をいじる
214	津波観測センサ、インド洋に設置されず
218	参考図書など
220	索 引

序章

人類の歴史は「失敗の歴史」ともいえる。しかもその失敗の多くは、優秀で善意に満ちた人々が、肝心なときに大事な判断を誤ったために引き起こされている。少なからぬ人々が二者択一の選択問題を間違えてしまったのだが、これらの判断の多くは、そのときには一番良い考えに思えたものばかりである。

一方、とてつもなく愚かな判断が下されたことがあるのも事実であり、本書には、人類が犯した愚の骨頂とも言うべき失敗の数々が取り上げられている。それらは罪のないうっかりミスなどではすまされない。たくさんの人命や人々の暮らしを損なったり、国や王朝を滅ぼすような高い代償を払う結果をもたらした、実に愚かなヘマである。後世に負の影響を及ぼした致命的な誤算である。

人類史上最悪の失敗

そもそも王族や高貴な人々は別として、我々一般の人間に、世間に大きな影響を与える決断のチャンスがめぐってくることなど、めったにない。万一そういう機会に出合ったら、自分ではどうしようもない衝動に舞い上がり、なけなしの分別さえ失ってしまうことだろう。

6世紀の末、大教皇グレゴリウス1世はこの種の衝動を分類して「七つの大罪」としたが、本書を読み進めるうち、読者はそれらの実例にうんざりするほど出合うことになる。

もっとも、不心得者だけが愚かなことをすると考えるのは、無邪気にすぎる。事実、キリスト教の枢要徳に数えられる「信仰」「希望」「愛」のそれぞれが、信徒をこのうえない愚行に駆り立てた例もまた、本書の読者は知ることになるはずである。

マンハッタン島の購入
1626年、先住民からマンハッタン島を買い取るピーター・ミニュイットの姿を描いた20世紀初頭の絵。

禁断の木の実に手を伸ばす決断をしたアダムとイブ。百年から数百年ごとに津波が発生していた事実を知りながら早期センサシステムを整備せず、2004年暮れのスマトラ沖地震の被害に遭った東南アジア諸国の政府。キリスト教徒の

軍を率いる偉大な指導者がいるという伝説を信じて何千マイルもの距離を旅した中世の十字軍。一瞬で自分の会社をつぶしてしまったジェラルド・ラトナー。歴史的な知名度にかかわりなく、本書にはこうした過ちの担い手たちが数多く登場する。

　人類の愚かな過ちを追体験することを厭わない読者諸賢におかれては、サンタヤーナ歴史再現協会（Santayana Historical Reenactment Society）に興味を持たれるかもしれない。この協会の会員たちは歴史に名高い愚行の数々を実際に再現してみせる活動にいそしんでいるが、それは、協会がその名を冠する人物、ジョージ・サンタヤーナの名言に、注目してほしいからだ。サンタヤーナ曰く──「過去を学ばない者は、必ずや同じ過ちを繰り返す」

8 失敗だらけの人類史——英雄たちの残念な決断

アダムとイブ、禁断の木の実を口にする

紀元前4004年（17世紀の聖書学者アッシャーとライトフットの年表による）

人物：アダムとイブ

結果：原罪

失敗：軽率な行動により、人類の本質的愚行の嚆矢（こうし）となる

人類が犯してきた愚かな行為のすべてに責任があると思われるのは、最初の人間であるアダムとイブだろう。人類はなぜ失敗ばかり犯すのか？　その動機は本書の中で追々明らかになるが、その多くが、この2人の中にすでに現れている。すなわち、嫉妬、暴食、色欲、知識欲、そして、言いつけに背いても何とかなるだろうという強い思い込みである。

神が男をつくる。さらに、男から女をつくる。男が女に出会う。男は悪にそそのかされて女を欲する。男も女も楽園から追放される——このような物語は、多くの宗教や文明の創世神話に形を変えて繰り返し現れる。

DNA解析によって、人類共通の祖先と目される2人の人間の存在が突き止められた。すべての女性は母親からミトコンドリアDNA（ほとんどの細胞内に数多く見つかる構造体）を受け継ぐ。このミトコンドリアDNAの系譜をさかのぼることで、20万年前に生きていた、全人類共通の女系祖先というべき1人の多産な女性にたどりつく。彼女こそ「ミトコンドリア・イブ」と呼ばれる、人類全員に共通する1万代前（数世代は前後するかもしれないが）の曾祖母である。

Y染色体（通常、男性の細胞にしか存在しな

> 女にはこう言われた。
> 「私は、あなたのみごもりの苦しみを大いに増す。あなたは、苦しんで子を産まなければならない。しかも、あなたは夫を恋い慕うが、彼はあなたを支配することになる」
> また、アダムにこう言われた。
> 「あなたが妻の言うことに耳を貸し、食べてはならないと私が命じておいた木から食べたので、土地はあなたのせいで呪われてしまった。あなたは一生、苦しんで食を得なければならない。土地はあなたのために茨とあざみを生えさせ、あなたは野の草を食べなければならない。あなたは額に汗して糧を得、最後には土に帰る。あなたはそこから取られたのだから。あなたはもともと塵なのだから、塵に帰らなければならない」
>
> ——欽定訳聖書「創世記」3章16節〜19節

アダムとイブ、禁断の木の実を口にする　9

アダムとイブ
ヘンドリック・ホルツィウス作『人類の堕落』に描かれた、禁断の木の実であるリンゴを食べるようアダムにけしかけるイブ。

イブの総て

　アダムとイブの寓話には、ミソジニー（女性憎悪）の要素が色濃く現れている。なぜならこの寓話は、人類の堕落をイブのせいにしているからだ。蛇に姿を変えたサタンにそそのかされた彼女は、禁断の木の実をアダムにすすめる。アダムは、木の実を口にした瞬間、自分たちが一糸まとわぬ裸だということに気づく。それが、面倒の始まりだった。このとき、キリスト教の聖書も、ユダヤ教のタルムードも、イスラム教のコーランも、サタンという生粋の悪役を獲得する。つまり、それ以降に起きることはすべて、常に誰かのせいにすることができるようになったのである。

　キリスト教でもイスラム教でもユダヤ教でも、話に大きな違いはない。神が土または粘土からアダムを創造する（アラビア語のアダムは「土の」あるいは「赤い」という意味）。次に、アダムの体からイブがつくられる（イブという名は「生きる」を意味するヘブライ語「ハーヤー」に由来）。イブを誘惑する蛇には諸説あり、単に、生まれたばかりの創造物に対する神の試練として描いている場合もあれば、人間という新たな生きものの出現に腹を立てた堕天使サタンとして描いている場合もある（神の似姿としてつく

い糸状の構造体）を使った同様の調査研究により、人類共通の男系祖先「Y染色体アダム」が、今からおよそ9万年前に生きていたことも分かっている。アダムとイブのような原初の人間ではないにせよ、ミトコンドリア・イブとY染色体アダムもまた、われわれ人類共通の祖先なのである。

> 楽園を追われた2人は、悲惨な境遇でたいていの男女がすることをして、家庭を築いた。
> この家庭は円満ではなかった。

られた人間は神に服従すべき存在だとする神の言い分がまた、サタンの怒りの火に油をそそいだ)。どの話にも木の実は出てくるが、それがリンゴだとする記述は創世記にはない。

パンドラの壺

　ギリシャ神話にも、アダムとイブの話とよく似た物語が——さまざまに形を変えながら——繰り返し立ち現れる。ギリシャ神話の最高神ゼウスは、巨神族の1人であるプロメテウスに、人類を創造せよと命じた。プロメテウスは命令に従い、土から人間をこしらえた。その後ゼウスは、天界の火を盗んで人間に与えた罪でプロメテウスを罰する。プロメテウスは山のいただきの岩に鎖で縛りつけられ、生きながら鷲に肝臓をついばまれる責め苦を受ける。肝臓は夜のうちに癒え、翌日また鷲についばまれるため、苦しみは延々と続く。

　いっぽう、人間に科された罰はパンドラという名の女性だった。パンドラはゼウスの命令でヘパイストスという神が創造した、人類最初の女性である。聖書のイブ同様、パンドラもまた人類の歴史に苦しみをもたらすのだが、この場合鍵となったのは木の実ではなく、世界中の悪という悪が詰まった壺だった。そしてやはり、アダムとイブ同様、パンドラもまた誘惑にあらがうことができず、壺のふたをあけ、ありとあらゆる形の悪を解き放ってしまう——ただ1つ、「絶望」を除いて。ここでもまた、人類の住む定命の世界は、楽園の喪失によって未来永劫変わってしまうのだった。

エデンの園

　かつてエデンの園があったといわれる場所は、それこそ枚挙にいとまがない。聖書には園の様子が描かれているだけで具体的な地名はなく、手がかりといえば、4つの川が合わさるところにあるということぐらいだ。4つの川とはティグリス、ユーフラテス、ピション、ギホンのことだが、このうちのピション川とギホン川は今では影も形もない。エデンの園じたいは、一般的にはペルシャ湾沿岸のどこかまたはトルコのアナトリアにあったと考えられている。最後の氷河期が終わり水嵩が増したせいで、ピション川とギホン川はみずから作り出した肥沃な土地もろともペルシャ湾に沈んでしまい、それが、楽園の喪失というエピソードになったという説もある。実際、エデンとアダムは、シュメール語以前の言語でそれぞれ「肥沃な平野」と「移住」を意味すると考えられている。神の怒りを買った結果としてこの地を失ったことが、エデンの園からの追放という聖書のエピソードにつながったのではないかというのだ。富と資源を生む肥沃な土地で安楽に生きる暮らしは、それによって終わりを告げたのだ、と。

　ところが、アメリカのフロリダ州ブリストルに住んでいたエルヴィー・E・キャラウェイの説では、人類発祥の地はフロリダを流れるアパラチコラ川の河岸だということになる。エデンの園の所在地を75年にわたり研究したキャラウェイは、証拠として創世記の2章10節を引用している。そこには、「また1つの川がエデンから流れ出て園を潤し、そこから分かれて4つの川となった」とある。キャラウェイによれば、4つに分かれる河系は世界中でアパラチコラ川し

アダムとイブ、禁断の木の実を口にする 11

失楽園
アダムとイブをエデンの園から追放する神。

かないという。彼はまた「ゴフェルの木」という聖書の記述を、フロリダのパンハンドル地方にしか見られない常緑針葉樹であるフロリダガヤ（学名 Torreya taxifolia）とも結びつけてみせた。しかし、聖書に登場する「ゴフェル」という言葉が何を意味するか、それが正確に何の木を指しているか、答えはまだ出ていない。

追放
　アダムとイブは二度とエデンの園に戻ることを許されなかった。楽園を追われた2人は、悲惨な境遇でたいていの男女がすることをして、家庭を築いた。この家庭は円満ではなかった。息子の1人であるカインが弟のアベルを殺してしまうからだ。また、息子たちの配偶者がどこから来たのかは、いまだ説明されていない。アダムとイブによる「原罪」は、その後人類にどういう結果をもたらしたのだろうか？　それは、本書を読み進めるうちに明らかになる。

12 失敗だらけの人類史――英雄たちの残念な決断

パリスが
メネラオスの美人妻をさらう

紀元前1190年～1180年

人物：メネラオス（紀元前1280年頃～1150年頃）
結果：トロイの町の破壊と、20年におよぶ自国ギリシャ領の放棄
失敗：さらわれた妻を追い、報復のために当時知られていた世界を半周

古代ギリシャの詩人ホメロスの叙事詩『イリアス』で語られるトロイとヘレネの物語は、何世紀もの間、作り話だと思われてきた。確かに、『イリアス』には動物に変身した神々が随所に登場するし、怪しげな美人コンテストも催される。それでも、後世のギリシャの詩人や歴史家の記述がまったくの絵空事などではなく、一部は事実だったのは、考古学上の証拠が示すとおりである。

『イリアス』が書かれたとき、実際の出来事からすでに5世紀が経過している。ホメロスが同時代人の感性に訴えるよう工夫を凝らし、物語に興を添えるため神々を登場させたとしても、驚くには当たらない。

トロイのパリスがヘレネを夫であるスパルタ王メネラオスからさらった経緯と、その結果引き起こされたトロイ戦争は、色欲というものがいかに危険であるかを示す好例として、今なお

> トロイのパリスがヘレネを夫であるスパルタ王メネラオスからさらった経緯と、その結果引き起こされたトロイ戦争は、色欲というものがいかに危険であるかを示す好例として、今なお教訓に富む。

教訓に富む。メネラオスは自国と近隣諸国の全軍を率いて報復の遠征に乗り出し、トロイを包囲した。ただ、この包囲戦に勝利して凱旋するまでにはほぼ20年の歳月が費やされ、その間に参加者の大半が死亡した。彼らの故郷は荒廃するに任され、家族は崩壊の憂き目にあった。

豊かな商都

トロイ戦争は10年続いたと考えられている。トロイは実在した町で、ダーダネルス海峡（ヨーロッパの地中海と小アジアの黒海を結ぶ水域）を扼する豊かな商都だった。もっとも、多くの証拠が示すとおり、戦争当時のギリシャ人はトロイの所在を知らなかったようだ。彼らはたんに、さらわれたヘレネのあとをひたすら追いかけただけだった。

この戦争の原因はいまだ定かでないが、確かなのは、古代史に登場する重要人物の多くがトロイの伝説を信じていたことだ。ペルシャ王クセルクセス1世、マケドニアのアレクサンドロス大王、ローマの支配者ユリウス・カエサル……。いずれもトロイの跡地を訪れて勇者たちに尊崇の念を捧げ、その武勇にあやかろうとしたという。彼らの戦争が時代を超えて語り継が

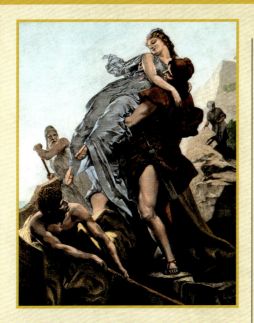

トロイのヘレネ
メネラオス王の美貌の妻、トロイのヘレネを連れ去るパリスを描いた19世紀の絵画。この誘拐がトロイ戦争の引き金となった。

れたのは、征服や交易のためだけでなく、理想のために戦われた戦争だったからかもしれない。

美青年パリス

　事の発端は、パリスという身分の高い青年が、メネラオスの美しい妻ヘレネを誘惑し、連れ去ったことだった。パリスの出生にはいわくがある。パリスを身ごもっていたトロイの王妃ヘカベは、燃えるたいまつを産み落とす夢を見た。予言者に相談すると、生まれてくる赤子が、やがてはトロイを滅ぼすことを告げているという。しかし、いざ生まれてみると、ヘカベはわが子を手にかけることができず、見かねた王のプリモスが牧童頭のアゲラオスに、息子を山中に捨ててくるよう命ずる。ところが、パリスは雌熊に乳をもらって生き延びる。9日後、まだ生きている幼子を見つけたアゲラオスは不憫に思い、自分の子として育てることにした。

　やがてパリスは古代世界に二人といないほどの美青年に成長し、トロイで本来の地位を回復する。ホメロスによれば、パリスは誰が一番美しいかをめぐる3人の女神の諍い(いさか)に巻き込まれ、一番美しいと思う女神を選んで黄金のリンゴを手渡さなければならなくなった。3人の女神はそれぞれ豪華な謝礼をちらつかせてパリスの気を引こうとする。彼が選んだのは愛をつかさどる女神アフロディテだった。アフロディテがパリスに与えると約束したのが、当代一の美女と謳われるトロイのヘレネだったのである。

トロイの木馬

　メネラオスは最終的に、1千隻の船と10万の兵からなる艦隊を率いて遠征に出発する。彼らはトロイを包囲し、さしたる戦果もないまま10年という長い月日を送った。この間の出来事、

> ここまでは、お互い(ギリシャ人と、フェニキア人やトロイ人などの異民族)に相手方の女を奪い去ったというに過ぎない。しかし、その結果起きたことについては、ギリシャ方が厳しく非難されるべきだという。武力で領土に攻め込んだのはギリシャ人だし、そもそも、若い女をかどわかすことは確かに法にもとる行為だが、だからといって、むきになって報復しようとするのは馬鹿げている、というのが彼ら(異民族)の言い分である。だいたい、うら若い乙女が、その気もないのにさらわれるはずのないことは明らかで、そういう場合はきれいさっぱり忘れてしまうに限るのだ、と。
>
> ──ヘロドトス『歴史』より

そして英雄的行為の数々は、ホメロスの『イリアス』に詳しい。やがて、ギリシャ方が有名な「トロイの木馬」を使った詭計を思いつく。これは馬をかたどった巨大な木の像で、腹部の空洞にギリシャ兵の一団が潜んでいた。トロイ人はてっきりギリシャ軍が撤退したと思い込み、木馬を城壁の内側に引き入れる。これにより、長きにわたった包囲戦はすみやかな決着を見ることになった。木馬に隠れていたギリシャ兵た

メネラオス

トロイ戦争は美女コンテストに負けた2人の女神による腹いせだったという話は信じないとしても、さらわれた妻を追ってはるばるエーゲ海を渡り、ギリシャ人が聞いたこともないような土地まで遠征したメネラオスがなぜ愚か者として描かれるのかという疑問は残るだろう。一つには、メネラオスがとりたてて魅力的な人間ではなかったということがある。そもそも王位につくことができたのもヘレネと結婚したからだし、ギリシャの艦隊を出撃させるためには、ミケーネの王で全ギリシャを統べる兄のアガメムノンを説き伏せなければならなかった（この説得を容れたアガメムノンは、女神アルテミスの怒りを鎮めるべく、娘のイピゲネイアを生贄に捧げている）。メネラオスの遠征に加わりたくない一心で、気が狂ったふりや女のふりをした王までいた始末だ。何より、アガメムノンや勇者アキレウス、そしてのちに流浪の旅を余儀なくされるオデュッセウス、はたまた美貌のヘレネについては多くのことが書かれているのに、妻をさらわれたことで"頭に血がのぼっていた"だけにしか見えないメネラオスに関しては、ほとんど言及がないのである。

> ……それでもメネラオスは彼女を故郷に連れ帰った。トロイにいる間、ヘレネは4人の子をもうけ、パリスの死後はその弟と結婚していた。

ちが内側から城門を開けはなち、味方を呼び込んだのである。彼らは町に火をはなち、ヘレネを見つけ出すと、船の帆をあげ、故郷をさして岸を離れた。軍事史家によれば、堅牢な城門を突き破るための馬の形をした物体が、破城槌として当時実際に使われていたという。そこを脚色して話をがぜん面白くしたところが、ホメロスの真骨頂というべきだろう。

トロイは破壊され、住民の多くがパリスのうぬぼれの犠牲となって命を落とした。また、メネラオスとオデュッセウスがギリシャに帰り着くには、包囲戦に費やしたのとほぼ同じだけの歳月を要した。ただ、メネラオスの嫉妬が引き起こしたこの戦争に触発されて、後世に残る名作が3つ生みだされたのは、文学史的には寿ぐべきことだろう。すなわち、ホメロスの『イリアス』と『オデュッセイア』、そしてウェルギリウスの『アエネイス』である。また、トロイ戦争に材をとった絵画、彫刻、物語、映画となると、それこそ枚挙にいとまがない。

ヘレネ

ヘレネにも責められるべき点は多々あったが、それでもメネラオスは彼女を故郷に連れ帰った。トロイにいる間、ヘレネは4人の子をもうけ、パリスの死後はその弟と結婚していた。メネラオスはこの不運な男を無残に殺した。ヘレネも成敗するつもりでいたが、ギリシャに帰り着くころには、再びこの美女の魅力に心を奪われていた。メネラオスが年老いて死

古代エーゲ海世界の主要都市
この地図には、全ギリシャを統べるアガメムノンの玉座があったミケーネ、メネラオスとヘレネが治めた都市国家スパルタ、オデュッセウスの故郷イタカをはじめ、トロイ戦争当時の古代エーゲ海世界で比較的重要な場所を示した。

ぬまで、2人はどうやら幸せに暮らしたようだ。しかしメネラオスの死後、庶子のメガペンテスが王位につき、ヘレネを追放する。ヘレネは友人のポレクソが治めるロードス島に逃れた。しかし、ポレクソはトロイの海岸で戦死したトレポレモスの未亡人であり、夫の死の責任の一端がヘレネにあると考えて、侍女たちに命じてヘレネを捕えると、木に吊るしてしまった。

トロイ戦争からわずか80年後、今度は、戦争を仕掛けたギリシャの諸都市の大半が、ドーリア人に蹂躙された。同様のことはその後も繰り返される。

実在したトロイの町
トロイ戦争があったのは紀元前13〜12世紀と推定されている。トロイはアナトリア地方のヒサルルクという町の近くにあったというのが通説だ。紀元前1180年頃に滅ぼされたとみられるトロイは、それまで500年以上は存在していた。

トロイの遺跡
トロイの遺跡（現在はトルコ領）から発掘された古代ローマ時代の円形劇場。

　長い間、トロイは神話に登場する架空の町と思われていたが、19世紀の末ついに、ドイツの考古学者ハインリヒ・シュリーマンが遺跡を発掘し、実在の町であったことが分かった。シュリーマンは自伝に次のように書いている。

　言葉をおぼえたばかりの私に、父はホメロスの叙事詩に登場する英雄たちの偉業を語り聞かせてくれた。私はそうした物語がたいそう気に入り、すっかり魅せられ、それこそ夢中になって聞き入った。子供のときに初めて抱いた印象は、一生涯消えないものだ。私は自分に科学者の素質があると感じていたし、将来はその道に進みたいと思っていたが、14歳になると、メクレンブルク地方のフュルステンベルクという小さな町でE・ルードヴィヒ・ホルツなる人物が営む商店に、見習い奉公に出なければならなくなった。それでも、古代の偉人たちへの憧れは薄れるどころか、物心ついたときと少しも変わらなかったのである。

　シュリーマンは見習い奉公を辞めてサンクトペテルブルクに移住、次いでカリフォルニアに渡り、おりしもゴールドラッシュに沸くかの地で商売を始めた。その後ヨーロッパに戻り、クリミア戦争に商機を見いだして財を築く。この巨万の富を武器に、シュリーマンはかねての夢

風刺家メニッポスと神々の1人ヘルメスが交わす珍問答は、色欲とそれがもたらすかもしれない結果を揶揄するものになっている。

メニッポス
でもヘレネはどれです？　私には見分けがつきません。

ヘルメス
このしゃれこうべがヘレネだ。

メニッポス
では、こんなもののために、ギリシャじゅうから1千隻もの船が駆り出され、大勢のギリシャ人と蛮人が命を落とし、あまつさえ、たくさんの都邑が破壊されたのですか？

ヘルメス
しかし、そなたは生きているときの彼女を見たことがないではないか、メニッポスよ。もし見たことがあれば、そなたはこう言っていただろう——彼らが"このような女のために、長きにわたって苦難を味わったのは"致し方ない話だ、と。枯れて色褪せた花は確かに見苦しいが、満開に咲き誇り、華やかに色づいているときには、同じ花がこのうえなく美しく見えるものだ。

メニッポス
お言葉ですが、ヘルメスよ、私が驚きを禁じ得ないのは、自分たちがいかに儚いもののために戦っているか、その美しさがいかにあっけなく色褪せてしまうかを、アカイア人（＝ギリシャ人）たちが知らなかったという事実なのです。

ヘルメス
そなたに道徳を説いている暇はないのだ、メニッポスよ。さあ、横たわる場所を、どこなりと好きに選ぶがいい。私はそろそろ新しい死者たちを迎えにいかねばならぬのでな。

を追い、オスマン帝国駐在のイギリス領事と新たに娶ったギリシャ女性の協力を得て、トロイの遺跡が埋もれているとにらんだ丘陵地の発掘調査に取りかかった。3年後、この発掘作業で掘り出された遺物の数は8千を超え、また、トロイ戦争が実際にあった証拠とおぼしい物品も見つかった。そこが実際に何の遺跡であるかは、それ以来数々の論争を呼んでいるが、シュリーマンが掘り出した町は、その地に栄えた7代目の町という意味で「トロイ第7市」と呼ばれている。この「トロイ第7市」は焼き払われており、手を下したのはおそらくギリシャ人侵略者だと考えられる。

本項の最後に、ギリシャの著述家ルキアノスの作品から引用しよう。『死者の対話』の中で、

ハンニバル、軍勢を率いてアルプスを越える

紀元前218年 春

人物：ハンニバル（紀元前247年～紀元前183年）
結果：自軍の半数を失い、史上屈指の侵攻作戦を頓挫させた
失敗：性急な行動が雪崩を誘発

この事例は、名将ハンニバルによる単独の"犯行"といえる。傲慢さと性急さからなされた決断ゆえに、ハンニバルは念願のローマ征服という野望を達成できなかった。

カルタゴからスペインへ

ハンニバルは紀元前247年、当時ローマによる征服の危機に瀕していたカルタゴ（現在のチュニジアの首都、チュニスの近く）で生まれた。偉大な交易国にして海洋国家だったローマは、海上でカルタゴ人と渡り合う戦法を編み出し、カルタゴ領だったシチリア、コルシカ、サルディニアの各島をすでに手中に収めていた。この第一次ポエニ戦争の終結から4年も経たないころ、10歳になったハンニバルはカルタゴの将軍である父ハミルカルに連れられスペインのカルタゴ領に渡る。そこでハミルカル将軍は、現在のカルタヘナを含む新しい領土を次々に獲得していく。スペインで成長したハンニバルは、イベリア人の王女と結婚した。

ハミルカルの死後、スペインの新領土はハンニバルの義兄が平和的に治めたが、やがて暗殺され、ハンニバルが22歳の若さでスペインにおけるカルタゴ軍の司令官に選出された。ハンニバルはすぐさま父の攻撃的戦術に立ち戻り、大胆にもスペイン西部の都市サマランカを攻め、これを占領した。次いで、イベリア半島をすばやく横断してローマの主要都市の1つサグントゥムを包囲、陥落させる。サグントゥムを奪われてはローマとしてもカルタゴに宣戦布告せざるを得ず、ここにおいて第二次ポエニ戦争の火ぶたが切って落とされた。

ローマへ

ハンニバルはイタリアに遠征し、そこで敵を叩くことを決断する。が、ローマ方はイタリア本土に侵入するルートが3つしかないことを知っていた。そのうち海上ルートはすべて自分たちが押さえている。陸路は長大な距離を踏破し

これからとる行軍ルートについても途中で何に出くわすかについても、
ほとんど情報のないまま駒を進めたのは、いかにもハンニバルらしい。

ハンニバル、軍勢を率いてアルプスを越える 19

なければならない。そして、アルプスを越える第三のルートは攻略不可能と思われていた。そこで、ローマは侵略者を阻止すべく、マッシリア（マルセイユ）に兵を送る。しかし紀元前218年、ハンニバルは人跡まれな山岳地帯を突っ切ってローマを征服することを決断。5万の兵、9千頭の軍馬と荷役動物、それに37頭の戦象を従えてカルタヘナを進発する。当時南ヨーロッパで象は珍しい動物であり、敵兵を大いに慌てふためかせたが、そのいっぽうで、味方の馬も同じくらい怯えさせたという報告も残っている。それはともかく、これからとる行軍ルートについても途中で何に出くわすかについても、ほとんど情報のないまま駒を進めたのは、

ハンニバルの軍勢

イタリア入りに使うルートについてほとんど予備知識もないまま、ハンニバルは兵を率い、9千頭の軍馬と荷役動物、そして37頭の象を従えて進発した。

いかにもハンニバルらしい。複数あるルートのうち、彼がいったいどのルートをたどったのか、確実な説はいまだにない。ハンニバルの性急さはカルタゴ軍に赫々たる勝利をもたらしもしたが、同時に最終的な失敗の種子ともなった。

アルプス越えの途中、ハンニバルは兵の半数と軍馬や荷役動物の大半を失う致命的なミスを犯し、肝心のローマ攻略が不可能になった。彼は敵地に攻め込んだ優位を生かすことがとうできず、15年間にわたってイタリアの田園地

帯を荒廃させたすえ、カルタゴ防衛のためアフリカに戻ることを余儀なくされ、ザマの戦いにおいてスキピオ・アフリカヌスに完敗を喫した。

今日、将軍としての彼の手腕を疑う者はいないし、ローマとの戦いにおいて彼に奇襲の利があったことは否定のしようがない。ただ不運にも、イタリアにたどり着くころには兵の数は半分を割っていたうえ、連れていた象も片手で数えられるほどにまで減ってしまっていた。スペインを発ってからひと月にも満たず、大きな合戦を経たわけでもなかったにもかかわらずだ。そうした損失の大半は、ハンニバル自身の不注意によるものだった。というのも、アフリカで生まれてスペイン南部で育ったハンニバルの知らないことが、アルプスには山ほどあったからだ。その1つが、悪名高い雪崩である。

行軍

ピレネー越えは、比較的スムーズにことが運んだ。しかし、山をおりたカルタゴ軍は大河ローヌに行く手を阻まれる。ハンニバルは戦象に川を渡らせるため、おそらくは豚の膀胱を利用した浮き袋を考案し、また、兵を安全に渡河させるために巨大な筏を組んだ。ところが、川を渡っても一難去ってまた一難だった。ガリア地方に住む狂猛な諸部族が待ち伏せ攻撃や襲撃

> ハンニバルは戦象に川を渡らせるため、おそらくは豚の膀胱を利用した浮き袋を考案し、また、兵を安全に渡河させるために巨大な筏（いかだ）を組んだ。

を次々に仕掛けてきて、その都度、犠牲者の数が増えていったのである。とりわけ、当初味方に加わってくれることが期待されたアロブロゲス族は侮れず、もしハンニバルの巧みな戦術がなかったら、カルタゴ軍は彼らに一掃されていたかもしれない。このときすでに、事態はハンニバルのもくろみ通りには運ばなくなっていた。それから2日後、彼らはまたしても待ち伏せ攻撃にあう。ハンニバルは後方で荷物を運ぶ部隊を守ろうと、歩兵を前面に押し立てたため、多数の兵を失う結果となった。もっとも、このあたりの苦労ははまだ序の口だったことが、やがて明らかになる。

アルプス越え

アルプスを下る行程に入るとほぼ同時に、次々と問題が持ちあがった。下山ルートについてほとんど何の知識もないことに加え、地元の案内人たちがおよそ当てにならないこともあって、カルタゴ軍は登りよりもむしろ下りのほう

山腹を下る道は狭く、傾斜も急だった。万年雪に覆われているため人も動物も足場が定かでなく、それゆえひとたび足を踏みはずしたりよろけたりしようものなら、たちまちバランスを失い崖下に落ちる羽目となった。もっとも、このころになると、みんなこういった災難には慣れっこになってしまっていたので、死と隣り合わせの危険な行軍にも耐えることができた。しかし、そのうちにとうとう、戦象はおろか荷役動物さえ通れないほど道幅が狭くなっている隘路に差し掛かった。以前の地すべりですでに、山肌がおよそ300メートルにわたって運び去られていたが、最近の地すべりが状況をさらに悪くしていた。ここに至って兵士たちはあらためて怖気づき、絶望の瀬戸際まで追い込まれてしまったのである。

――ポリュビオス『歴史』

がはるかに難儀だということを思い知らされる。道は解けかけた雪でぬかるみ、その下につるつる滑る氷が張っているという危険極まりないもので、特に馬と象は容易に前に進めず、ずぶずぶと地面に沈み込んだ。翌朝、さらなる不運に見舞われる——初秋の吹雪が、ただでさえ足場の悪い地面を分厚い雪で覆ってしまったのである。もはや動くことさえままならないうえ、もしこの吹雪が冬の先触れだとしたら、前途には深刻な問題が待ちかまえていることを意味していた。

ハンニバルは逆上した。それも無理はない。共和制末期から帝政初期にかけて活躍したローマの歴史家リウィウスが、このときの状況を次のように描写している。「……前に進むことは不可能……その結果、すさまじい悪戦苦闘を強いられ……要するに、つるつる滑る氷と解けかけの雪の上を転がり、這い進む以外、どうしようもなかったのである」

リウィウスの『ローマ建国史』によれば、ハンニバルは自分ができないことやするつもりがないことを、決して他人にやらせようとしなかったことでも有名だったらしい。アルプス山中で膠着状態に陥ったとき、最後尾にいたハンニバルは計画の遅れに激怒し、先頭にやってくると、杖を片手にどんどん山を下り、雪の吹きだまりをその杖で勢いよく叩いてみせたという。雪の下には固い地面があることを示すとともに、全員があとほんの少しだけ決意のほどを見せるだけで無事にこの難所を乗り越えられると証明するためだった。

アルプス山脈は世界一、雪崩が多い場所である。全世界で毎年100万回近く発生する雪崩のうち、実に半数がこの狭い地域で起きる。ささやき声で話さないと危険という谷が、アルプスには珍しくない。

敵方の記録

ハンニバルの偉業の数々に関するわれわれの知識が、彼と敵対したローマ人——とりわけ、リウィウスとポリュビオスという2人の歴史家——の記録のみに依拠していることは、実に興味深い。何世紀にもわたってハンニバルの物語が語り継がれ、おそらく誇張されたのは、自分たちが奇襲によって危うく一敗地にまみれるところだったこと、そして、最終的に倒した敵がどれほどの勇将であったかということを、ローマ人たちが記憶にとどめるためだった。だからといって、そういった物語の核心部分が信用するに値しないというわけではない。ポリュビオスが書いたものは、実際にハンニバルの兵士の1人による体験談に基づいているからだ。

ほんのささいなことが雪崩のきっかけとなるアルプスでは、ハンニバルの行動はあまりにも無分別で、案の定、大きな雪崩を引き起こした。多くの人と動物が雪に埋もれ、雪崩から逃れようとして崖から転落する者もいた。生き残った者たちが自力で雪から這い出し、山を下りるルートを見つけるのに、4日を要した。カルタゴ軍がアルプス山中に分け入ってから15日後、下山できたのは当初の5万人の半数にも満たない兵士たちと、ごくわずかな戦象と荷役動物だけだった。

あくまでも前進

甚大な損害にもめげず、ハンニバルは残りの軍勢を率いてイタリアのポー平原に侵入した。ガリアの一部族から戦疲れしていない兵を少数選んで味方に加え、ローマ方に完璧な奇襲攻撃を仕掛けた。不意をつかれて準備不足の少数の

敵勢を相手に、カルタゴ軍は2度の戦いで迅速な勝利を収める。ローマは遅まきながら大軍を出動させ、カンネーの平原で消耗したハンニバル軍を迎え撃つも、この戦いでハンニバルは軍事史上屈指の名采配を振り、ローマ軍を撃破した。が、彼にはもはやローマの都を攻撃するだけの兵力は残っておらず、ハンニバル自身もそれが分かっていた。残された戦象はたんなる珍獣と大差なく、兵員は疲れ、その数はあまりにも少なかった。ハンニバルは電光石火の奇襲で緒戦にみごとな勝利をおさめたものの、その代償は遠征自体の失敗という高いものについた。

カンネーの戦い後、ローマ側は方針を転換した。野戦で四つに組むにはハンニバルが賢すぎる相手だと悟ったからだ。彼らはまた、ハンニバルが補給線を断たれ、十分な数の都市国家と部族を説得して味方に引き入れることができないかぎり、成功などおぼつかない状況にあることも理解した。いっぽう、当のハンニバルはカルタゴ本国に援軍を要請した。これを受けて、弟のハスドルバルがスペインのアンダルシア地方まで兄の足取りをたどってくる。ハスドルバルは兄とは対照的な性格で、とりわけ戦術家として比べてみた場合、それが顕著だった。まず、スペインを出るまで、何度か敵軍に敗北を喫しながら、3年の歳月を費やしている。それから、戦象その他を率いてようやくアルプス越えに取りかかる。彼はハンニバルと同じルートをたどったが、おそらくは兄よりも命を大切にする姿勢のおかげだろう、全軍を無事アルプスの向こう側にたどり着かせただけでなく、ガリア地方の諸部族を説得して3万の兵を味方に加えることに成功した。ただ、不幸にしてこの軍勢はハンニバルのもとに馳せ参じることはできなかった。ハスドルバル軍がイタリアに入るや否や、準備万端で待ち受けていたローマ軍によって全滅させられてしまったからである。待ちわびている援軍など来ないことをカルタゴ側に思い知らせるため、ハスドルバルの首がハンニバルの軍営に投げ込まれた。

カルタゴでの惨敗

ハスドルバルの援軍は、ハンニバルにとって頼みの綱だった。自軍の疲労と損耗の度合いは、もはや限界を超えていたからだ。ローマ方は野戦を避けるという単純な戦法を徹底し、10年間ハンニバルに南イタリア各地を転戦させたが、決して正面から戦おうとはしなかった。やがてローマの若い将軍、スキピオ・アフリカヌスが登場、シンプルに裏をつく作戦をとる。彼はハンニバルとの戦いを徹底して避け、代わりにイベリア半島の失地を次々に奪回、ついにはアフリカまで進攻し、カルタゴ本土をおびやかした。カルタゴはヨーロッパではいまだ負け知らずのハンニバルに帰還を要請した。疲弊し切ったハンニバルの軍勢は、北アフリカでスキピオに敗れ去る。ローマはカルタゴ人をヨーロッパから駆逐し、二度とその土を踏ませなかった。

カルタゴに帰還し、紀元前202年、ザマで決定的な敗北を喫したハンニバルは、その後の20年間、同盟工作に精を出し、再びローマに派兵

もしカルタゴ（本質的にはアフリカ勢力）が勝利していれば、ローマ人の多大な貢献で形成されたその後の世界とは、まったく違う世界が生まれていたかもしれない。

スペインからイタリアに駒を進めたハンニバルのルート

紀元前218年、カルタヘナを進発したハンニバルと麾下の軍勢は、イベリア半島を出てピレネー山脈を越えると、ローヌ川を渡り、その後、ガリアの諸部族による待ち伏せ攻撃を受ける。ハンニバルがアルプス山脈をどこで越えたかについては、熱い議論が繰り広げられているものの、彼はポー川流域の平原におけるその後の戦いで連勝し、カンネーでは大勝した。これら緒戦の成功にもかかわらず、ハンニバルの軍勢は最後までローマの攻略を試みることができず、膠着状態を打ち破れないまま、結果的にとどめの一撃を加えられずじまいだった。頼みの綱の援軍は現れず、補給物資も届かないまま、紀元前203年、ハンニバルはとうとうカルタゴへの帰還を余儀なくされた。

すべく手を尽した。けれども、相変わらずの癇癪と気配りの欠如が、同盟に応じる可能性のあった相手のほとんどすべてから敬遠され、結果、いかなる軍をも編成できずじまいだった。ハンニバルはローマに捕えられるのを潔しとせず、毒を仰いで最期を迎えたといわれている。

揺籃期を脱し、台頭著しいローマに迫った単発の脅威としては、ハンニバルの遠征がおそらくは最大のものだったと思われる。もしカルタゴ（本質的にはアフリカ勢力）が勝利していれば、ローマ人の多大な貢献で形成されたその後の世界とは、まったく違う世界が生まれていたかもしれない。

粘り強い亀ともいうべきスキピオ・アフリカヌスは、いわば兎のようなハンニバルに最後は競り勝った。このことは、何がわれわれ現代人の琴線に触れるかを雄弁に物語っている。つまり、人々の記憶に残るのは、勝者よりもむしろ敗者による、目を見張るような、それでいて儚い偉業なのである。

クレオパトラ、アントニウスと手を結ぶ

紀元前69年〜紀元前30年

人物：クレオパトラ（紀元前69年〜紀元前30年）、マルクス・アントニウス（紀元前83年〜紀元前30年）
失敗：2つの帝国（プトレマイオス朝とローマ）を失う
動機：エジプトの独立を守るため

エジプトを治めたプトレマイオス朝最後の君主。その短い生涯よりもはるかに長く語り継がれている伝説的存在。フェミニストのアイドル。魔性の女（ファム・ファタール）の嚆矢……その名を飾る言葉には事欠かないクレオパトラだが、本人のものと断定できる肖像がほとんど残っていないのは、いかにも奇妙である。彼女が優れた手腕でエジプトの民を導いたことは間違いないのだから——たとえ、その外交努力が祖国に究極の不幸をもたらした大失敗のように見えるとしても。

プトレマイオス朝はマケドニア系ギリシャ人による王朝だが、300年にわたるその支配のなかで、現地語であるエジプトの言葉を習得した君主はクレオパトラ7世しかいない。彼女が紀元前51年に17歳で即位したとき、政治的な実権を握ることは端から期待されていなかった。女性の身で即位するためには、相手が実の父親だろうと兄弟や息子だろうと結婚しなければならなかったが、それは通常、真の支配者は夫たる男性だったからだ。若きクレオパトラは弟のプトレマイオス13世と姉弟婚を行い、諸将はこれで自分たちの権力が保たれると安堵した。しかし、話はそう簡単ではなかった。クレオパトラはほんの数年で弟とその取り巻き連によってエジプトを追われる。彼女はトロイのヘレネほど美しくはなかったかもしれないし、イングランドのイケニ族の女王ブーディカほどたくましい戦士ではなかったかもしれない。だが、弟のプトレマイオス13世はやがて、この姉が侮りがたい相手であることを思い知らされるのだ。

カエサルのエジプト入り

キリスト生誕の数十年前、エジプトの独立国家としての命運は風前のともしびだった。ユリウス・カエサルがローマで政治指導者の最高位に就き、この大国の版図は現在のフランスから中東にまで及んでいた。エジプトはローマに対して恭順の意を示すことで、何とか独立を保っている状況だったのである。だが、プトレマイオス13世は、この点でいささか度を越してしまった。カエサルとの内戦に敗れアレクサンドリアに逃れてきたローマの将軍ポンペイウスを、庇護するどころか殺害してしまったのだ。

> クレオパトラはトロイのヘレネほど美しくはなかったかもしれないし、イングランドのイケニ族の女王ブーディカほどたくましい戦士ではなかったかもしれないが、侮りがたい相手だった。

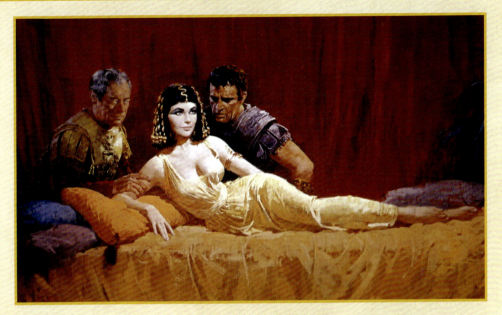

クレオパトラ
1963年に公開された映画『クレオパトラ』のポスター。エリザベス・テイラー主演。カエサル役にレックス・ハリソン（左）。アントニウス役にリチャード・バートン（右）。

いくら内戦で打ち破った相手とはいえ、カエサルにとってポンペイウスは義理の息子に当たる。それを暗殺するなど言語道断、ローマの尊厳に対する侮辱以外のなにものでもないとして、カエサルはエジプトの内政に干渉、アレクサンドリアに乗り込むと、プトレマイオス13世とクレオパトラのどちらがエジプトを治めるにふさわしいか吟味して決めると宣言した。

言い伝えによると、カエサルはエジプト側から豪華な絨毯を贈られ、その絨毯を広げたところ、中から21歳のクレオパトラが姿を現したという。彼女がたちまち王位に返り咲いたところを見ると、この作戦はどうやら功を奏したようだ。

クレオパトラはカエサルの子を産み、カエサリオンと名づけた。クレオパトラの思惑は、強大なローマと同盟を結ぶことで力を得、病める祖国エジプトを救うというものだった。あいにく、そのもくろみは成就しない。ローマに戻ったカエサルは妻とよりを戻し、カエサリオンではなく、大甥（姪の息子）にあたるオクタウィアヌスを後継者に指名したからである。

カエサルは紀元前44年に暗殺される。ちょうどクレオパトラが息子を連れてローマを訪れているときのことだった。ひょっとしたらクレオパトラは、カエサルを説得して翻意させることに望みを賭けていたのかもしれない。もっとも、彼女が打算抜きで純粋にカエサルを尊敬し、慕っていたようであることは、この際指摘しておくべきだろう。

マルクス・アントニウス

問題は、次にローマを支配するのは誰かということだった。カエサルの死後、実権を握ったのは次の3人だった。1人はオクタウィアヌス。もう一人はすでに老齢に差し掛かっていた元老院議員のレピドゥス。そして最後の1人が誇り

クレオパトラの針
「クレオパトラの針」と呼ばれるオベリスクは、実際にはクレオパトラの治世よりも前の時代のものだ。これはエジプトのアレクサンドリアに立っていたときの写真（1856年ごろの撮影）。

高い将軍マルクス・アントニウスである。いっぽう、クレオパトラはエジプトに戻り、共同統治者である弟のプトレマイオス14世を亡き者にして息子のカエサリオンと結婚。思い通りに国政を行う力を盤石のものとした。彼女は飢饉や疫病に苦しむ祖国を本来の姿に戻すことに腐心し、軍隊を再建する試みに心血を注ぎながら、ローマで次の指導者が現れるのを待った。

紀元前41年まで、大本命はマルクス・アントニウスと思われた。オクタウィアヌスは病弱だったし、アントニウスはクレオパトラをキリキアの都市タルソスに呼び、会談している。アントニウスはとくに聡明というわけではなく、酒色を好むことで知られていた。そんな男だから、クレオパトラに首ったけになってしまったのも無理はない。2人はたちまち情熱的な間柄となり、ほどなく双子が生まれた。

アントニウスはしばらくローマに戻り、オクタウィアヌスとの不和を解消しようとする。このとき、手打ちを実現するため、オクタウィアヌスの姉オクタウィアを娶った。

紀元前36年、マルクス・アントニウスはローマを船で発つ。かねての懸案であるパルティア（現在のイランに存在した古代王国）征討を成し遂げるためと言われるが、そのじつクレオパトラを招き寄せていた。このときから、2人は色欲と強欲から生まれた不倫関係によって破滅への道を歩み出したと言える。アントニウスがひとたび現実の権力基盤から離れてしまえば、2人でローマの力に対抗することなど、到底できるはずもなかった。また、アントニウスがオクタウィアヌスの姉を裏切ったことは、必ずや何らかの処断が下されることを意味していた。この間にも、クレオパトラはもう一人男児を産んでいる。エジプトの戦費支援とアントニウスの統率力のおかげで、2人は中東に広大な領土（シリア、小アジア、キプロス、アルメニア、クレタ）を獲得するが、それらはすべて幼い愛児たちに与えられた。クレオパトラはアントニウスから「諸王の女王」の称号を授かり、カエサルの忘れ形見カエサリオンはオクタウィアヌスを差し置いてローマ支配の後継者に指名された。アントニウスはオクタウィアと離縁、ローマ＝エジプト朝の幕開けを宣言する。

> 年もその美を蝕みえず、なじみを重ねるごとに無限の変化を見せる女です。どんな女も必ず相手を飽きさせる、が、あの女に限って、そういうことがない。満ち足りたと思うそばから手が出したくなるのです
> 身を横たえる小舟は、磨きあげたる玉座さながら燃ゆるがごとく水面に浮かび、艫に敷かれた甲板は金の延板、帆には紫の絹を張り、焚きこめられた香のかおりを慕って、風は気もそぞろの恋わずらい、櫂はいずれも白金、笛の音に合わせての見事な水さばきは、立ち騒ぐ波も我遅れじと慕いまつわるかに見えました。かの女人その人はと言えば、到底言葉には尽きませぬ
>
> ──シェイクスピア『アントニーとクレオパトラ』(福田恆存訳)より

命運尽きた恋人たち

紀元前31年、アントニウスとクレオパトラの振る舞いに業を煮やしたオクタウィアヌスは、2人を鎮定すべく、最初の討伐艦隊を差し向ける。この「アクティウムの海戦」でアントニウスが兵力で圧倒されるのを見て、クレオパトラは情夫を見捨てて逃走、アントニウスも自軍を顧みずに彼女のあとを追ったという。オクタウィアヌスはエジプトに総攻撃を仕掛け、1年でアレクサンドリアを陥れた。アントニウスは捕えられるのを避けるために自刃。権勢とエジプト女王の色香に目がくらんだすえの最期だった。

クレオパトラはアントニウスよりも気骨があった。というのも、オクタウィアヌスを相手にもう一度運試しをした形跡があるからだ。何と、対等な条件での同盟を持ちかけたのである。もっともオクタウィアヌスに、姉の夫を誘惑するような女と協定を結ぶ気などさらさらないことは、すぐに明らかになる。彼はクレオパトラを捕えてローマに連行するつもりだった。

クレオパトラにしてみれば、盛大な凱旋パレードで市中を引きまわされたうえ、おそらくそのパレードの終わりまで生き延びられないだろうことを考えると、そのような運命はとうてい受け入れがたかった。

クレオパトラは3日間部屋に閉じこもり、それから無花果の実とエジプトコブラを1匹運ばせた。そしておそらく、蛇に咬まれて死んだ者には不老不死が約束されるというエジプトの言い伝えを胸に、紀元前30年8月12日、その生涯を閉じた。

プトレマイオス朝の終焉

プトレマイオス朝はクレオパトラの死とともに幕を下ろす。まもなくローマ皇帝アウグストゥスとなるオクタウィアヌスは、幼いカエサリオンを殺し、アントニウスの遺児たちはローマのオクタウィアのもとに送った。女児1人を除き、全員がほどなくして姿を消したという。こうしてエジプトはローマの直接支配を受けることになった。

クレオパトラのしくじりの代償としてプトレマイオス朝は滅亡し、エジプトは主権を喪失、その後長きにわたって独立を回復できなかった。クレオパトラが最後のファラオと呼ばれたのは、故ないことではないのである。

プトレマイオス朝はクレオパトラの死とともに幕を下ろす。オクタウィアヌスは幼いカエサリオンを殺し、エジプトはローマの直接支配を受けることになった。

28 失敗だらけの人類史──英雄たちの残念な決断

皇帝ネロと
ローマの大火

西暦64年7月19日

人物：皇帝ネロ（西暦37年〜68年）
結果：帝都が灰燼に帰する
失敗：新たな宮殿を造営する場所を作るため街に火を放つ

　皇帝ネロは西暦54年から68年までローマを統治した。最後は軍に造反されて自害、アウグストゥス帝に始まるユリウス゠クラウディウス朝にも終止符を打った。ネロは16歳で帝位に就いたが、それは母親のアグリッピナ（小アグリッピナ）の策動によるものと言われる。彼女は時の皇帝クラウディウスを説き伏せてネロを後継者に据えたうえ、皇帝を毒殺したのである。ネロが生まれたのはキリストの磔刑から4年後の西暦37年。カリグラ帝の暴政が終わるまでローマを追放され、イタリア半島西方のポンツィアーネ諸島で幼少期を過ごした。西暦49年に大詩人セネカを家庭教師に迎え、西暦53年にはクラウディウスの娘オクタウィアと結婚している。

　ネロが生きたのはローマ世界が内側から動揺しはじめた時期だが、当時の人々からは、帝国の力は絶頂に達したように見えていただろう。実際、総人口は6千万を超え──当時の世界人口の5分の1──、40の属州を支配下に置いていた。しかし、そのいっぽうで、当時はまだ新興の秘密教団に過ぎなかったキリスト教の浸透が始まり、イエスの言葉は十二使徒によって帝国の津々浦々に広まっていた。

大火

　ネロが歴史に名を留めているのは、タキトゥスの筆によるところが大きい。タキトゥスは、燃えさかるローマの街を窓から眺めながら上機嫌で竪琴を奏でるネロの姿を印象深く描いた歴史家だ。タキトゥスは、大火を起こしたのはネロだと断じている。街を焼き払い、更地に自分が住まう壮麗な宮殿を建てたいという欲求に駆られてのことだと。何世紀にもわたって数々の異説が唱えられてきたが、それにもかかわらず、タキトゥスの説が正しいなら、ネロは依然として最有力の容疑者ということになる。ネロが本書で取りあげるにふさわしいのは、たんに自分の不動産計画のために障害物を取り除いたからというだけでなく、みずから治める帝国の

　ネロが歴史に名を留めているのは、タキトゥスの筆によるところが大きい。タキトゥスは、燃えさかるローマの街を窓から眺めながら上機嫌で竪琴を奏でるネロの姿を印象深く描いた歴史家だ。

ネロ
ローマ市街を焼き払ったと言われるネロ・クラウディウス・カエサル・アウグストゥス・ゲルマニクス（西暦37年～68年）の大理石胸像。

首都の大半を焼失させたからでもある。普通、有名な火災になると、その原因もよく知られていて、ときに物議をかもす。たとえば1666年のロンドン大火はパン屋が火元だと言われてきたし、1871年のシカゴ大火は、長らく、納屋でランタンを蹴倒した牛のせいとされていた。今ではどちらも濡れ衣であったことが認められている。ただし、ローマの大部分を焼失させた大火災の場合は、少々事情が異なる。たしかに近年、タキトゥスが唱えたネロ犯人説の信憑性に疑問を投げかけようとする動きがある。しかし、ネロの性格を見ると、自分の望みを叶えるためには手段を選ばなかっただろうと思わせる要素に事欠かないのもまた、事実なのである。

ネロの人となり

ネロは芸術に関心が高く、とりわけギリシャの作品に心酔していた。自身も詩を書き、芝居を演じ、踊りを舞い、帝国各地を巡業さえした。同様に、土木と建築にも魅了されていた。また、ギリシャの競技や芸術コンクールをローマ市民に紹介したり、高名な竪琴奏者テルプヌスを雇って指導を受けたりもした。ちなみに、ローマ大火の際にネロが奏でていた（とタキトゥスが言う）楽器は、竪琴でほぼ間違いない。

不幸なことに、ネロは歴代の皇帝——特にカリグラ——から好ましからざる特質のいくつかを受け継いでもいた。たとえば、人が眉をひそめるような性的嗜好の数々。歴史家カッシウス・ディオによれば、ネロは幼い少年少女まで性愛の対象にしていたという。そんなネロに後見役としてあれこれ指図していたのが母親のアグリッピナだったことは明らかだ。そもそも、ネロの即位は彼女のお膳立てによるものだった。アグリッピナが前帝クラウディウスを亡き者にしたことは、十中八九間違いない。当時の硬貨にはネロと母親が向き合った図柄が描かれているが、裏に刻まれているのはアグリッピナの名前だ。これは、皇帝自身よりもその母親のほうが重要人物だったことを示している。しかし、即位から数年のうちに、ネロは母親を宮廷から追い出してしまう。そして母親がネロの弟にあたるブリタンニクスを可愛がりはじめると、これを暗殺。母親も、ネロの新しい愛人ポッパエア・サビナに難癖をつけるようになったため、ブリタンニクスのあとを追わされた。歴史家スエトニウスによれば、ネロはさまざまな方法で実母の命を狙っている。毒殺を試みたことが3度、ベッドに寝ている本人の上に天井

が落ちてくるような仕掛けを施したことが1度。壊れやすい船をこしらえたことさえあって、これは母親を乗せたままナポリ湾で沈むはずだったが、アグリッピナは泳いで岸に戻り、難を逃れている。業を煮やしたネロは刺客を送り、西暦59年、小アグリッピナはついに凶刃に倒れた。

ポッパエア・サビナはネロの親友の妻だったが、彼女はどうやらネロの最もひどい悪行のいくつかを裏で奨励していたようだ。やがてネロは誇大妄想に取りつかれ、恐怖政治を始める。妻のオクタウィア、信頼の厚かったセネカら助言者が次々に犠牲となり、排除された。

途方もない計画

ギリシャ建築に対する関心が昂じ、ネロはローマの都を一から作りなおすという途方もない計画を思いつく。凝った造りの宮殿や邸宅や楼閣が建ち並ぶ、壮麗な都に生まれ変わらせようというのだ。元老院は呆れ、ネロが都を作りかえるために必要だという大規模な取り壊しに協力することを拒んだ。

西暦64年7月19日の夜、戦車競技場キルクス・マクシムス（チルコ・マッシモ）を取り巻くように軒を連ねる商店から出火したとき、それを奇妙な偶然と感じた者はほとんどいなかった。季節は真夏で、ネロは——いささか都合がよすぎるようにも思えるが——海辺の保養地アンティウムに出かけていた。火が燃え広がる過程で、放火を目撃したという報告が数多く寄せら

> ネロはローマの都を一から作りなおすという途方もない計画を思いつく。凝った造りの宮殿や邸宅や楼閣が建ち並ぶ、壮麗な都に生まれ変わらせようというのだ。

ドムス・アウレアの遺構
ネロが築造させた"黄金宮殿"。ローマのフォロ・ロマーノに現存する。

れた。大著『ローマ史』を著したカッシウス・ディオは次のように書いている。

「ネロはあれこれの手を使い、人を街に遣って酔っ払いのふりをさせたり、何か悪さを働かせたりした。そしてまず、いくつかの地区でひそかに火をつけさせた……（中略）……このような状態が1日どころか何昼夜も続いた……（中略）というのも、略奪行為に目がない兵士たちは（夜警も含め）消火にあたらず、それどころか自分たちで新たに火をつけたからだ……（中略）……突風が吹いて火をあおり、まだ燃えずに残っていた界隈も炎に覆われた。その結果、もはや家財を気にかける者は誰もおらず、生き残った者たちはみな、安全な場所から、まるで数多の島や都が業火に包まれたかのような光景を見つめるばかりだった。自分の身にふりかかった不幸を嘆く者はもういなかった……（中略）……ネロはといえば、帝国に住む人々の大多数と同じく、自分の整地事業を制御できなくなっていた。欲に目がくらんだ兵士たちと天候に

よって、ローマの3分の2が灰燼に帰し、数え切れないほどの臣民が命を落とした」

前述のように最近の研究では、こうした古代の歴史家たちの裁断に疑義が呈されている。すなわち、事故による出火やキリスト教徒による放火の可能性が指摘されているのだ。とはいうものの、歳月を超えて現代に伝わるネロのイメージを否定することは難しい。それは燃えさかる都を前にして、自分がしでかしたことの大きさを理解するよりも先に、（カッシウス・ディオによれば）宮殿の残骸の上で歌を口ずさみ、（タキトゥスによれば）平然と竪琴を奏でていたという暴君の姿である。

焼け野原と化したローマ

ローマはこの大火で焼け野原になった。死者の数は数え切れない。カッシウス・ディオによれば、再建はその後すぐに始められたという。「ネロは個人や属州から莫大な額の義援金を募りはじめた。大火を理由に、あからさまな強制徴収を行うことさえあった」

当然ながら、ローマ市民も帝国臣民も冷ややかだった。ローマ市民にしてみれば、皇帝は彼らの街と住まいを焼き払っただけでは飽き足らず、夢の邸宅"黄金宮殿"（ドムス・アウレア）を建てるためだと言ってカネを巻きあげているのだから。こうした人々の不満が問題を引き起こす可能性に思い至ったネロは、スケープゴートを探し、当時ひそかに活動を続けていたキリスト教徒に目をつける。都合のよいことに、彼らは早くもローマ市民から煙たがられていた。というのも、キリスト教徒たちはローマ人の宗教儀式を異教徒のものだと言って否定したからだ。タキトゥスはキリスト教徒を「邪教徒」呼ばわりし、スエトニウスは「たちの悪い新興宗教を盲信する」人々と難じている。いずれにせよ、大勢のキリスト教徒が十字架にかけられ、火あぶりにされ、野獣に八つ裂きにされた。

ネロの最期

ネロの権勢は、大火以降回復しなかった。火災の被害は甚大で、一般大衆の負担——それも、自分たちの家屋敷の再建よりも皇帝の黄金宮殿の造営に伴う負担——は途方もないものだった。帝国全土で急速に秩序が乱れ、各地で反乱が起き、元老院でも造反の動きが広がった。ネロを廃位する企てが相次ぎ、2つの反乱が起きた（これは容赦なく鎮圧された）。そしてついに、ネロは持ちこたえられなくなる。スエトニウスによれば、ネロは刺客が迫るなか、次のような言葉を口にして自害したという。「余の死によって、何と素晴らしい芸術家が1人、この世から失われることか」

ネロの巨像（コロッスス）

ネロはそれでも、並はずれたモニュメントを1つ残している。自らの住まいとして造営した"黄金宮殿"、すなわちドムス・アウレアの、最も目立つ特徴の1つに数えられる、コロッスス・ネロニスである。これはネロ自身の姿をかたどった巨大な青銅の像で、世界の七不思議の1つ「ロードス島の巨像」を真似たものだった。のちの歴代皇帝によって幾度も頭部がすげ替えられたすえ、ハドリアヌス帝のときにローマのフラウィウス円形闘技場のかたわらに移される。時代はくだって中世、ネロの巨像にちなんで、この円形闘技場は「コロセウム」と呼ばれるようになった。

バイキングの探検家、グリーンランドに入植

西暦982年〜985年

人物：赤毛のエイリーク（西暦950年〜1003年）
失敗：人が住めない極北の土地に数百人を入植させた
動機：ほかに行くあてがなかったから

世界最大の島グリーンランドへの最初の入植者たちは、氷に覆われたその岸辺に降り立ったとき、盛大な失敗をやらかしてしまう。グリーンランドには樹木がなかったにもかかわらず、この島にやってきたバイキングの一団は恒久的な集落を築くことにしたのである。この企ては失敗に終わり、彼らは文字通り姿を消した。

8世紀、バイキングは故郷ノルウェーから探索航海に出かけるようになる。彼らは頑健で無慈悲な戦士だったが、同時に交易商人でもあり、おそらくその商圏は遠くアラブ世界まで及んでいた。西はダブリンから東はキエフにまで交易所を開設し、北米大陸まで到達していたと考えられる。

彼らはまた、陪審制や議会制その他、西欧文明の発展に不可欠の重要な概念も生み出している。西暦930年に創設されたアイスランド国会「アルシング」は、この種の議会としてはヨーロッパ最古を誇る。バイキングの探検家たちは870年、アイスランドを併合し、厳格なルールを策定した。結果、バイキングの掟に従わない者やその保護の外に置かれた者は新天地を探して旅立つことを余儀なくされたのだが、その中の1人が赤毛のエイリークである。

逃亡者

怖いもの知らずの探検家として後世に名高いエイリークだが、実際は逃亡中の無法者と大差なかった。西暦980年、彼は人を殺めた罪で、

> さて、次の夏、彼はアイスランドに戻り、ブレイザフィヨルド（"広い入り江"の意）にやってきた。
> その冬はホウルムラウトウル（"取るに足りない小島"の意）でインゴウルブの世話になった。
> 春になるとソルゲストと争いを起こすが一敗地にまみれ、その後は和解した。
> 夏、エイリークは以前発見し、グリーンランドと名づけた島に移り住むべく出発する。
> 島の名前の由来を訊かれた彼は、
> 魅力的な名前の土地にはなおさら行ってみたいと思うのが人情だからだ、と答えた。
> ——赤毛のエイリークのサガ

父親とともにノルウェーを追われる。そしてアイスランドに移り住んでわずか2年後、今度は別の殺人容疑でアルシングに出頭。結局3年の追放を言い渡されるが、ノルウェー本国でもお尋ね者で行くあてのない彼は、やむなく西に向けて出帆した。

エイリークはやがて、大部分が氷に覆われ、緑と言えば所々に短い芝が覗くだけの土地にたどりつく。ほとぼりが冷めるまでの3年をかけて各所を探索した彼は、その島を領有することにした。ただしそれは、厳しい気候と、いかなる樹木も育たないという事実に目をつぶっての決断だった。

それでもエイリークは島の南岸に入植地を築き、開拓民が集まるようにと、島を「グリーンランド（緑の島）」と名づけた。これは、世界初の不動産詐欺と呼んでも差し支えないほどの"誇大広告"である。いずれにせよ、いったんアイスランドに戻ったエイリークは、入植志願者を満載した船25隻を集めることに成功した。

グリーンランド

赤毛のエイリークは世界最大の島を「グリーンランド」と名づけた。しかしそれは、樹木が育たず、気候は厳しく、大地のほとんどが氷に覆われているという事実を無視してのことだった。

そのころのグリーンランドは、狩猟民のイヌイットが遊牧生活を送っているだけで、人間が定住したくなるような場所ではなかった。エイリークは困難にめげず東部入植地を建設し、流木で開拓民の住まいをこしらえた。イヌイットは決して友好的ではなかったが、邪魔をしてくるでもなかった。アイスランドを出発した25隻の船のうち14隻が危険な旅を乗り越えて島にたどりついており、さらには後発の船団が約645キロ離れたところに西部入植地を築いた。

取り残された人々

グリーンランドに入植したバイキングたちは、交易で食べていくつもりだったようだ。農場の跡地なら400カ所も見つかっているが、こ

レイヴ・エイリークソン
北米大陸に上陸した最初のヨーロッパ人、レイヴ・エイリークソン

の島の土地は単純に、生きてゆく糧を得る目的で農業を営むには痩せすぎだった。そこで、エイリークは息子のレイヴに交易路の開拓を命じ、送り出す。ところがレイヴはノルウェーから妻と宣教師を連れて戻ってくる。その頃バイキングの国々までキリスト教が伝わっており、レイヴはノルウェーで改宗済みだった。

アイスランドの伝承文学『赤毛のエイリークのサガ』によれば、グリーンランドに戻る途中、レイヴは強風に吹かれて航路をはずれ、北米大陸に流れ着いたという。西暦1000年前後のことだ。彼はその地をヴィンランド（ぶどうが豊かに実る土地）と呼んだ。そこはぶどうの木が生い茂り、森が広がり、鮭と牛がふんだんにいて、昼と夜がほぼ同じ長さを持つ新天地だった。

エイリークは西暦1003年前後に世を去り、彼についてきた者たちはグリーンランドの荒涼たる風景の中に取り残される。その暮らしぶりは、家屋の建材や薪を得るにも流木を拾い集めなければならない惨めなものだった。船を造る木材もなかったので、ヴィンランドに渡ることはできず、それどころか故郷ノルウェーに向けて船が出ることさえごく少なく、間遠になっていった。北海帝国がキリスト教を受容し、グリーンランドの開拓地のことがローマ教皇に伝わると、教皇は司教を派遣する。この司教は、何とか露命をつないでいた開拓民たちに、それ以上独立独歩でやっていくのは無理だとあきらめさせるのに一役買ったようだ。1261年、グリーンランドの議会はみずから主権をノルウェー国王に引き渡した。そうすれば支援が得られるという期待もあったのだろう。

ところが、待てど暮らせど支援の手は差し伸べられず、後任の司教もやってこない。次第に交流そのものが途絶えるようになった。1409年までには、東部入植地が無人の集落と化しているのを旅行者が発見している。

植民地の消滅

エイリークの開拓村で暮らしていた不運な住民たちがその後どうなったかは、誰にも分からない。ただ、教会墓地から掘り起こした人骨を

> 怖いもの知らずの探検家として後世に名高いエイリークだが、実際は逃亡中の無法者と大差なかった。

放射性炭素年代測定法で調べたところ、彼らの食生活がある時期を境に激変していることが分かった。来航する船が絶えてから、彼らはイヌイットのように、ほぼ魚のみを食べるようになっていたのである。この測定法によって、栄養失調の痕跡も見つかっている。つまり、グリーンランド開拓民は文字通り餓死したのではないかと考えられるのだ。それにしても、科学者たちがこれらの事実を解明できたのは、グリーンランドに樹木が育たないおかげというのが何とも皮肉ではないか。というのは、木が乏しく棺が作れないので、グリーンランド開拓民の亡骸は毛布にくるんだだけで永久凍土の下に埋められた。それがかえって遺体の保存状態を良くしたのである。いずれにせよ、入植から400年以上もかけて、彼らの食生活は肉中心から魚中心に変わった。ただ彼らの場合、足りない栄養素をイヌイットのように鯨やセイウチで補わなかったため、単純に栄養不足だった。

そのような厳しい条件下で、グリーンランドの開拓地が500年近くも存続していたことは、驚くべきことだ。最盛期には5千人もの開拓民が暮らしていたというが、グリーンランドの人口がいまだに5万6000人程度（2017年現在）であることを考えると、その数は決して少ないとは言えない。ちなみに、グリーンランドは1979年に自治権を獲得している。これは、主権を放棄してからじつに718年ぶりのことだった。

バイキングがたどった航路

本来、バイキングの航海はもっと広範囲に及ぶが、この地図には9世紀から10世紀を経て11世紀初頭まで続いた西方への領土拡張の経過を示した。彼らがアイスランドに到達したのは西暦870年ごろと考えられている。バイキングがダブリンの礎（いしずえ）を築いた841年から、約30年後のことだ。その後も探索が続けられ、982年には赤毛のエイリークがグリーンランドを発見。さらにはその息子のレイヴ・エイリークソンが現在のバフィン島と思われる土地を見つけ、次いでラブラドル半島に到達した。

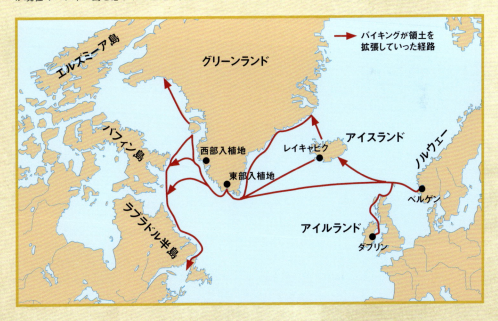

36　失敗だらけの人類史——英雄たちの残念な決断

教皇シルウェステル2世と世界の終わり

西暦999年12月31日

人物：信心深い人々
失敗："世界の終わり"が訪れるより先に、幾多の命が失われた
動機：集団ヒステリー、迷信、未知なるものへの恐れ

10世紀は「鉛と鉄の世紀」と呼ばれた。それはどんな時代だったのだろうか。まず、サラセン人、ムーア人、バイキング、ブルガール人、それに騎馬民族マジャール人が、こぞってヨーロッパに侵入した。アジアに目を向ければ、中国人が火薬を発明し、現在のバングラデシュの首都ダッカが建設された。アフリカでは、こんにちのルワンダにフツ族がやってきて、まもなく先住民であるツチ族を数で上回った（ただし、互いに相手を根絶やしにしようと殺し合うのは、それから1000年近くを経てからである）。ローマでは、敵対する教皇同士が互いに相手を投獄し、餓死させ、不具にし、暗殺し合った。北方はどうかと言えば、バイキングのレイヴ・エイリークソンが、おそらく"白人"として初めて北米大陸に到達した。イングランド王エゼルレッド2世は、あまりの無能ぶりから「無思慮王」というあだ名を奉られた。繰り返し起きる凶作によって飢える地域が続出し、その結果、各地に人肉食が広まった。さらには飢饉に追い打ちをかけるように、病原菌に感染した穀物を食べた人々のせいで病気が蔓延した。

そして西暦999年、世界が終わるという恐怖が疫病のように大衆の間に広まった。当時の世界はかくのごとく残酷かつ理不尽だったので、キリスト生誕から1000年という記念すべき年が何か神秘的な意味合いを持つと人々が信じたとしても、驚くには当たらない。

ローマ教皇

ローマ教皇史において、10世紀は取り立てて輝かしい時代ではない。初代教皇とされる聖ペテロの時代から1000年。残酷に殺されたり退位させられる教皇が相次ぎ、カトリック教会は女傑たちが教皇を意のままに操る「娼婦政治」または「遊女の支配」と呼ばれる体たらくに50年もの間、甘んじた。それのみならず、世紀末までには、本来教皇によって指名されるはずの神聖ローマ帝国皇帝が、逆に次期教皇を誰にするかの決定権を握るようになっていた。ベネディクトゥス5世は西暦964年のひと月だけ教皇を務めたのち、修道院に送られ、そこで余生を過ご

残酷で理不尽な10世紀のような世界では、キリスト生誕から1000年という記念すべき年が何か神秘的な意味合いを持つと人々が信じたとしても、驚くには当たらない。

教皇シルウェステル2世と世界の終わり

教皇シルウェステル2世
フランスのオーリヤックに立つ教皇シルウェステル2世の像。教皇はこの近くで生まれ、本名を"オーリヤックのジェルベール"といった。

そんなわけで、キリスト教会を率い、最初の千年紀が終わろうとする暗い日々を乗り切る役割は、次の教皇の手に委ねられることになった。先立つ世紀に教皇が成功したことと言えば、唯一、アイスランドに布教したことぐらいしかない（赤毛のエイリークは洟もひっかけなかったが）。ともあれ、オットー3世はグレゴリウス5世の次の教皇を選んだ。この人選はおそらく奇異なものだったのだろう。それが、心配性な一部の信徒を狼狽させずにおかなかった。

新しい教皇

すことを強いられた。またベネディクトゥス6世は、後ろ盾である神聖ローマ帝国皇帝オットー1世の死後、絞殺されている（974年）。そして996年、オットー3世の推挙で教皇座にのぼったグレゴリウス5世は史上初のドイツ人教皇だったが、ローマ貴族が立てた対立教皇（正当な教皇に対抗して立てられた教皇）との闘いを余儀なくされた。ちなみに、このとき対立教皇として擁立されたヨハネス16世は、不運にも教皇庁と神聖ローマ帝国の双方から追われて捕えられたすえ、両耳と鼻を削がれ、舌を切り取られてから修道院に送られている。彼がそのあとの5人の教皇よりも長生きしたのは、数奇な巡り合わせというしかない。いっぽうグレゴリウス5世は次の千年紀を迎えることができず、999年2月6日（18日説もあり）、不審な状況でその生涯を閉じた。

西暦999年大晦日のローマ。大勢のキリスト教徒がすすり泣きながら、当時「（主の）怒りの日」と呼ばれていた恐ろしい瞬間の訪れを待ち受けていた。粗布をまとい、灰をかぶった貧しき者たちが、続々とサン・ピエトロ大聖堂に入ってゆく（粗布と灰は、神の前でこうべを垂れて己の罪を悔い改めるしるしであり、国難に見舞われるたび、そういう格好をする人々が現れた）。新教皇がミサを執りおこなう姿を見て、彼らの恐れは募りこそすれ、和らぐことはなかった。新教皇シルウェステル2世、本名"オーリヤックのジェルベール"は史上初のフランス人教皇だ。ミサに集った人々は新教皇の頭から悪魔の角が生えてくるのを固唾を飲んで待ち受けたと言っても過言ではない。西暦950年ごろ、オーヴェルニュ地方で生まれたジェルベールは、13歳で聖ジェロー修道院に入り、そこで、

コルドバ

スペインのイスラム都市コルドバには巨大な図書館があった。ジルベールはこの図書館に入り浸って数学を学んだ。

旅の途中この修道院に立ち寄ったバルセロナの伯爵に才覚を見いだされる。伯爵はジルベールが17歳のときにスペインへ連れ帰り、教育を受けさせた。当時のスペインは、キリスト教圏とイスラム教圏がせめぎ合う境界だった。ジルベールはバルセロナにしばらく留まるが、アンダルシア地方やその主要都市セビリアおよびコルドバではもっと長い時間を過ごした。コルドバには当時世界最大の図書館があり、4000巻の書物を所蔵していた（これは、キリスト教圏にあった図書館の最大の蔵書の4倍に相当する）。書物のジャンルは数学や哲学をはじめ、多岐にわたる。若きジルベールはそこで数学を学ぶ。後年、蒸気オルガンの一種を発明し、西欧世界では忘れ去られていたアバクスという計算盤を復権させた下地は、このときに培われたと思われる。

教皇庁内が平穏だった969年、ジルベールはローマに連れていかれ、ローマ教皇ヨハネス13世と神聖ローマ皇帝オットー1世に謁見する。教皇も皇帝もこの若者の才気に感服し、オットー1世の息子オットー2世は後年、自分の息子の家庭教師にジェルベールを迎えた。それを考えると、オットー3世が即位したとき、ジェルベールがランス、さらにラヴェンナの大司教に任ぜられたのは意外ではない。教皇グレゴリウス5世が急死すると、皇帝は迷わずジェルベールを新教皇に据えた。ジェルベールは4世紀の教皇シルウェステル1世にあやかって、シルウェステル2世と名乗る。

とかくの噂

とはいうものの、正規の教育を受けていない

新教皇に関しては、とかくの噂が絶えなかった。いわく、悪魔とダイス遊びをして勝った結果、教皇の座を手に入れたのであり、午前零時きっかりにキリスト教をサタンに引き渡すだろう。

［本当の世界の終わりとは、精神が破壊されることだ。
それ以外にも世界の終わりがあるとすれば、そうした破壊のあとにもこの世界が続くかどうかを
見定めようとする、さしたる値打ちもない試みにかかっている。］

——カール・クラウス『言葉』より

オットー3世

西暦999年、神聖ローマ帝国皇帝オットー3世は、"オーリヤックのジェルベール"を教皇に据える。この決定に、多くのキリスト教徒が狼狽した。

物と結託している。いわく、みずから青銅でこしらえた頭像の口から、もしエルサレムで説教を行えば悪魔が戻ってくるだろう（＝死ぬだろう）という予言を聞いた——等々。

結局、西暦999年最後のミサは不安に包まれながらもつつがなく終了し、多くの人々が山の頂なりどこなり、差し迫った世界の終わりを見届けようと決めた場所から恐る恐る降りてきた。しかし、ジェルベールはのちに、ローマにあるサンタ・クローチェ・イン・ジェルサレンメ聖堂（ジェルサレンメはエルサレムのこと。聖堂の床にエルサレムから運ばれてきた土が敷き詰められていたことによる）でミサを執りおこなうというミスを犯し、予言通りたちまち病床に伏した。

人間を教皇という公職に就けるのは、単純な話ではなかった。その頃の教皇職と言えば、他人を教え導くことよりも自分自身が生き延びることに専念せざるを得ない仕事だったからなおさらだ。ジェルベールに関しては、とかくの噂が絶えなかった。いわく、悪魔とダイス遊びをして勝った結果、教皇の座を手に入れたのであり、午前零時きっかりにキリスト教をサタンに引き渡すだろう。いわく、スペインのアラブ人哲学者から呪文書を盗み、妖術を使って逃げてきたのだ。いわく、メリディアナという女の魔

噂によると、彼は悔い改めた証しとして自分の両手と舌を切り取らせ、枢機卿たちには亡骸をばらばらに切り刻んで骨をローマに撒いてほしいと頼んだという。この望みは叶えられず、ジェルベールの遺体は墓に葬られた。ただ、その墓碑銘はいささか変わっていた。そこには、教皇の死が近づくたび、シルウェステル2世の遺骨がカタカタと鳴ってそれを知らせる、と刻まれていたのだ。

40　失敗だらけの人類史──英雄たちの残念な決断

アレクサンデル3世と プレスター・ジョンの探索

西暦1165年〜1492年

人物：教皇アレクサンデル3世（1181年死去）
結果：十字軍は伝説の軍を捜し当てられず
失敗：東洋に理想のキリスト教世界が存在するという幻想を、西洋キリスト教世界は300年以上も抱き続けた

中世ヨーロッパに都市伝説というものがあったら、プレスター・ジョンにまつわるそれは、最も広く信じられた都市伝説だったと言ってよいだろう。実在するかどうかも定かでない人物と連携すべく、既知世界の彼方に数千の戦士を派遣したとなると、その圧倒的な不合理性ゆえに、本書で取りあげるのに十分ふさわしい。

東方の偉大な王

プレスター・ジョン伝説の核となる部分が作られたのは1165年のことだ。ときのビザンツ皇帝のもとに、プレスター・ジョン（祭司ヨハネス）と名乗る東方の偉大な王を差出人とする書簡が届いた。同様の書簡は、ローマ教皇と神聖ローマ帝国皇帝にも送られている。書簡によると、プレスター・ジョンは広大で曇り一つないキリスト教の帝国を統べる王であり、イスラム教徒打倒に身命を捧げており、十字軍（イスラム教徒からの聖地奪還をめざし、キリスト教世界が送った軍隊）に加勢したいという。第2回十字軍が芳しくない結果に終わってからそれほど経っていないときのことである。

プレスター・ジョンの名はヨーロッパ各国の宮廷ですでに知られていたが、この書簡が届くまでは、誰もその実在を本気で信じてはいなかった。1144年、のちに十字軍にも参加するドイツの司教"フライジングのオットー"は、新約聖書に登場する東方三博士の1人の末裔だというこの偉大な王に関する知らせをヨーロッパ

> 「このプレスター・ジョン帝はキリスト教徒であり、民の大部分もそうである……（中略）……彼らは父と子と聖霊の存在を心の底から信じている。そして彼らはとても信心深く、互いに誠実である。このプレスター・ジョン帝は、ほかの王との戦いに出陣するときに幟をはためかせたりはせず、そのかわり金色の美しい十字架を3つ押し立てる。大きく、丈の高い、珠玉のちりばめられた3つの十字架は、1台の二輪戦車（チャリオット）に積まれ、美々しく並べられる。そしてこれら3つの十字架を護るべく、1万の騎兵と10万を超える歩兵が護衛を命じられ……
> 　　　　　　──ジョン・マンデヴィル『東方旅行記』より

プレスター・ジョン
キリスト教を奉ずる伝説の王プレスター・ジョンは、東アフリカのアビシニア、すなわちエチオピア王国を含む、東方の広大な帝国を支配すると言われていた。

　第2回十字軍は惨憺たる結果に終わっていた。哀れなフランスとドイツの十字軍戦士たちはセルジューク・トルコに打ちのめされ、せめてダマスカスは奪回したいという望みすら叶えられなかった。援軍が現れなかったからそのような憂き目にあったのだと考えることは、面目を失ったキリスト教徒たちにとって、格好の慰めとなった。

幻想的なエピソードの数々
　伝説はすぐに根を下ろした。1177年、教皇アレクサンデル3世は援軍の派遣を催促する返事を持たせて侍医フィリップをプレスター・ジョンのもとに遣わす。フィリップはパレスチナまでたどりついたが、以降は消息が知れない。しかしその頃になると、自分はプレスター・ジョンの王国に滞在していたと主張する旅行者たちから、書簡の内容を裏書きする報告が寄せられるようになっていた。ただ、彼らの報告には脚色が施されていた。たとえば、ある旅行者は、プレスター・ジョンの兵は銅でできた体の中に炎を宿し、敵陣にたどりつくや爆発すると伝えている。プレスター・ジョンの書簡は何通も写しが

にもたらしている。それによると、プレスター・ジョンは豊かで強大な王国に君臨し、メディア、ペルシャ、アッシリアの軍を打ち破り、十字軍への援軍を差し向けたが、これは氾濫したティグリス川に行く手を阻まれ、退却を余儀なくされたという。ビザンツ皇帝ほかに届いた例の書簡は、オットーによるこの報告の内容を裏付けるものだった。もっとも、書簡はプレスター・ジョンの王国が誇る巨万の富に関する途方もないエピソードでふんだんに彩られていたのだが。書簡でプレスター・ジョンは、バベルの塔が立つバビロンから太陽の昇る東の極みまで広がるという「3つのインドの王国」（中世ラテン世界で用いられた地域区分「遠インド」「中インド」「近インド」の3つを擁する広大な領域）の王を自称している。

そもそもの発端となった例の書簡は、どうやら神聖ローマ帝国皇帝、"赤髭王" フリードリヒ1世が、教皇権を揺さぶる目的で捏造したものらしい。

教皇アレクサンデル3世

1177年、ヴェネツィアで行われた教皇アレクサンデル3世と皇帝フリードリヒ1世（赤髭王）の会談。

作られ、それぞれ話に尾ひれのついたものが100年以上も出まわっていた。プレスター・ジョンの王国には若返りの泉がある、馬に乗った大柄な女性たちが敵を蹂躙している、7つの角が生えた雄牛があたりを歩いている……等々。特に、イギリスの冒険家ジョン・マンデヴィルが14世紀に著した旅行記は、同種の報告の中ではひときわ幻想的である（40ページ参照）。

プレスター・ジョンの伝説には幾ばくかの真実が含まれていた。十二使徒の1人である聖トマスは、イエスの教えを南インドまで伝えたとされる。これはほぼ間違いない。南インドのケーララ州には今なお、彼の名を冠した有力なキリスト教の教派が存在するし、この聖人を讃える黄金の十字架が立っているからだ。そこからアジアの一部にネストリウス派キリスト教が広がったものの、西暦1100年までには多くがイスラム教に改宗している。プレスター・ジョンの書簡にちりばめられた脚色の多くは、アレクサンドロス大王の遠征の様子を伝える種々の報告に似通っている。アマゾネス軍団、燃える兵士たち、摩訶不思議なサラマンダー……。これらがそうした脚色の元ネタであることは間違い

ない。そして12世紀の末、プレスター・ジョンの書簡が届いてからさほど歳月を経ずして、チンギス・ハーンの軍勢が中央アジアでイスラム教徒を蹴散らした。ただし、それがキリスト教のためでなかったことは言うまでもない。

生き続ける伝説

西暦1400年ごろまでには、イタリア人旅行者マルコ・ポーロをはじめ、本物の探検家たちがアジアの奥地に分け入っては無事に帰ってきたが、プレスター・ジョンを見つけた者はいなかった。もはや、アジアに偉大なキリスト教王国など存在しないことは明らかだった。それでも、その存在をかたくなに信じる人々はめげず、たんにそれまでの自分たちの解釈が間違っていたのだと言い張った。すなわち、アジアというのは本来のアジアではなく、アビシニア、つまり東アフリカのエチオピア王国のことだと軌道修正したのである。なるほど、エチオピアまでキリスト教が伝わっていたことは、インドにキリスト教が伝わっていたのと同様、疑いない。

西暦1488年、西アフリカのベニンの王子がポルトガルの宮廷を訪れ、「モシ」という民族が戴く強大な王の存在を伝えた。これが、「モーゼの王国」という意味に解釈され、またぞろ東方のキリスト教国の噂が西欧を席巻する。ポルトガルの探検家たちは船でアフリカ大陸をめぐり、モーゼの王国を探した。当時のアフリカの地図にも、エチオピアあたりにプレスター・ジョンの国が記載されるようになってきていた。その頃プレスター・ジョンは500歳近くになっていたはずだが、アメリカ大陸が発見され、エル・ドラド（黄金郷）という新たな噂の真偽を確かめるための探索が始まるまで、彼の伝説は生き続けた。

そもそもの発端となった例の書簡は、どうやら神聖ローマ帝国皇帝、"赤髭王"フリードリヒ1世が、教皇権を揺さぶる目的で捏造したものらしい。それなのに人々はこのペテンを鵜呑みにし、次々に十字軍を送っては、数万の命を無為に失わせた——聖地パレスチナでプレスター・ジョン率いる魔法の軍勢と合流し、エルサレムを奪還するという見果てぬ夢を追って。

聖体拝領
イエス・キリストからパンとぶどう酒を授けられるプレスター・ジョンを描いた15世紀の木版画。

44 失敗だらけの人類史——英雄たちの残念な決断

ポジェブラト、欧州統合のアイデアを各国に売り込む

1458年～1471年

人物：イジー・ス・ポジェブラト（1420年～1471年）

結果：努力の甲斐もなく、以後500年間、ボヘミアは外国人の支配を受ける

失敗：欧州平和のための連合体を作ろうとしたことがかえって裏目に

ボヘミアンという言葉は、長らく、その由来となった国とは無関係に使われてきた。おそらく15世紀初頭に祖国を逃れてフランスにやってきたボヘミアのカトリック教徒に起源を持つこの語は、同時期に出現したジプシーと混同され、最終的には彼らの根無し草のような、ずぼらな暮らしぶりが「ボヘミアン」と呼ばれるようになったのだろう。それが、以後何世紀も使われてきたというわけだ。

ボヘミアは、今でこそチェコ共和国の一部だが、かつては単独の国であり、ごく短い間ながら、王を戴いていた。権力を濫用して王国を失った王は少なくないが、イジー・ス・ポジェブラトがボヘミアを失ったのは、人類の平和な未来を夢想するという罪を犯したせいだった。国際連合の起源をたどれば、国際協調のための憲章というアイデア——今に至るも議論の的になるアイデア——を最初に思いついた先駆者の1人して、その名が挙げられる。皮肉なことに、彼の夢想は数百年後初めて現実のものとなり、すぐに命脈を断たれた。1938年、ナチスドイツの侵攻によってチェコの自治が28年で幕を下ろしたのである。この28年間は、ポジェブラトが世を去った1471年以来初めてボヘミアが独立を手にした期間だった。

動乱の時代の王

ポジェブラトが即位したのは、ヨーロッパが動乱に揺れた特異な時代だった。先立つ14世紀には黒死病がヨーロッパの人口を激減させている。また1378年の教会大分裂により、教皇庁はローマからアヴィニョンに移り、その力を減じたばかりか——多くが見たところ——フランス国王の不当な影響下に置かれていた。いっぽ

> ヨーロッパに国家間の恒久平和を打ち立てたいという望みに応え、最初に文書化された欧州連合の構想は、1463年、ボヘミア王イジー・ス・ポシェブラトがフランス王ルイ11世に提案したものです。この構想には議会、裁判所、連合軍、連邦予算の創設が含まれていました。
> ——欧州委員会円卓会議（2004年）の議事録より

イジー・ス・ポジェブラト
アルフォンス・ミュシャ（1860年〜1939年）作の壁画。フス派の王イジー・ス・ポジェブラトに対して、ローマ教皇の権威に従うよう求めるファンタン枢機卿。

う、東方からはオスマン帝国が脅威を及ぼし始めていた。それほど遠くない過去には、モンゴル人がヨーロッパに襲来し、特にハンガリー（マジャール人の国）を蹂躙、神聖ローマ帝国の旗のもとでつかのま枢要な地位を占めたボヘミア王国から、一部領土を切り取った。

ボヘミア王国の都プラハは、神聖ローマ帝国皇帝カール4世（ボヘミア王カレル1世）の治下で黄金時代を謳歌するが、それ以前にボヘミアを支配していた王朝は断絶してしまっていた。カール4世はドイツのルクセンブルク家の出で、プラハにやってきたときチェコ語をまったく話せなかった。1348年、彼はヨーロッパ最古の大学の1つ、プラハ大学を創設。また、今なおプラハを世界屈指の観光都市にしている優美な町並みを建設した。それでもカール4世は生粋のチェコ人とは見なされず、彼の死後、貴族階級に反乱の気運が高まった。プラハ大学の最初の卒業生の1人で、1402年からはその学長を務めたのが、ヤン・フスである。イングランドのロラード派の影響を受けたフスは、教皇の名のもとに発行される贖宥状（免罪符）を批判し、教皇庁の専横を糾弾する説教を行った。彼はカトリック教会から破門され、1415年には火刑に処された。しかし、フスの言動は百年後の宗教改革の下地を作り、ボヘミアという国そのものに、他民族による支配に対する不満と愛国心を芽生えさせた。

カール4世（ボヘミア王カレル1世）のあと即位した王たちには、ボヘミア貴族を抑えておくだけの手腕が欠けていた。フス派（ヤン・フスの教えに従う者たちがこう呼ばれた）自体も2つに分かれ、より穏健なウトラキスト派に属する貴族の1人であるイジー・ス・ポジェブラトが、1458年、議会によってボヘミア王に選出される。彼は何世紀ぶりかで誕生したボヘミア人国王であり、結果的には最後のボヘミア人国王となった。

有力貴族の息子であったイジーは、いくつもの緊急課題に直面する。まず、東方では1453年にオスマン帝国がコンスタンティノープルを陥落させ、大きな脅威となっていた。いっぽう、ローマに戻った新教皇はフス派という異端の徒であるイジーをボヘミア王として認めず、やがてカトリック教会から破門する。また、イジーが国王に選ばれる前、ポーランドのヤギェウォ朝が多くのカトリック教徒の支援を受け、ボヘミア王位を手に入れようと画策していた。やがて、イジーに対して聖戦が布告される。

1463年（1461年説もあり）、イジーはせめて1人でも味方を作ろうと、娘のカテジナをハンガリー王に嫁がせた。しかし、あいにくカテジナはその翌年に死亡。まもなくコルウィヌスは教皇パウルス2世を支持するボヘミアのカトリック貴族たちへの肩入れを表明する。教皇はイジーの廃位を宣言した。

ヨーロッパ連邦

何よりそれだけ切羽詰まっていたからかもしれないが、イジーは1つの大きな構想を思いつく。それは祖国を救うため、起死回生を狙った土壇場の一手だった。とにかく希望から生まれた構想であることは間違いなかったものの、その大胆な内容が彼の祖国にとってむしろ裏目に出てしまったと言える。1465年、イジーは義弟にあたるボヘミアの貴族レオ・ズ・ロジュミタールを、「すべてのキリスト教王国と、神聖ローマ帝国内に存在する敬虔かつ文明的なすべての公国、そしてとりわけ聖墳墓および最愛なる使徒ヨハネの墓所を訪わせるために」欧州巡遊の

着想

2003年の欧州評議会で、デンマークの外相は演説の冒頭、統合ヨーロッパという理念を最初に着想したのはイジー・ス・ポシェブラトだと述べた。また歴史家ロバート・フランクは、統合ヨーロッパの提唱者としてカントとマッツィーニに並べてポシェブラトの名前を挙げている。ポシェブラトの果たした役割が正しく認識されるまでに、じつに500年を超える歳月を要したことになる。

ズ・ロジュミタールは密命を帯びていた。それはヨーロッパの諸王と諸公を説得し、教皇からも神聖ローマ皇帝からも独立したヨーロッパ連邦の創設という壮大なプロジェクトへの支持を取り付けることにほかならなかった。

旅に送り出した。ただ、それはあくまでも表向きの理由に過ぎず、ズ・ロジュミタールは密命を帯びていた。それはヨーロッパの諸王と諸公を説得し、教皇からも神聖ローマ皇帝からも独立したヨーロッパ連邦の創設という壮大なプロジェクトへの支持を取り付けることにほかならなかった。ルイ11世がこのアイデアを気に入ったため、フランスは連邦の盟主に担がれた。その他の君主たちを説き伏せるべく、イジー・ス・ポジェブラトは連邦が成立したあかつきには、キリスト教世界に攻め込もうとするトルコ軍との戦いに連邦の軍を動員しようと申し出る。イジーはさらに、常設の委員会を置き、諸公同士が相互に行う法的行為の調整を担わせることも提案した。レオ・ズ・ロジュミタールはルイ11世のほかに、ブルゴーニュ公フィリップ善良公、イングランド王エドワード4世、カスティーリャ王エンリケ4世、ポルトガル王ジョアン2世、アラゴン王アルフォンソ5世とも会っている。彼らは客人を晩餐会に招待し、舞踏会を催し、武芸競技会や闘牛を披露するなど、イジーの使者を丁重にもてなしたが、誰一人としてその誘いを真に受ける者はいなかった。

教皇ピウス2世は激怒し、イジー・ス・ポジェブラトを廃位させることにますます情熱を注ぐようになる。教皇にしてみれば、このボヘミア王は異端というだけでなく、あろうことかトルコよりもむしろ教皇権をおびやかすような呼びかけをしているのである。ピウス2世はポジェブラトとチェコ人に対する十字軍の派遣を呼び

現代ヨーロッパの地図上に描いたボヘミア
イジー・ス・ポシェブラト治下のボヘミア王国の領土を、現代ヨーロッパの地図に重ねたもの。今のドイツ南東部の一部と、チェコ共和国の西側3分の2を包摂している。

かけた。かつてはイジーの娘婿でもあったハンガリー君主のマティアス・コルウィヌスは、教皇からイジーの後釜に指名され、ボヘミアに攻め入った。イジーは1468年の名高い合戦に勝利したものの、ハンガリーに国土の東半分をごっそり奪われてしまう。

イジーは四面楚歌の戦いに疲れ果て、1471年3月22日にこの世を去った。ヨーロッパの統合を確立しようとする試みも、彼とともに命脈を断たれた。イジーは貴族に選出された王だったため、王朝は存在せず、各勢力の包囲攻撃を受けているボヘミアは祖国を防衛する人材を国内に見いだすことができなかった。議会の面々はまず——ハンガリー人の侵略から守ってもらおうとの期待から——ポーランド王に恭順の意を示し、その20年後、今度はハプスブルク家の軍門に下る。ハプスブルク家はそれから2年のうちにボヘミアの貴族と民衆から自治権を奪い、第一次世界大戦が終わるまでこれを返さなかった。イジーの構想は祖国ボヘミアを孤立させ近隣諸国を戦慄させること甚だしく、彼のごとき宗教的異端と政治的放埓の組み合わせを恐れた周辺諸国は、イジーのアイデアも彼の祖国ボヘミアも、永遠に沈黙させるべきだと考えたのである。

1968年の「プラハの春」、1989年のビロード革命、それに続く劇作家ヴァーツラフ・ハヴェルのチェコスロバキア大統領就任は、イジー・ス・ポシェブラトが思い描いた理念を、遅まきながら私たちに分からせてくれたのかもしれない——たとえ彼の構想が、結果的に祖国を長きにわたる抑圧のもとに置いてしまったとしても。

48　失敗だらけの人類史——英雄たちの残念な決断

モンテスマ2世、スペイン人侵略者を歓迎する

1519年11月

人物：モンテスマ2世（1466年～1520年）

結果：自分たちの文明をそっくり差し出す

失敗：スペインのコンキスタドールをアステカの神ケツァルコアトルの再来と勘違いし、征服者たちをすすんで都に迎え入れた

中米とメキシコの初期文明において崇拝された神々の中で、天地を創造したとされる大神ケツァルコアトルの重要性は他を圧倒していた。その名は「羽毛のある蛇」を意味するが、蛇以外にもさまざまな姿をとることができ、人間ならば大神官トピルツィンとして現れることもあった。

伝説によると、何世紀も前のこと、メキシコのトルテカ帝国の人々の行いに腹を立てたケツァルコアトルは、多くの蛇で組んだ筏に乗って東の海に去った。その際、いつの日か必ず戻ってきて、再び君臨するだろうと言い残したという。この言い伝えが語り継がれるうちに、ケツァルコアトルは口ひげと白い肌が特徴的な大神官トピルツィンの姿で去っていったとされるようになった（このいささか風変わりな描写は、アイルランドの聖職者、聖ブレンダンの予期せぬ来航が影響した可能性がある）。

本書で取りあげる誤算の中でも群を抜くと言ってよい大誤算のための下地は、すでにつくられていたのである。世界屈指の権力を持つ男が、無法者と大差ない1人の征服者を、こともあろうに神として迎え入れ、1つの文明を滅亡へと導いた。メシカ族（アステカ族の文化的後裔だが、異なる部族）の皇帝にしてテノチティトランの支配者モンテスマ（モクテスマとも）2世は、スペインのコンキスタドール（征服者）エルナン・コルテスをケツァルコアトルの再来と思い込んだ。この過ちは、たんにメキシコ人の帝国のみならず、アメリカ大陸全体の運命を決してしまったと言っても過言ではない。

千載一遇のチャンス

コロンブスが偶然新大陸を発見してからま

奇妙な動物を連れ、すさまじい威力の兵器を用いる、髪とひげが金色の男たちの噂は、瞬く間に広まった。そうした噂を聞けば聞くほど、モンテスマ2世の心は波立った。神官たちは、まさにその年、ケツァルコアトルが東の海の彼方から帰ってくるだろうと予言していたのだ。

なく、スペイン帝国は探索と発見と略奪の拠点となる基地を設営する。彼らが選んだのはキューバだった。フロリダとは指呼の間で、ユカタン半島もメキシコ湾（メシカ族には「東の海」と呼ばれていた）を挟んで目と鼻の先という、中継地にはうってつけの島である。

そこからスペイン人は2度遠征隊を送り込み、アステカの先住民が火薬というものを全く知らないこと、また、アステカには黄金がふんだんにあることを突きとめていた。第2次遠征隊は、人身御供と人肉食が行われていることを示す形跡も見つけている。さらには、沿岸部の諸部族が内陸の巨大都市に住むメシカ族の支配下にあり、そのくびきから解放してくれる相手となら誰とでも喜んで手を結ぶだろうことも予想がついた。コンキスタドールたちは期待に胸を膨らませる。大帝国の征服という偉業を成し遂げるまたとないチャンス。未開の異教徒たちをキリスト教に改宗させる絶好の機会。おまけに、ありあまるほどの黄金……。そこでエルナン・コルテス——アステカ征服という史実から粗暴な野蛮人と思われがちだが、じつはカスティーリャの権門に生まれ、高い教育を受けた法律家であり、当時はキューバ総督府の要職にあった——は、1519年、第3次遠征隊を率いてキューバを出航する。過去2度の遠征と異なり、今回は銃や火砲に加え、馬と犬も連れていった。

モンテスマ2世

1892年に製作された多色石版画。「メキシコ入りするコルテス」と題されたこの絵には、1519年、モンテスマ2世と初めて対面するエルナン・コルテスが描かれている。

ケツァルコアトル
「羽毛のある蛇」を意味するケツァルコアトルは創世神として崇拝されていた。蛇のほかにもさまざまな姿をとることができ、ときに口ひげを生やした白人の姿で現れたという。

て優れた技術を有していた。また複雑な球技を楽しみ、音楽と踊りを核とする盛大なショーを催した。彼らが滅びたのは、客人をもてなす気風があったことと、美しい都を築く能力はあっても、重要な技術革新を成し遂げてはいなかったからだと言える。彼らは車輪も火薬も発明していなかったし、航海に関する知識も皆無だった。もし彼らがそうした技術をすでに手にしていたなら、モンテスマ2世が闇雲な信仰心を発揮することも、それによって高い代償を支払わされることも、おそらくなかったに違いない。

メシカ族

　モンテスマ2世に至る歴代の君主は、何世紀もかけて版図を南に広げ、メシカ族を地域で最大の勢力に育てあげた。彼らはテスココ湖の中央に浮かぶ岩がちな島の上に、首都テノチティトランを築く。そしてマヤ文明やトルテカ帝国の生き残りを含めた近隣諸部族を従え、少なくとも30の部族を支配下に置いていた。モンテスマ2世は第9代の皇帝で、人々から税を徴収してぜいたくな都の建設費をまかなった。

　テノチティトラン（現在のメキシコシティー）は、スペイン人たちがやってきた当時、おそらくヨーロッパのどの都市よりも壮麗だった。運河が張り巡らされた町並みは、スペイン人にヴェネツィアを思い起こせたという。メシカ族はデザインと彫刻、金属細工、木工の極め

金色の髪をした男たちの来訪

　16世紀の初めから、沿岸部で何やら不可思議な出来事が続いているのにメシカ族は気づいていた。一個の文明圏として、彼らは外の世界とごくごく限定的な接触しか持たなかったようであるし、そもそも外界に対する関心がほとんどなかったように思われる。それだけに、奇妙な動物を連れ、すさまじい威力の兵器を用いる、髪とひげが金色の男たちの噂は、瞬く間に広まった。そうした噂を聞けば聞くほど、モンテ

> 一個の文明圏として、彼らは外の世界とごくごく限定的な接触しか持たなかったようであるし、そもそも外界に対する関心がほとんどなかったように思われる。

> おお、わが君よ。さぞやお疲れでしょう。さだめし大儀だったこととお察しします。あなたは地上に降臨された。あなたが来られたのはご自身の都を治めるため、わが敷物の上に舞い降り、私があなたのためにしばらくお守りしていた玉座に座るため……（中略）……あなたにお会いすること、あなたのご尊顔を拝することを、わたしはどれほど夢見てきたことか……この世を去りし王たちは口々に、あなたがいつかご自身の都を訪ねてこられるだろうと申しておりました──いずれあなたが降臨されるだろうと。
>
> ──皇帝モンテスマ２世がエルナン・コルテスを迎えた際の歓迎の辞

スマ２世の心は波立った。神官たちは、まさにその年、ケツァルコアトルが東の海の彼方から帰ってくるだろうと予言していたのだ。その予言の内容に、新参者たちの風体や様子はあまりにも鮮やかに一致していた。

敵より優れた武器を持っていなかったとしても、名高いテノチティトランを目指し、総勢400ないし500名の小規模な派遣軍を率いて山岳地帯を進んでいる段階で、コルテスはすでにメシカ族の広大な帝国を屈服させていたと言える。両陣営の使者は山中で落ち合い、贈りものを交換するのだが、スペイン人に贈られた衣裳は帰ってきた神にふさわしいよう仕立てられていたのに対し、いっぽう、テノチティトランの使者に贈られた衣類には生贄の血が塗られていた（生贄の血は、神と出会ったことに対するスペイン人からの報酬だった）。

1519年11月、湖上の都と湖畔を結ぶ南の土手道にコルテスは足を踏み出した。モンテスマ２世は宝石のちりばめられた輿からおり、歓迎の辞とともにコルテスを迎えた。

帝国の落日

それで、一巻の終わりだった。実際、戦いひとつ起きなかった。要するに、モンテスマ２世は帝国を新参者に差し出したのである。3日と経ずして、モンテスマ２世は自分の宮廷で囚われの身になった。それから2カ月後、モンテスマ２世はスペイン王カルロス１世（神聖ローマ帝国皇帝カール５世）に正式に降伏する。その後の数カ月、コルテスとモンテスマ２世は大いに意気投合し、両国の同盟はもちろん中国征服の可能性についてさえ話し合ったと伝えられる。しかし、1520年の4月までに、第3次遠征の成功──それも、遠征隊の最も野放図な夢のみならず、遠征隊に与えられたいかなる命令内容をもはるかに上まわる大成功──がキューバの総督府に伝わる。コルテスの忠誠心を確かめるための討伐軍が、アステカに差し向けられた。コルテスはこれを迎え撃つためにテノチティトランを発つ。ところが、彼が都を離れているすきに、かねてアステカがすんなり降伏したことに疑念を抱いていた副官のペドロ・デ・アルバラードが好機到来とばかりに行動に出る。祭礼に集まったメシカ族の貴族たちを鏖殺してしまったのだ。これに怒ったアステカ人が一斉に武装蜂起。モンテスマ２世は戦いをやめさせようとするうちに、宮殿の防壁の上で民衆により殺害される。

コルテスがテノチティトランに戻ると、そこは血の海だった。1年後、彼が都の統制を取り戻すころには、数万のメシカ族が死に、偉大な帝国の滅亡が決定的になった。一個の文明が、いにしえから受け継がれた信仰を根拠に一人の征服者に屈服し、かつて恐れられたモンテスマ２世は過去の人となったのである。

52　失敗だらけの人類史——英雄たちの残念な決断

ヨハン・デ・ウィット、マンハッタン島を手放す

1667年

人物：ヨハン・デ・ウィット（1625年〜1672年）
失敗：マンハッタン島を香辛料が採れる小さな島と交換したことで、オランダの歴史が決定的に変わってしまった
結果：オランダがナツメグ取引の独占と引き換えに譲り渡した土地は、のちに世界最大の都市に成長した

　かつて、世界の大帝国同士は領土を交換していた。戦争で負けた側は、世界というチェス盤の上の駒を差し出し、代わりに何か小さな駒を得る——このルールに例外はなかった。勝ったほうがまず選択権を行使した。が、勝者の選択が必ずしも最善とは限らなかった。オランダはのちに世界で最も値打ちの高い不動産となる土地を、インドネシアのはずれの、今では貧しい小島に過ぎない場所と引き換えに差し出してしまう。すなわち、マンハッタン島とラン島の交換である。

香辛料争奪戦

　植民地主義の初期の目的の1つに、香辛料があった。香辛料はヨーロッパの食べものに格別の味わいを添えるもので、世界で最も価値のある商品だった。中でも、いちばん珍重されたのがナツメグかもしれない。ナツメグは幻覚を引き起こすとも性欲を刺激するとも言われ、伝染病の治療効果があるとさえ言われていた。1453年にコンスタンティノープルが陥落すると、香辛料を調達するための陸上ルートが閉ざされ、各国は海上ルートの開拓を始めた。そんなか、東西反対の方向に船出したのが、ポルトガルの探検家ヴァスコ・ダ・ガマとイタリア生まれのクリストファー・コロンブスである。

　ヴァスコ・ダ・ガマの当初の目的はプレスター・ジョンの王国（40ページ参照）を見つけることだったが、それは果たせず、かわりに東南アジアにたどりつき、1499年、香辛料を満載した船で帰国した。また、1511年にはポルトガルの艦隊司令官アルブケルケがマラッカ（現在のマレーシア領）を占領、ポルトガルの拠点港とした。次いでポルトガルの小型ガレオン船2隻がインドネシアの海域を航行し、モルッカ諸島の中心をなすバンダ諸島に到達。ここがほどなくして香辛料諸島（スパイス・アイランズ）と呼ばれるようになる。以後60年にわたってポルトガルはこの地域を支配

> 香辛料は世界で最も価値のある商品だった。中でも、いちばん珍重されたのがナツメグかもしれない。ナツメグは幻覚を引き起こすとも性欲を刺激するとも言われ、伝染病の治療効果があるとさえ言われていた。

マンハッタン島の購入
1626年、先住民からマンハッタン島を買い取るピーター・ミニュイットの姿を描いた20世紀初頭の絵。

したが、1570年代になると、私掠船船長フランシス・ドレークの協力を得たイギリス海軍による探検が始まった。1600年、英女王エリザベス1世は、「東インド」で交易を行うために設立された東インド会社への特許状に署名している。

　同じころ、オランダ人もまた探検に勤しんでいた。例えばヤコブ・ファン・ネックは、莫大な利益を生む船荷を積んでアムステルダムに帰港している。いっぽう、これは判断力というよりも幸運の賜物なのだが、10人の乗組員を乗せたイギリスの小型舟艇が、暴風雨に吹かれてバンダ諸島で最も小さなラン島にたどりついた。ここが世界有数のナツメグ産地であることが判明する。ところで、イギリスよりもはるかに組織的に海上交易路の開拓に取り組んでいたオランダは、1609年までに競争相手のポルトガルをほぼ完全に追い越してしまっていた。先住民との小競り合いのあと、オランダはバンダ諸島の1つの島に要塞を建設する。バンダ諸島のうち、ラン島だけがイギリスの所有として残った。

マンハッタンの誕生
　当時、北米大陸はまだ全容がわかっていなかったが、その北米大陸の北を経由して香辛料諸島に至るルートを見つけようと、イギリスとオランダの探検家たちがしのぎを削っていた。オランダはイギリスの探検家ヘンリー・ハドソンを雇ってその任にあてた。彼はニューファン

> そもそも自分たちのものでもない島と島を交換するなんて、
> オランダ人やイギリス人はいったいどういう人種なんだ？
>
> ——雑誌『ザ・ニューヨーカー』に載ったラン島の先住民の言葉

ドランド島から船で南下し、ケープコッドをまわって偶然ロングアイランドを見つけ、その後、現在ハドソン川と呼ばれる川の河口に浮かぶ、小さいが、いかにも肥沃そうな島にたどりつく。

ハドソン自身はその次の航海で反乱に遭って殺されるが、オランダ人は彼の発見した島を気に入り、その南端に小さな植民地を築いた。1626年、ピーター・ミニュイットが島の残りの部分を先住民からわずか60ギルダーで買い取り、ここに「ニーウアムステルダム（ニューアムステルダム）砦」が誕生する。

海軍力の激突

17世紀を通じて英蘭両国の交戦状態は続いたが、ほとんどは小競り合い程度の衝突だった。

ラン島の王

ラン島はじつのところ、勃興しつつある大英帝国が最初に手に入れた海外領土の1つだった。これに、バンダ諸島に属する別な島プロウェイを加えた2島は、小さいがエキゾチックなうえ、帝国に箔をつけるにはもってこいのように思われ、どちらも領有できたことを国王ジェームズ1世（1566年～1625年）は大いに喜び、一時期、「イングランド、スコットランド、アイルランド、フランス、プロウェイおよびプロルーン（ラン島の別名）の王」と呼ばれていた。

しかしあるとき、イギリスがラン島を留守にしたのを幸い、オランダ艦隊の司令官クーンがひそかに上陸し、ナツメグの木を1本残らず切り倒してしまった。そのころ、ヨーロッパでナツメグは原価の60倍程度の値段で売られていた。このときのオランダの方針は、本国から入植者を送って先住民に取って代わらせ、ナツメグ交易を完全に掌握するというものだった。これを機に、海戦を主とするイギリスとオランダの戦争が3次にわたって勃発する（英蘭戦争）。これらはヨーロッパの情勢に起因するもののように見えるが、実際には、交易路をめぐる衝突でもあった。しかし、ニーウアムステルダム植民地の経営はことさら成功とは言えないものだったし、ハドソン川の流域に交易のための植民地をいくつか建設しておきながら、オランダはそうした足がかりをほとんど活用していなかった。

第二次英蘭戦争中、オランダはヨーロッパで攻勢に出、テムズ川に停泊していたイギリスの艦隊を焼き討ちしたものの、1664年にニーウアムステルダムをイギリス軍に奪われていた。第二次英蘭戦争は1667年、ブレダの和約で終結を見る。その際、ネーデルラント連邦共和国の最高指導者ヨハン・デ・ウィットは交渉のすえ、上々と思われる合意に達した。イギリスは占領したハドソン川河口の島（＝マンハッタン島）に執着せず、南米スリナムのサトウキビ耕作地と引き換えであれば返してもいいと持ちかける。が、これはオランダに拒否され、結局、もはやナツメグを産出しなくなったラン島を放棄し、その代わりマンハッタン島の領有は維持す

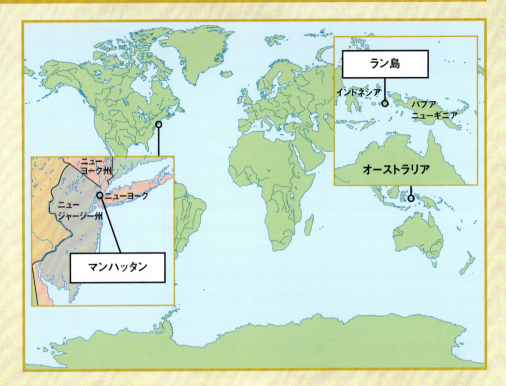

マンハッタンとラン島の位置
マンハッタンがアメリカ合衆国の東海岸に位置することは、世界中の何十億という人々が知っているが、ラン島はその名を聞いたことがある人さえほとんどいない小島である。この島はインドネシアのバンダ諸島に属し、西のインドネシア領セレベス島（スラウェシ島）を東のパプアニューギニアと南のティモール島から隔てるバンダ海に浮かぶ。

ることで納得。いっぽうラン島を得たオランダは、ナツメグ取引を完全に支配しているという、少なくとも実感だけは得ることができた。

やがてナツメグは栽培が容易であることがわかり、ナポレオン戦争中バンダ諸島に侵攻したイギリスは、大英帝国全土にナツメグを移植する。そのうちにバンダ諸島の火山の噴火によってナツメグ畑が壊滅的な被害を受けると、オイルに使用されるナツメグは化学物質に取って代わられた。

史上最悪の交換取引

ラン島は第二次世界大戦終結後にオランダから独立し、現在はインドネシア領になっている。バンダ諸島は囚人を送り込む流刑地として使われていたが、日本軍に占領され、中心地はアメリカの空爆によって焼け野原になった。ラン島の現在の人口は1,200人。新鮮な飲み水はなく、オランダのナツメグ栽培施設の跡が残っている。いっぽう、マンハッタンについては多くを語る必要もないだろう。

オランダが香辛料諸島という空手形をつかまされた原因は強欲にあった。オランダ東インド会社は1800年に解散。数百万ギルダーの負債を残した理由の1つが、本項で取りあげた史上最悪クラスの交換取引であることは間違いない。

ノース卿、ボストン茶会事件で米国を失う

1773年12月16日

人物：フレデリック・ノース卿（1732年〜1792年）
結果：イギリスが北米の植民地を失う
失敗：植民地人から搾取しようとしたこと

本書にたびたび登場する東インド会社は、人類の愚行がなされようとしているときに重要なプレイヤーとして何度も繰り返し現れ、たいていの場合、政府による何らかの救済を求めてきた。1773年のイギリスで起きたことは、その典型と言える。

当時の東インド会社はお茶の在庫を大量に抱え、売る当てもなく困り果てていた。そこでイギリス首相のノース卿は、北米植民地の商人に不利な仕組みを作り、東インド会社がお茶を直売できるようにしたらいいと考えた。これは強欲と、それ以上に驕りによって引き起こされた愚行の最たる例と言えよう。

苦境に陥った私企業が政府に助けを求めるのは、何もそれが初めてではないし、決して最後でもない（新しい例は本書のエンロンの項〈210ページ〉で読める）。ただ、本項の場合、結果がいかにも極端だった。イギリス政府による東インド会社の救済策は、北米植民地の英本国に対する反発に火をつけ、それが独立戦争につながり、結果、イギリスは北アメリカの領土をすべて喪失、大英帝国に巨大な穴をあけてしまったのである。

お茶と税金

茶会事件そのものは、ロンドンによる不当な課税に対する商人の反乱だった。ジョージ3世と彼を支えた閣僚たち——なかんずくノース卿——が愚かだったのは、要するに、彼らが北米植民地というものをわかっておらず、当時イギリスが支配していたその他の植民地といかに違うかを理解していなかったという点に尽きる。イギリスが武力によって支配し、先住民の政府と窮屈ながらも共存したりしているインドやその他の植民地と違い、北米植民地はそもそも自由植民地として建設された。18世紀末の時点では、本国から召使いや奴隷のように扱われることなど、まったく考えられなかった。

1766年、その6年前に即位したイギリス王ジョージ3世は、財政上の問題に悩まされるよ

[断固たる措置こそが、植民地人たちを祖国に服従させるために
残された唯一の手段であるように思える。植民地は降伏するだろう。
——国王ジョージ3世]

ボストン茶会事件
ボストン港で、アメリカ先住民に扮してイギリスの商船から茶箱を投棄する革命分子たち。

うになっていた。財務大臣チャールズ・タウンゼンドは、首相のウィリアム・ピット（同名の息子もジョージ3世に首相として仕えたため、区別するため大ピットと呼ばれる）の意に反し、土地税を地代1ポンドあたり4シリングから3シリングへと25パーセント引き下げた。これによる歳入不足を補うため、タウンゼンドは北米植民地の商取引に課税することを決意。お茶、ガラスや紙といった主要産品から絹のハンカチーフにまで税金をかけるいっぽう、英本国から植民地への輸出に課す税金は引き下げた。1767年に成立した歳入法の前文には次のようにある。

「アメリカのイギリス植民地およびプランテーションにおける各種課税を許可する法。具体的には、本王国から上記植民地またはプランテーションで生産されたコーヒーおよびココナッツを輸出する際にかかる関税の引き去りを許可し、また、アメリカに輸出される中国陶器について支払うべき関税の引き去りを廃止し、なおかつ、上記植民地およびプランテーションにおける商品の密輸出をより効果的に防止する。

アメリカにおける国王陛下の領土で、司法行政にかかる費用と民間統治の援助にかかる費用をまかなうための、また上記領土を防衛、保護、確保するのにかかる費用をこれまで以上十全にまかなうための、より確実かつ十分な支給をするうえで、収入を確保することが適切である」

> 華やかな茶器が置かれた茶卓に別れを告げましょう。ほれぼれするような茶碗と受け皿にも、クリームポットと角砂糖ばさみにも、今さよならを言います。以前あなたがたに見出した喜びは、ことごとく消え去ってしまいました。つい最近まで輝いて見えた、きれいな茶箱にもお別れを言いましょう。熙春茶(ヒーチュン)と工夫茶(コンクー)が詰まったあなたの傍らに座り、どれだけ楽しいときを過ごしたことか。少女たちのおしゃべりに耳を傾け、老嬢たちの井戸端会議を聞くともなしに聞き、何があっても涼しい顔の伊達男風の殿方の様子を眺め……私のティーポットはもう、この忌まわしいお茶で茶碗を満たすほど物わかりがよくはありません。私はそれに水を満たし、お茶と同じように飲むでしょう。
> 自由——このうえなく愛しい名前!——を失うくらいなら、きっとそうします。なぜなら、私は教わったからです(そして、それが事実と信じます)——この法律の目的は私たちを破滅させることだと。外国から入ってくるお茶というお茶に税金をかけるというならかければいいのです。あんなもの、いつでもやめることができますもの。自由こそは私が崇める女神。私は最期のときまで彼女を手放さないでしょう。彼女が去るより前に、私は大義に殉じるでしょう。なぜなら、私は専制君主の法に縛られるつもりなどないのですから。
>
> ——匿名の作者による「茶卓に別れを告げる淑女の辞」

他国人ならいざ知らず、イギリス人であれば当然予想がついてもよさそうなものだった——たとえありとあらゆるものに課税をしても、その責任を逃れることはできるかもしれないが、人々が楽しみにしている朝の"一杯のお茶"を邪魔すれば、ただでは済まないということを。

自由の息子たち

北米植民地の空気は、1765年の印紙法の導入以来、すでに穏やかならぬものになっていた。この法律は各植民地の商人たちを騒然とさせたからだ。イギリス本国はこれに対し、茶法でもって報いるのが賢明と考えた。これは中間業者を残らず排除し、不買を回避することで、紅茶の末端価格を引き下げるというものだったが、完全に裏目に出る。自身も商人で、のちにアメリカ独立宣言に最初に署名することになるジョン・ハンコックは、東インド会社が輸入する中国茶の不買運動を組織した。これは女性頼みの不買運動だったという点で、歴史的にことさら興味深いものと言える。お茶を飲まず、コーヒーや野生のベリー類を煎じたもので代用する動きが広がり、茶葉を積んだ東インド会社の船という船は、北米植民地のどこに行こうが港から締め出しを食った。

ただ、港を閉ざしていなかったボストンでは、1773年12月16日、「自由の息子たち」と称する150人の男たちが、サミュエル・アダムズの指揮下、約5千人の群衆の歓声を浴びながら、入港してきた3隻の船に乗り込み、342個の茶箱をこじあけて中身を海に投げ込んだ。この事件が知れ渡るや、同じような騒動が植民地全体で続発した。時の首相ノース卿とジョージ3世の対応は——効果はなかったにせよ——すばやかった。すなわち、「高圧的諸法」(あるいは「耐えがたき諸法」)と呼ばれる1774年制定の4つの法律である。これらは、ボストンのあるマサチューセッツ植民地が、一連の犯罪行為はもとより、損害賠償金の支払いを拒んでいることからしても、厳しく罰せられるべきだと断罪するものだった。

各植民地の自治は、即刻削減された。港は封

鎖され、増援部隊が英本国から送られてきた。それから2年足らずで北米植民地は戦争状態に陥り、独立宣言が署名され、イギリスはアメリカの領土を失った。間もなく、イギリスは衝撃の連続に見舞われる。フランス革命が波及するのではないかという恐怖、フランス王の処刑、ナポレオンの台頭──そんな事情もあって、北米大陸の植民地を奪回しようという真剣な努力は、ついに一度もなされなかったのである。

たった一手の指し間違い

ジョージ3世が即位した当初、北米植民地に反乱や独立の気運はほとんど存在しなかった。「自由の息子たち」は同時代の人々からはむしろ危険なテロリスト集団と見られていたのであり、こんにちでも、税制に不満があるからといって直接的な行動に訴える者たちがいたら、どんな集団であれ同じように見なされるだろう。では当時のイギリスに北米植民地を失う歴史的必然性があったかというと、そんなことはない。そもそもイギリスの13植民地は、安泰とはとうてい言い難い状況にあった。フランス人とスペイン人も北米大陸の部分的領有を主張しており、イギリス植民地の安全は南北から深刻な脅威にさらされていたのである。

そうであれば、英本国の軍が駐留して守ってくれるならそれほど悪い話ではないと植民地の人々が考えたとしても、不思議はない。それが証拠に、誰あろう、かのベンジャミン・フランクリンなどはボストン茶会事件に青くなり、自腹を切って損害を補償するとまでイギリス政府に申し出ている。たった一手の指し間違いが、

> それから2年と経ずして北米植民地は戦争状態に陥り、間もなくアメリカはイギリスから独立した。

自由の息子たちの原点

ボストン茶会事件を引き起こした「自由の息子たち」は、1765年の印紙法に抗議するために結成された組織を前身とする。

印紙法は植民地で発行されるすべての印刷物──新聞や法律文書から、はてはトランプのカードまで──に、英本国が支給する特殊な"証紙"を貼ることを義務付けるものだった。この法律が導入された目的は、七年戦争でフランス軍に勝利したあとも北米大陸に駐留しているイギリス軍の経費をまかなうことにあった。

しかし、「自由の息子たち」には、植民地の議会による承認なしにいかなる税も課されるべきではないという信念があり、「代表なくして課税なし」という不朽の名言で自分たちの立場を要約してみせた。

印紙法自体は1767年に撤廃されたものの、のちの茶法が示すとおり、英本国人たちは依然として何も学んでいなかった。

ときに取り返しのつかない事態を招いてしまう──そのことを、この事案は示していると言えるのではないか。

高圧的諸法に続いて制定されたタウンゼンド諸法は、本来避けることもできたはずの戦争にイギリスを導いた。それゆえに、ノース卿はこの戦争に責任があったと言える。卿は不信任投票をきっかけにその職を追われる最初の首相になるという不名誉をこうむったあげく、1782年に辞職している。オックスフォードシャーにあるノース一族が所有した屋敷ロクストン・アビーが現在はアメリカ人留学生が通う学校になっているのは、皮肉としか言いようがない。

ナポレオン、モスクワを前に翻意する

1812年6月〜1816年6月

人物：ナポレオン・ボナパルト（1769年〜1821年）

結果：フランス陸軍の崩壊

失敗：圧倒的な自信が、1つの物語との奇妙な出合いによって揺らいだこと

本書にナポレオン・ボナパルトが登場するのは、何ら意外なことではない。1812年にロシアに攻め込んだのは賢明とは言えなかったし、この遠征が失敗に終わった理由や経緯については多くの説が唱えられている。いずれにせよ、ロシア領に深く侵攻し、次第に雲行きが怪しくなるにつれ、ナポレオンは彼らしからぬ判断ミスをいくつも犯し、それらが最終的な破局につながったことには疑問の余地がない。ただ、ナポレオンがミスを重ねたからというだけでは、十分な説明とは言えない。多くの歴史家が見るところ、ターニングポイントとなったのはモスクワからの撤退でもなければ、有名な「ボロジノの戦い」でもなく、今のベラルーシにあるヴィテブスクという町でナポレオンが傍目には不可解な心変わりをしたときだという。どうやらそれは、事態の意外な成り行きに対する抑えきれない怒りによって引き起こされたことのように見える。

ナポレオンの征服

ロシア遠征が——のちに振り返ればそう見えるように——馬鹿げていたとか、意味がなかったなどと考えるのは、あまり公平とは言えない。ロシアの皇帝アレクサンドル1世は、フランス帝国に対して正真正銘の脅威を及ぼしていた。また、ナポレオンはそれまでにヨーロッパ各国の軍を次々に撃破し、ほぼ無敗という戦績を残している。自信過剰になったとしても、無理はなかった。ヘーゲルは1806年、ナポレオンを「皇帝—すなわち、世界精神」と呼び、次のような言葉で讃えている。「このような人物を目の当たりにして、私はえもいわれぬ気持ちになりました。彼はこの場所で馬にまたがっていながら、天下を睥睨し、支配しています」。ナポレオンはポルトガルの国境からオスマン帝国の辺縁にいたる西ヨーロッパ全土を支配下に置いた。1805年、アウステルリッツでオーストリア軍を、1806年にはイエナでプロイセン軍を、

> このような人物を目の当たりにして、私はえもいわれぬ気持ちになりました。彼はこの場所で馬にまたがっていながら、天下を睥睨し、支配しています。
> ——ヘーゲルが1806年に書いたナポレオンに対する賛辞

モスクワへの行軍

1812年6月、モスクワに向けて進発したナポレオンの兵は、行軍が一筋縄ではいかないことを思い知らされる。また補給部隊の前進は滞り、本隊から遅れがちになった。もっと小規模な軍であれば、それほど苦労はしなかったかもしれない。いずれにせよ、最後の家畜を屠殺してしまうと、食べるものが底をついた。ロシア軍は焦土戦術をとったため、彼らが退却したあとには焼け野原以外ほとんど何も残されていなかった。飢えと赤痢とジフテリアと発疹チフスによって、一度も銃火を交えないうちに6万の兵が死亡した。何千頭という馬が斃れ、病気で戦えなくなる者や軍務を放棄して逃亡する者の数は、合わせて1日に5千ないし6千にのぼった。

7月29日、ナポレオンと麾下の軍勢は、ロシア軍との小規模な戦闘のあと、疲労困憊のていでヴィテブスクにたどりつく。町は人気がなく、すでにゴーストタウンと化していた。このままではじきに騎兵が一人もいなくなると知らされたナポレオンは、幕僚会議をひらく。最も位の高い3人の副官が行軍の中止を進言し、ナポレオンも、1708年に輜重部隊を置き去りにしてモスクワに進撃するという致命的ミスを犯したスウェーデン王カール12世の轍は踏むまいと言って、これに同意した。

心変わり

ところがその翌日、ナポレオンは翻意する。モスクワ遠征が愚かな考えだったと認めたくなかったか、はたまた弱気の虫に取りつかれたよ

ナポレオンが精神的に不安定になっており、たびたび奇行を見せていたことを示唆する当時の資料には事欠かない。

ナポレオン
1812年までにナポレオン・ボナパルトは西ヨーロッパ全域を制圧し、戦場では赫々（かくかく）たる勝利を重ねていた。

そして1807年にはフリートラントでロシア軍を粉砕。結果、ナポレオンは現在のポーランドは言うに及ばず、オーストリアとプロイセンの大部分をも掌握し、帝国の勢力圏は今やエルベ川にまで達していた。

ナポレオンはロシア軍と相まみえた際に、その脆弱ぶりとリーダーシップの乏しさを目の当たりにしていた。また、イギリス人がいずれアメリカの独立戦争に気を取られることも、正しく見抜いていた。ロシアは南でトルコと講和し、ナポレオンを正面から迎え撃つ用意を整えているようだったが、フランスとその同盟軍の兵数が68万を超えていたのに対し、ロシアが動員できたのはわずか25万人だった。たとえロシア遠征などやめたほうがよいと考える者がいたとしても、おそらくナポレオンの有名な癇癪癖に怖気をふるい、進言をためらったに違いない。

進言の却下

将軍
「解放されたリトアニアを組織化する必要性もあれば、野戦病院と補給所を建設する必要性もあり、さらには日々伸び続ける作戦線の上に回復と防衛とその後の進発のための拠点を設営する必要性もあります。これらすべてを勘案するに、われわれはロシア国境にほど近いこの町にとどまる決断をすべきではないでしょうか?」

ナポレオン
「こんなみすぼらしい集落を征服するために、余がはるばるやってきたとでも思うのか?」

──ナポレオンがヴィテブスクで翻意し、モスクワへの行軍を続ける選択をした1812年7月28日に行われた議論の記録。

うに見られたくなかったか──今となっては知るよしもない。

ともかくナポレオンは幕僚を弱腰だと非難し、自分としてはロシア皇帝アレクサンドル1世と戦場で相まみえるのが待ちきれないとまで言い切った。当時はそれ以外に勝利を手にする道はないと考えられていたのであり、その場合、スモレンスクかモスクワが決戦の舞台になるだろうとナポレオンは考えた。彼の見るところ、どちらの都市もアレクサンドル1世がやすやすと手放すはずがないように思えたからだ。

ヴィテブスクにとどまることはもちろん、そこでの冬営もやむなしとナポレオンが考えていたらしいことは、多くの証拠が裏付けている。その間に援軍を呼び寄せ、物資を補給すればよ

いという肚だったのだろう。ナポレオンの戦いのほとんどと同様、ロシア遠征も全体として奇襲と速攻に頼る計画だったが、そのどちらも失われていたそのとき、ナポレオンはヴィテブスクが悪くない基地になるだろうという見通しを受け入れているようにさえ見えた。それに、兵士たちにはこの町で休息を与えると約束してもいる。なるほど、たしかにロシア側はナポレオンが食料にありつけないよう、町の大部分を破壊して立ち去っていた。それでもなお、町を発つのは得策ではなかった。にもかかわらず、結局ナポレオンは軍を動かし、ほぼ避けがたい破局に向かって兵を行進させてしまう。

この失策は取り返しがつかなかった。10月にモスクワから撤退したナポレオン軍のうち、ロシア国境まで生還できたのはかろうじて1万人ほどだった。フランス側の損耗は、人間が40万人ないし55万人、馬が17万5千頭と見積もられている。

ナポレオンは今や烏合の衆と化した全軍を離れてネマン川を渡り、パリに戻った。それからひと月と経たないうちに、プロイセンとオーストリアがフランス軍をエルベ川の西に押し戻し、ここにナポレオンの帝国の命運は尽きる。

箱いっぱいの文書

ナポレオンはなぜヴィテブスクを発つ決断をしたのか? ほとんど知られていないが、注目すべき説がある。それによると、情報将校数名が、箱いっぱいの文書を発見したと言って、ナポレオンのもとに持ってきたという。文書は、

> 情報将校数名が、箱いっぱいの文書を見つけたと言ってナポレオンのもとに持ってきたという。

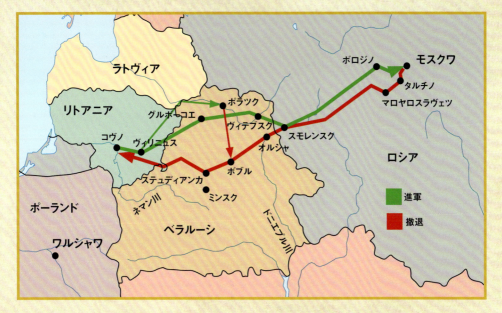

ナポレオンの進軍と撤退
ナポレオンは68万の兵を率いてネマン川を渡ったが、数カ月後、同じ川を渡って戻るとき、兵の数はわずか1万しか残っていなかった。

ロシア船舶に乗っている1人のイギリス人と、フランス王党派の活動に関するものだった。そのほとんどは英文だったため、語学に堪能な将官が4人呼ばれ、フランス語に訳しながら文面をナポレオンに読み聞かせた。この読み聞かせは毎晩行われ、10日間続いた。政治的あるいは軍事的に取り立てて重要な情報は見当たらないということは、はやばやと明らかになったようだが、ナポレオンはそれらの文書に不思議と惹きつけられ、しばしば読み手をさえぎっては意見を述べ、それらの文書を与えてくれたことを神に感謝した。

ところが10日めの晩、ナポレオンは突然癇癪を起こし、文書を燃やしてしまえと命じる。4人の将校は皇帝のすさまじい剣幕に縮みあがったものの、好奇心が勝り、命令にそむいて残りを読んだあげく、文書は燃やさずに保管した。フランス軍が破局の待ち受けるモスクワに向けて進発したのは、その2日後である。

もちろん、この話が全部、作りごとである可能性もあるが、翻訳を担当した将校たちが幕営にいたことに疑問の余地はない。うち1人はボロジノの戦いで落命したものの、残りの3人は戦後、この話を書きとめ、彼らの報告は逸失したり破棄されたりすることなく残った。その後、メアリー・シェリーの小説『フランケンシュタイン』を読んだ彼らは、その内容にぴんときたという。怪物を創造してしまう1人のマッドサイエンティストを描いたこの小説は、同時に、自然と世界を征服しようともくろんだ男の破滅も描いている。ナポレオンがどうして突然怒りを爆発させたのか、いまだに謎のままである。ただし、書類の山の中に『フランケンシュタイン』があり、それに触発されたという説は後世の作り話としか思えない。同書がヨーロッパで広く出版されたのはナポレオンの敗走から6年後の1818年のことだからだ。

戦争省、ナイチンゲールの邪魔をする

1854年6月〜1856年1月

人物：サー・ジョン・ホール博士（1795〜1866）とサー・ベンジャミン・ホーズ（1770〜1860）

結果：クリミア戦争中にイギリス陸軍で3万人が病死した

失敗：戦争省は兵士たちの置かれたむごい状態にまったく関心を示さなかった

クリミア戦争はさまざまな文芸作品のインスピレーションの源となっている。有名なところではロシアのトルストイがこの戦争に従軍した経験に基づいた『セヴァストポリ物語』を書いている。本項との関連では、イギリスの詩人アルフレッド・テニスンによる詩『軽騎兵の突撃』があるが、この詩をここで称えることはしない。軽騎兵の突撃、すなわちロシア軍に対する悲惨な騎兵隊突撃はうっかりミスによって引き起こされたものであり、同程度の犠牲者を出した軍事上の大失態には似たようなものがたくさんある。したがって、戦場の壮絶な情景を描いたこの詩をテニスン卿が書かなかったとしたら、この出来事は歴史書に載ることさえなかったかもしれない。それに、クリミア戦争で名声を得た人物は他にもいる。その人物（女性）が有名になったきっかけは、硬直化した当局が兵士たちを死に追いやりながら彼らに対して無関心であったことにより起きた、大量殺人——戦闘ではなく病気による死だ。彼女は悲劇を繰り返すまいと闘い、クリミア戦争とは切っても切れない存在となった。

クリミア半島での戦争

1854年、イギリス陸軍の兵士9万4000人が東へ向けて出発した。イギリスは同盟国フランスとともに、オスマン帝国の崩壊が目前に迫ったバルカン半島でのロシアの野望を抑えようとしていたのだ。ロシアが各地で展開する拡張政策に懸念を抱くイギリスは、自らの重要なインド領有を脅かすおそれのある動きを特に警戒していた。イギリスとフランスはエルサレムにある聖地の管理をめぐる戦いを公言したが、これはロシアの脅威を抑え込むための都合のよい口実にすぎなかった。

1783年、ロシアは弱体化したトルコからクリミア半島を奪い取る。黒海の北岸にあたり現在はウクライナの一部となっている半島だ。1853年、ロシアはクリミア半島の港を基地としてト

> 出征した9万4000人の兵士のうち、戦闘中に命を落としたのは2660人。病気や疾患による犠牲者はイギリス軍で3万人近くにのぼった。

ランプの貴婦人
フローレンス・ナイチンゲール（1820～1910）は、クリミア戦争での看護について語った。

国の小さな戦略的地域を占拠していたのだ。しかし、ロシアが黒海の支配を通じて地中海に到達し、ペルシアやアフガニスタン、インドへ容易に行けるルートを手に入れることは、イギリスとフランスにとって我慢ならないことだった。

イギリス陸軍は、プロイセンとともにナポレオンの末路を決定づけたワーテルローの戦い以来、あまり実戦経験がなく、1812年の米英戦争でアメリカの植民地を永久に失っていた。これに対して、イギリス海軍はまだかなり"海洋を支配"していた。ヨーロッパを吹き荒れた1848年革命の嵐を回避したイギリスでは、陸軍はほぼ半世紀もの間、たまの小競り合いは別として実際には機能しておらず、クリミア半島のような地域での戦闘から遠ざかっていた。

情けないほどの準備不足
イギリスの多くの陸軍関係者や政治家は、ナポレオンの悲惨なロシア遠征からほとんどあるいはまったく学んでおらず、クリミア半島がどこにあるのかさえ知らなかった。ましてやクリミア情勢の展望など見通せるはずもない。このため、彼らが送り込んだ兵士たちは情けないほど準備や覚悟ができていなかった。のちの報告書で判明したのは、管理上の混乱、怠慢、臆病、無神経さ、愚かさに加え、食糧や衣類、家畜飼

ルコに攻撃を仕掛け、バルカン半島に進軍。シノップでトルコ艦隊を沈没させ、土地の収奪を開始した。ロシアを阻止しようと決意したイギリスとフランスは、クリミア半島へ向けて出航した。とはいえその頃、特にイギリスがしていたことはロシアと似たり寄ったりだった——エジプト、アデン、スーダンにある、オスマン帝

> 命を奪われた兵士たちに祈りを捧げる祭壇に立ち、私は思う。
> 命ある限り、彼らのために闘い続けると。
> ——フローレンス・ナイチンゲール

料、宿舎の圧倒的な不足だった。基本的に、最高司令部は軍事行動のとり方がまるで分かっていなかった。出征した9万4000人の兵士のうち、戦闘中に命を落としたのは2660人。戦闘による犠牲者は、フランスやトルコ、ロシアのほうが多かった。しかし、病気や疾患による犠牲者はイギリス軍で3万人近くにのぼり、陸軍の兵力の30パーセントに相当した。最終的にはこれがひどくこたえて、陸軍の管理は大きく変わることになる。1856年の報告書は、このすべての事態は非常に遺憾ながら戦争の犠牲の一部にすぎない、と実に軍隊らしい判断を下し、「誰の責任でもなかった」と結論づけた。政府と国民はこの結論に賛成したいと考えたが、それを拒んだ人物が一人だけいた。

ランプの貴婦人

フローレンス・ナイチンゲールは19世紀で最も有名な女性の一人であり、その評価にふさわしい人物だ。彼女については長年にわたって多くの本が書かれ、"ランプの貴婦人"はイギリスの歴史の象徴的存在として生き続けている。しかし、のちの調査が明らかにしたところでは、彼女は日和見主義で冷酷な人物であり、権力志向が強く、世間の注目を集めたがるところがあり、全体として見ると、広く認識されているよりもかなり好感度の低い、決然とした政治活動家だった。多くの兵士にとって幸運だったことには、彼女のこうした性質は、スクタリの病院で看護師として働いていたときよりもむしろ、戦後に改革の急先鋒として活躍した日々に発揮された。

19世紀においては、看護はまだ非常に宗教色の強い仕事であり、高い技量を伴うものではなかった。ナイチンゲールいわく、彼女が若い頃エジプトへの旅の途中に神が何度も現れて、看護師になりなさいと告げたという。しかし、彼女は自らの受けた看護教育に反感を覚えた。気高い精神性や馬鹿げた型どおりの看護については手紙にも綴っている。患者が自らの汚物にまみれて死んでいくとき、看護師は礼拝に行くのではなく実際に患者の身体的、精神的な助けになるべきだ、とナイチンゲールは主張した。しかしイギリス軍の最高司令部の目から見ると、これは危険な革命的信条だった。こうした見方は変わらず、はるか後年、インドで貧しい人々を看護した修道女マザー・テレサは、これとまったく同じことで人々から非難されている。

本国への報告

この戦争の真の英雄はもう一人いた。新聞記者W・H・ラッセルだ。兵士が病気で死ぬことは以前にもあったが、それまでと違ったのは、問題が初めて世間に共有されたこと、そしてそ

病気で苦しむ兵士たちの世話に出かけていくことができ、またそれをいとわない献身的な女性は、私たちの中にいないのか？　これほどまでに助けが必要な極限の状況下で、このように救いの手を差し伸べようという娘は、イングランドに一人もいないのか？
　　　　——W・H・ラッセル、『タイムズ』紙、1854年9月15日および22日

れを解決するための医学知識と医療手段が存在したことだった。コレラや発疹チフスの発生、衛生設備の完全な欠如、冬の寒さをしのぐ支給品の不足といった状況が、特にバラクラヴァの戦いの後に蔓延した。ラッセルは最高司令部を厳しく批判。クリミア半島で苦しむ兵士たちに今すぐ手を差し伸べる必要があると強調した。

1800年にはすでに壊血病の原因を解明していたイギリス海軍は、行動様式と水兵の食事を根本的に変えることで、この病気をほぼ根絶した。しかし陸軍は、とにかく関心を示さなかった。史上初の従軍記者の一人だったラッセルはロンドンの『タイムズ』紙に報告を送り、戦闘の詳細のみならず、ひどい衛生状態と異常に高い死亡率についても詳しく伝えた。1854年のロンドンの朝の食卓に与えた衝撃はすさまじかったに違いない。フローレンス・ナイチンゲールの時代の到来だった。彼女は持てる力のすべてを発揮し、頻発する様々な奉仕活動を引き受けた。

陸軍は彼女のトルコ行きを許可することに異存はなかったが、この任務全体が教会の管理下で行われるよう望んだ。彼らは干渉されることを嫌ったが、その点でフローレンス・ナイチンゲールには歯が立たなかった。彼女は『タイムズ』紙から強力な支持を得るとともに、本国の政治家たちや上流社会を慎重に操って、権力掌握に成功する。そして、彼女がクリミア戦争の交戦地帯を3回訪問する間に、イギリス軍の野戦病院での死亡率は疑いなく劇的に低下し、発疹チフスによる致死率だけをとっても46パーセントから2パーセントに下がったのだった。

闘志

しかし、ナイチンゲールの本当の闘い、すなわちイギリス軍最高司令部との闘いは始まったばかりだった。最初の調査での「責任なし」と

彼女の道以外に道なし

フローレンス・ナイチンゲールは、とりたてて優秀な看護師でも管理者でもなかったようだ。彼女の手紙に出てくるのは権力と支配の話ばかり。宗教指導者からコンスタンティノープルのイギリス大使、さらには部下の看護師たち（特に、彼女が毛嫌いしていたアイルランド系カトリック教徒の）に至るまで、あらゆる人々に闘いを挑み、打ち負かした。彼女の目的は、活動の真っただ中に身を置き、自分のやり方を押し通すことだったのだ。それを軍が好むか好まないかは関係なかった。

いう判断は彼女は受け入れず、パーマストン首相ばかりかヴィクトリア女王の支持さえ得て、責任を負うべき者たちの摘発に狙いを定めた。

結局、戦争省の副大臣ベンジャミン・ホーズと軍医総監のジョン・ホールは彼女の提案の大半を却下したが、実際に行われた改革もいくつかあった。兵舎や病院の衛生状態の改善が必要だという意識の醸成や、常設の陸軍病院の創設などだ。責めを負うべき人々が、彼らにふさわしいと思われる裁きのようなものを受けることは決してなかったが、敵からの攻撃よりも病気によって多くの兵士を失うという事態を招いた無知は解消された。

フローレンス・ナイチンゲールの医学的意見は、残念ながらすぐに現実と乖離する。彼女はたとえば、隔離は無駄で効果がないと考えていたほか、ワクチン接種にも大いに疑念を持っていた。それでも彼女が歴史に名を残したことは確かであり、そのおかげで、クリミア戦争での多数の死は、まったくの無駄には終わらずにすんだのだ。

インド陸軍、牛脂をめぐって反乱

1857年5月10日～1858年9月

人物：ジョージ・アンソン少将（1797～1857）

結果：1万1000人のイギリス人兵士と無数のインド人が命を落とした

失敗：ライフル銃の新しい実包が、聖なる動物からとった脂にまみれていたことで、イギリス政府への敵対心が高まった

「歴史は征服者によって書かれる」というのは真実である。「大衆の理解しやすい原因の方が本当の原因であることが多い」というのもまた真実だ。この両方をよく実証しているのが、1857年のインドでの出来事である。歴史を振り返れば、生活必需品の統制をめぐって数々の激しい戦争が行われた。水や塩、貴金属、あるいは石油さえもが火種となってきたが、獣脂が燃え立たせた戦いは本項で取り上げるもの以外にはなく、ましてや18カ月間にもわたったこの戦いほど残酷なものはなかった。イギリス東インド会社はインドで150年にわたって商取引を行い、あまりにも強力な地盤を固めていたので、1830年代には、その独占（完全支配）の終焉を他の会社が強く求めるようになっていた。イギリスは勢力を拡大し、1843年にはシンドを、1849年にはパンジャブを支配下に収め、その植民地はヒマラヤ山脈のふもとの丘陵地帯にまで広がった。

この話は、北西の国境に向けてロシアが勢力を拡大しつつあることに懸念を抱いたイギリスが、黒海の支配をめぐってロシアと戦ったクリミア戦争を1856年に終わらせて間もない頃のことである。

大英帝国のクライマックス

1850年代は、のちに帝国主義として知られる帝国建設の黄金時代の始まりだった。イギリス政府は、大英帝国の"王冠にはめ込まれた宝石"とも呼ばれるインドから多くを得たいと望んだ。その一つは威信だった。本項で取り上げる反乱から20年も経たないうちに、ヴィクトリア女王は自らを"インド女帝"と宣言する。これがおそらく大英帝国のクライマックスだったのだろう。もう一つは金銭的なものだ。特に東インド会社自体は、イギリス政府からもっと資金を供給せよと重圧をかけられていた。アメリカは独立してしまっていたが、脅威ではなかった。のちに南北戦争へと発展する国内問題で混乱に陥っていたからだ。西ヨーロッパは平和だった。ナポレオンは打倒され、ドイツはまだ国として

最高司令官ジョージ・アンソン少将は、この難局に対して「奴らの汚らわしい偏見などに私は決して屈しない」と述べ、譲歩を拒んだ。

ヴィクトリア女王

1876年、ヴィクトリア女王は"インド女帝"という最高の称号を手に入れた。インド大反乱の後、イギリス東インド会社は解散し、インドは正式に大英帝国へ組み込まれる。女王自身はこの反乱に衝撃を受け、双方の残虐行為を非難した。

税金がしだいに重くのしかかっていった。1848年から1854年の間に十数カ所の独立地域が併合される。その大半は土地の強奪と大差なかった。革命的社会主義者で哲学者のカール・マルクスは1853年に『ニューヨーク・デイリー・トリビューン』紙へ寄稿し、イギリスの偽善を次のように厳しく批判した。

「彼らは、国債の侵すべからざる聖域についてヨーロッパで無駄話をしている間に、インドでは、私財を会社の資金に投じたインドの王たちの取り分を没収していたのではなかったか？ 彼らはインドで、単なる汚職では自らの強欲を満たすことができず、極悪非道なゆすりに手を染めたのではなかったか？」

使命を帯びて

伝統を重んじるインドは、他の重圧にもさらされていた。大英帝国は、"原住民"をキリスト教に改宗させるだけでなく、ヴィクトリア朝の価値観を狂信的に押しつけたのだ。有名な歴史家トーマス・バビントン・マコーリーは1833年と1835年に、インドに関する議論でイギリスの国会に対して2本のスピーチを行い、この問題をはっきりと詳しく説明している。

存在していなかった。ヴィクトリア女王の繁栄の治世と絶対的な自信は最高潮にあった。確かに「ブリタニア」が「大海原を治め」ていたのだ（訳注：イギリスの愛国歌の歌詞から）。

インドの王たちやマハーラージャたちには、権力をイギリスに差し出すとともに、かなりの

「膨大な数にのぼる東洋人の間にヨーロッパ文明を普及させることから得られる利益を見積もるなど、まず不可能だ。この件を手前勝手な観点から見れば、我々にとっては、インドの人々の統制がとれており我々から独立しているほうが、統制がとれておらず我々に依存しているよりも、はるかに都合がよいだろう。彼らの支配者が彼ら自身の王であっても、彼らが西洋のブロード綿を身にまとって西洋のナイフやフォークを使ってくれるほうが、イギリス人の徴税官や執政官に対して額手礼をしてくれるが、無知のあまりイギリス製品の良さが分からなかったり貧しさのあまりこれが買えなかったりするよりも、我々にとっては、はるかに都合がよいだろう。文明人との交易は、野蛮人を支配するよりもはるかに儲かる。無益で金ばかりかかる従属関係では、彼らを我々の奴隷でいさせておくために、1億人の顧客創出を妨げることとなるだろう。とはいえ我々の資力は限られており、大勢を教育しようとするのは不可能だ。現時点では、我々と我々の支配する無数の人々との間で通訳となれる種類の人間、つまり血筋や肌の色はインド人だがイギリス人の好みや意見、道徳心、知性を持った人間を作り出すことに全力を尽くさなければならない」

この教育任務は、1850年代にはすでに表に現れていた。主なものは、最もイギリス人に無縁なヒンドゥー教の風習に対する攻撃だった。夫の死後に未亡人を火あぶりにするサティーという慣習が特に槍玉に上がったが、この慣習の撲滅で、地元住民の間には動揺が広がった。

しかし、これらすべてが呼び起こしたのは敵意くらいのものだった。とんでもなく無神経な行為で、イギリス人がインド大反乱と称するも

|||||||||||||||||||||||||||||||||||||||||||||||||||||||||||||||||||
リー＝エンフィールド銃を使用するには脂を塗った実包の端を噛みちぎるのだが、その脂として製造業者が使っていたのが豚脂や牛脂だった。
|||||||||||||||||||||||||||||||||||||||||||||||||||||||||||||||||||

のを誘発したのだ。インド人はこれを第一次インド独立戦争というが、現在はセポイの反乱と呼ばれることが多い。最近では内乱と表現しても差し支えないかもしれない。インドに駐留するイギリス軍兵士の数は、1857年にはすでに4万人に達していたが、あれほどの規模の地域と住民を制圧するには到底足りなかった。そこでイギリスは約20万人の現地人を訓練して陸軍を編成する。これがいわゆるセポイだ。

リー＝エンフィールド銃

リー＝エンフィールド銃は、戦争史上最も有名な武器の一つだ。この名前は、工場のあったエンフィールド（ロンドンのすぐ北）と、設計者であるスコットランド生まれのアメリカ人発明家ジェームス・パリス・リー（1831〜1904）に由来する。ボルトアクション式連発銃の開発を可能にした箱弾倉も、彼の設計によるものだ。イギリス陸軍がリー＝エンフィールド銃を世界中で使用しようと配備した1850年代には、この銃はまだ発展途上にあり、弾薬を手動で装填する必要があった。その際、脂を塗った実包の端を噛みちぎるのだが、その脂として製造業者が使っていたのが豚脂や牛脂だった。もちろん、豚はイスラム教で禁忌とされている。牛はヒンドゥー教徒にとって聖なる動物だ。もしも、マコーリーの傲慢なインド文化軽視に大して注意が払われず、この問題についてもう少し配慮がなされていたなら、のちの出来事は避けられたかもしれない。こうした宗教的信条が秘

ライフルの訓練
約20万人のインドの現地人兵士セポイが、イギリスの軍当局から訓練を受けた。ライフルの装填をめぐる問題が、反乱を燃え立たせることになる。

密にされていたとは到底考えられないのだ。
　イギリス陸軍は、現地人兵士たちが大英帝国のみならずイギリス軍人の家族も守ってくれると期待していたが、彼ら現地人兵士の暮らしと信仰の重大な事実を見過ごしていたのだった。1857年前半の数カ月間にわたり、小さな反乱が英領インド全土で発生。5月には、実包を噛むことを拒んだ兵士たちが収監されるようになっていた。最高司令官ジョージ・アンソン少将は、この難局に対して「奴らの汚らわしい偏見など

に私は決して屈しない」と述べ、譲歩を拒んだ。
　5月10日、メーラトの第3軽騎兵連隊の面々が投獄される。すると、看守役として召集された第11連隊と第20連隊が、部隊長に楯突いて同胞を解放。いきなり大混乱に陥った。インドの各連隊が、さらには国王（インドの貴族）たちも暴動に加わった。インド軍は6月にカウンポールでイギリス人家族を虐殺し、ラクナウの包囲は恐怖の2カ月間に及んだ。その月、アンソン少将はデリーでインド人反逆者のもとへと行軍中にコレラで死亡する。反逆者に対するイギリスの復讐は実にすさまじかった——囚人は絞首刑に処せられた。大砲の前にくくりつけられて砲弾を発射された者もいた。1857年の終わりに

はすでに反乱者側の敗北の色が濃くなっていたが、大英帝国の巨大な勢力を考えれば、最後までよく戦ったといえるだろう。血みどろの戦いで無数の命が失われ、1858年7月8日に和平協定が調印されてようやく復讐は終結。イギリス側の死傷者は軍人と民間人あわせて約1万1000人にのぼった。国土の大半が荒廃し、膨大な債務がふりかかる。東インド会社による代理支配をもはや信用できなくなったイギリス君主は1859年、インド全体の直接支配を確立した。

血みどろの戦いで無数の命が失われ、1858年7月8日に和平協定が調印されてようやく復讐は終結。イギリス側の死傷者は約1万1000人にのぼったが、インド側とセポイの死傷者数はこれを大きく上回った。

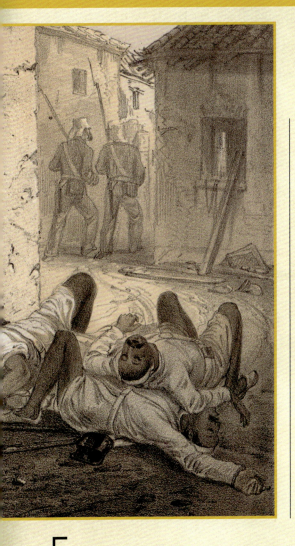

反乱の街

「Mutiny Street（反乱の街）」という表題のついた、当時のこの絵画は、反乱のさなかにあった1857年の戦闘を描いている。この頃のイギリスによるインド支配は、まだ不確かだったようだ。

フライドポテト

　その約150年後に持ち上がった問題が、1857年の反乱の記憶を呼び覚ますこととなる。2001年、アメリカに拠点を置く実業家でヒンドゥー教徒の3人がマクドナルド社を訴えた。同社がインド全国で広く販売しているフライドポテトの調理の初期段階に、牛脂が使われていると指摘したのだ。右翼のヒンドゥー教過激派はボンベイにあるマクドナルドの店舗を襲撃し、インドの首相に同社の店舗閉鎖を要求した。最終的にマクドナルド社は過失を認めた。1990年に植物油への切り替えを行ったときに、正しい情報が伝わらず、最後の風味付けに"少量の"牛脂を使い続けていた、というのだ。

　こうした謝罪とその後の撤退は、イギリス陸軍こそが検討すべきものだった。今では、インドのマクドナルド社は植物油に混ぜ物をしていないとウェブサイト上で堂々と主張し、約150年前の反乱で大包囲の舞台となったラクナウにさえ、店舗を構えている。

> 20人のセポイがこの人波に向けてマスケット銃を構え、至近距離での発砲を開始した。最初の一斉射撃で、一番手前の女性や子どもたちの一部が崩れ落ちた。その後ろでも負傷者が何人か出たかもしれない。セポイたちは煙を上げる窓から後ずさりて離れ、次の分隊が進み出て所定の位置についた。柱の向こうからジャコビ夫人が急に飛び出してきて、彼らの一人を一撃で殴り倒し……その男を助けようと仲間たちが駆け寄った。まず彼らは夫人の娘ルーシーのあごを吊って絞首刑にした後、母親の喉をかき切って黙らせた。
>
> ──『Our Bones Are Scattered』（わたしたちの骨は陰府の口に散らされて）より、
> 　　アンドリュー・ワードが目撃者の話を引用

オースティン、オーストラリアにウサギを放つ

1859年のクリスマスから現在に至るまで

人物：トーマス・オースティン（1871年死去）

結果：数百万エーカーもの土地が荒廃し、在来種の最大70パーセントが消えた

失敗：人間が狩りを楽しもうとオーストラリアにウサギを持ち込んだ

1859年、ビクトリア州順化協会に名を連ねるトーマス・オースティンは、オーストラリアのビクトリア州ジーロングの近くのウィンチェルシーに所有する自らの土地で、クリスマスに狩りを行うことにした。本国イギリスの生活をうらやむ気持ちと狩りをしたいという彼の願いが、やがて史上まれに見る生態学的災害を引き起こすこととなる。彼は世界中の多くの入植者や移住者と同様、好ましくない周囲の景色によく知っている動植物を加えることで、故郷のような雰囲気にしたかったのだ。オースティンは兄に頼んで24匹のウサギをイングランドから送ってもらい、所有地に放した。このウサギを積んでリバプールを出港したライトニング号の到着地は、新しく建設されたジーロングの港だった。現在、この港の海岸通りに飾られている公衆美術彫刻の中に、真鍮とガラスでできた"荷箱"がある。その一つにこの積荷が収まっている様子は、その結末を考え合わせると皮肉に感じられる。

持ち込まれたウサギは殖えた。1866年には、オースティンの地所だけで1万4000匹以上が射殺される。しかし、彼は所有地に生息する捕食動物——タカ、ワシ、ネコ——も射殺していたので、ウサギの生息範囲は広がった。さらに2年後には、彼の地所を囲む8080平方キロの農地が放棄された。ウサギに食べ尽くされて裸地になったからだった。1886年には、北はクイーンズランドにまで荒廃が広がり、1900年には、砂漠を4800キロ越えて西オーストラリア州やノーザンテリトリーにまで達していた。オーストラリアでのウサギの移動は、世界中のどこの哺乳動物よりも速かった。1066年、ノルマン人により南イングランドへ持ち込まれたウサギが、800キロ北のスコットランドへたどり着いたのは、ようやく1950年になってのことだったのだ。

ウサギによる支配

乾燥したオーストラリアの環境にウサギは完璧に適応した。天敵の不在と暑さから守ってくれる巣穴のおかげである。ウサギは今や地球上で最も繁殖力の高い動物の一種となっている。

オーストラリアでは、ウサギの個体数抑制の初期の取り組みとして、射殺や毒殺、ウサギよけフェンスの設置などが行われた。1883年までにはニューサウスウェールズ州でRabbit

トーマス・オースティン
狩猟を楽しんだオースティンがイングランドから取り寄せて地所に放した24匹のウサギは、急速に繁殖して広がった。

Nuisance Act（ウサギ被害規制法）が制定され、飼いならされたウサギを放した子どもを刑務所に6カ月間入れることも可能になっていた。1907年、西オーストラリア州政府は最長のウサギよけフェンスを完成させる。北部のケープカーオードレンと南部のスタベーションボートハーバーを結ぶ、全長1150キロのフェンスだ。その後、フェンスはさらに2カ所設置される。完璧な解決策からは程遠かったが、フェンスの一方の側に無数のウサギが積み重なり、他方の側にはまったくいないという光景も見られた。結果として生じた植物の生育の変化は、今や宇宙からでも確認できるという。

ウサギの殺し屋と皮剥ぎ人の一貫した取引が始まった。オーストラリア・ラグビーリーグの創設時から存在するクラブの一つは今も"ラビットーズ"という名前だが、これはウサギの皮剥ぎ人が街を行商して歩くときの呼び込みに由来する。1930年代の世界大恐慌時代には、ウサギはオーストラリア人の主なタンパク源として重宝された。実際、ウサギの皮やファーの商業的可能性の高さ（特にオーストラリアのアクーブラハットに用いられる）から、ウサギの完全駆除を求める声はたびたび弱まった。

個体数の爆発的増加

1940年代にはウサギの推定個体数が8億匹に達し、国はウサギ1匹あたり1豪ドルの損害をこうむっていた。ウサギは特に地元の動植物に壊滅的な影響を与えている。オーストラリアの南海岸の沖に浮かぶある島では、1906年から1936年にかけてウサギが生息したことにより、オウムの3つの種すべてと、この島の樹木26種類のうち23種類が消滅した。他の地域では、ウサギの出没の直接的な結果として、哺乳動物の在来種の66〜75パーセントが姿を消したと推定されている。

1950年代に、感染性の高い粘液腫症を導入することでオーストラリアのウサギの約95パーセントを処分した話は有名だ。しかし、それでは十分でなかったことがのちに判明する——残りの5パーセントが免疫を獲得したため、元の木阿弥となったのだ。しかし1996年以来、物議をかもすカリシウイルスの導入——オーストラリア政府のウェブサイトでは、遺憾ながら、ヨーロッパのウサギノミとともに"最終的解決"（訳

> 1940年代にはウサギの推定個体数が8億匹に達し、国はウサギ1匹あたり1豪ドルの損害をこうむっていた。

大混乱

他の多くの地域も、外来の動植物の持ち込みで大きな被害を受けた。

オーストラリアのニューサウスウェールズ州では、ビクトリア州順化協会に相当する組織が、赤い染料を作るコチニールカイガラムシの数を増やそうとして、その宿主植物ヒラウチワサボテンを持ち込んだ。すると、この植物が急速にはびこり、農業に壊滅的な影響を及ぼした。また、1863年にビクトリア州協会がポッサム4匹をニュージーランドに輸出したところ、この動物が大混乱を引き起こし、個体数が数百万にまで増加。さらに、この協会はコイをマレー・ダーリング水系に捨て、生態破壊を招いている。

一部の学者はこれを"生態学的帝国主義"と名づけたが、本書では人類の愚行の一つと見なしている。

注：ナチスによるユダヤ人絶滅計画になぞらえて）と表現された——により、個体数は再び減少に転じている。にもかかわらず、シドニーの北西の郊外はいまだにウサギの集団に悩まされており、相当な物的損害や、住民がウサギの巣穴に落ちて重傷を負うなどの被害が報じられている。

オーストラリアでは、ウサギに対する根強い嫌悪感から、伝統的なイースターバニーの追放運動が盛んだ。イースターバニーの代役としてイースタービルビーが推奨され、特にこれを推し進めているのがオーストラリアウサギ撲滅財団という圧力団体である。ビルビーの形をしたチョコレート等の商品が、店で盛んに売られている。ビルビーとはオーストラリアの有袋動物バンディクートの一種で、絶滅の危険に瀕しており、皮肉にもミミナガ（rabbit-eared）バンディクートという別名を持つ。生身のビルビーよりもチョコレートビルビーのほうがはるかに多いのは、ウサギに大きな責任がある。

奥地の文明化

トーマス・オースティンがウサギを欲しがったのと同じ年、チャールズ・ダーウィンが『種の起源』を出版し、動物とその環境適応方法に関する考え方に革命をもたらす。彼は有袋動物に頭をひねった。『人間の由来』の中では、有袋動物を他の哺乳動物よりも明らかに下位に置いている。あまり当然の話とはいえないが、オーストラリアの入植者は現地の動物に対して複雑な感情を抱いており、それらを何とかしようと企てた。トーマス・オースティンも名を連ねるビクトリア州順化協会は、ヨーロッパの植物や魚を持ち込むことによって"オーストラリアの奥地を文明化"しようとしたのだった。

オースティンは1845年、のちにメルボルンとなる新しい街に移り住み、地主の女きょうだいを妻に迎えて、バーウォンパークという屋敷を建てる。彼はイングランドに兄を訪ねた際、ウサギ狩りを他の何よりも楽しんだ——あまりに楽しかったので、ウサギをオーストラリアに送ってほしいと兄に頼む。ウサギとともに、野ウサギ、ヤマウズラ、スズメ、ムクドリ、ツグミ、サンザシの木も送ってもらい、これらすべてが、異質な環境に初めて持ち込まれた。彼の場合は、生態学的な帝国主義者としての関心というよりもむしろ、単純に狩猟を楽しんだ男と

ビクトリア順化協会には目的があった。"オーストラリアの奥地を文明化"することだった。

しての関心だったようだ。しかし、その危険性が知られていなかったわけではなかった。ウサギが子を産むということは、科学的新事実とは程遠かった。かつて、最初の囚人船団でやってきたウサギがタスマニア島を荒らしたことがあったのだ。しかし実際、被害が自明の理となった後でさえ、オースティンは頼まれれば誰にでも1〜2箱のウサギを喜んで送り、狩りの獲物を王族に売り込みさえした。エディンバラ公アルフレッドなどは、"ウサギの巣での狩り"に一度ならず二度もやって来たほどだった。

オースティンは立派な大邸宅を建て、繁殖させた競走馬は勝利を収めた。地元の事業への寄付も行い、メルボルンには今も彼の名前を冠した病院がある。オースティンは大豪邸の完成を待たずに亡くなった――皮肉なことに、かつての皇帝ネロと同様、自らがもたらした荒廃の上に素晴らしい建物を作ったのだった。

オーストラリア全土に散っていったウサギ

もともと1859年のクリスマスに放たれたウサギは、現在のメルボルン市内にあたるオースティンの地所からたちまち広がり、10年もしないうちにアデレードへ、40年もしないうちにシドニーやアリススプリングズへ、わずか100年でケアンズやパースへも到達した。

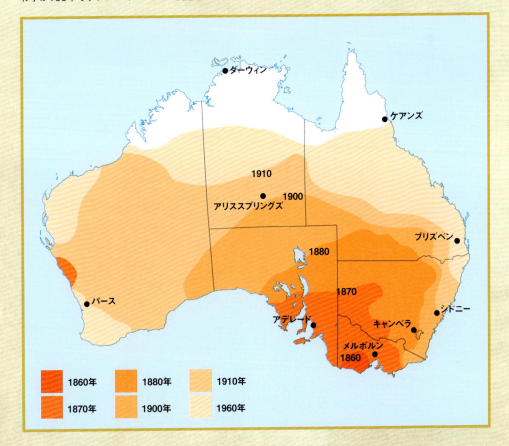

カスター将軍と
リトルビッグホーンの惨劇

1876年6月26日

人物：ジョージ・カスター将軍（1839〜1876）

結果：カスターが自らの師団を抹殺し、その巻き添えでラコタ族が滅んだ

失敗：敵への侮蔑と過度な熱狂。アメリカ史上最悪の自滅行為を招いた

植民者たちは、自分たちの行っている開拓地の拡大は、彼らのかつての支配者がヨーロッパで行った悪逆非道な帝国建設とは別のものであると表現したがることが多い。

確かにアメリカの場合、植民地化の目的が地元民に対する労働や商品購入の強制ではなく、開拓地の奪取であったという点で、性質は異なっていた。

ただし、アメリカの先住民族にとってそれは、ヨーロッパ人に植民地化された他の民族が被ったものより、ひどい結果をもたらした。彼らは利用価値のある存在ではなく、ただ邪魔な存在と見なされたのだ。

入植者たちは、多くの先住民を用意周到に殺害する大規模な集団殺戮を企て、自らの役には立たないひどくやせた土地に狭い特別保留地を作り、これを先住民に押しつけることにかなり成功した。

平原インディアン

今からほんの130年前、ラコタ族（スー族の一氏族）は激しい闘争を繰り広げていた。アメリカの入植者たちは、南北戦争という壮大な内輪もめからひとたび立ち直ると、今度は大陸横断を急速に進めていった。彼らは土地を奪い取り、平原インディアンと総称される部族たちに特別保留地を押しつけたが、その損害に対する補償金をほとんど、またはまったく支払わなかった。

このような事態に至る素地は、南北戦争の間にほぼ出来上がっていた。東海岸と西海岸を結ぶ電信システムが1861年に完成。大陸横断鉄道の建設が、1862年に太平洋鉄道法のもとで始まった。同じ年に制定されたホームステッド法により、市民は最大160エーカーの、所有者不明の"公有"地に定住すれば、5年後にはその所有権を獲得できることとなった。

偉大なる奴隷解放者リンカーン大統領は1862

> 良いインディアンは、死んだインディアンだけだ。
> ——フィリップ・シェリダン将軍

カスター将軍

カスター将軍
1863年にはすでに兵士として名をはせていた、ジョージ・アームストロング・カスター将軍。

解では、それは先住民族の絶滅をも意味した（78ページの発言を参照）。1867年のメディシンロッジ条約と1868年のフォートララミー条約で基本的に特別保留地が作られ、アメリカ先住民の諸部族は彼らの土地の所有権を放棄し、建前上は平和に暮らせる所定の地所をかわりに受け取った。彼らは、このような強制的な条約に従うよりほかなかった。このうちフォートララミー条約では、サウスダコタ州ブラックヒルズへの定住権がラコタ族に与えられた。

カスター中佐

ジョージ・カスター中佐は、本書に取り上げられる原因となった心得違いの行動を起こす以前、軍法会議に2度かけられたことがある変わり者だった。軍事訓練を最下位の成績で卒業したが、その訓練中、自らのせいで起こった士官候補生2人の間の争いを彼は止めなかった。

しかし、南北戦争が始まって士官が切実に必要とされていたおかげで助かったのだった。そして、実際に彼は第一次ブルランの戦いで名を上げる。シェリダン将軍の目にとまり、第7騎兵隊の中佐に任命された。

しかし、1866年に酔っ払って南部シャイアン族に軍事行動を仕掛けたことから、再び軍法会議にかけられる。シェリダンに見逃してもらい、1873年に北部平原へ送られた後、1874年にはラコタ族の征伐を命じられる。ただし、ラコ

年、ニューアルムの反乱をうけて、スー族に属するサンティー族38人の集団絞首刑を事もなげに命じた。1864年、キット・カーソンは8000人のナバホ族にニューメキシコ州を無理やり歩いて横断させ、彼らの新しい"故郷"へ追いやった。サンドクリークの虐殺も同じ年だ。コロラド州の民兵とニューメキシコ州の志願兵が、チヴィントン大佐の命により、シャイアン族とアラパホ族の男女、子どもあわせて200人を待ち伏せて襲い、惨殺した。

シェリダン将軍（「将軍」は通称。正規の階級名とは異なる。以下同）は1866年、西部のアメリカ軍司令官に任命される。彼の平和計画はバッファローを絶滅させることであり、彼の見

タ族が犯した罪といえば、6年前に与えられた土地に住んでいたことだけのようだった。

1875年の後半、"先住民調査官"E・C・ワトキンスは、ラコタ族と北部シャイアン族が結託し敵意を抱いているとの報告書を提出した。ブラックヒルズで金が発見されたため、その地に住むラコタ族を追い出しにかかったのである。しかしラコタ族はアメリカ上院から提示された600万ドルの退去料をはねつけ、攻撃されても自らの土地を守ると宣言した。

リトルビッグホーンの戦い

1876年1月31日、ラコタ族の酋長全員は、所定の特別保留地に出頭せよとの連邦当局の要求を拒む。そこで、クルック准将、ギボン大佐、テリー准将(この縦隊にカスターの第7騎兵隊が含まれていた)のもとで3個縦隊が共に行動

独りぼっちの馬

"コマンチ"は、1876年のリトルビッグホーンの戦いでの唯一の生き残りだ。勝利したラコタ族は、重傷を負ったコマンチのみを残し、生き残った他の馬をすべて連れ去った。

し、ラコタ族を包囲して制圧することになった。しかし、クルック隊はローズバッドクリークで、スー族の戦士クレイジーホースに足止めされる。

本隊から離れたカスターは、本来より早く移動してしまう。彼特有の大胆不敵さや無鉄砲さのため、南北戦争で彼の部隊は死傷率が平均より高く、配下の者は皆その被害に遭ったのだった。カスターの騎兵隊は、ギボンの歩兵隊よりもはるかに早く進んでいた。6月24日にラコタ族とシャイアン族の戦士たちがモンタナ州の田

> シェリダン将軍は1866年、西部のアメリカ軍司令官に任命される。彼の平和計画はバッファローを絶滅させることであり、彼の見解では、それは先住民族の絶滅をも意味した。

舎のリトルビッグホーン川近くに野営していたと偵察者から報告を受けたとき、カスターは、大きな隊の到着を待つことに気が進まなかった。歴史上さらに有名な戦術的愚行へと駆り立てられ、うぬぼれに野心と傲慢さが合わさって、カスターは、自らの立場と配下の偵察者からの報告を無視する行動に出た。彼がかわりに信じたのは、ラコタ族は戦闘能力が大して高くないという指揮官たちの言葉だった。

詳細情報の入手が難しく、大いに議論されるところではあるが、カスターは基本的に、野営地の両側から同時に攻撃を仕掛けようとして兵力を分けた。しかし、シッティングブルの優れた指揮のもとで自分たちよりも少なくとも3倍は強い兵力を前にして、攻撃の調整は失敗する。カスター隊はカスター自身も含め一人残らず殺され、カスターの最後の抵抗は歴史の一部となった。

ただし、この戦いのみを理由にカスターを本書で取り上げているわけではない。見込み違いのむなしい任務で配下の者を死に追いやった将軍を一人ひとり含めていたら、本書は相当分厚いものになるだろう――それに、少なくともカスターは部下とともに戦って命を落とした。カスター側の死傷者は268人にのぼったのに対し、ラコタ族のほうは約50人だった――いわゆるインディアン戦争での合計死者数を考えれば、特に多いとはいえない。しかし、完全な敗北を喫したこと、カスターが英雄として名声を得ていたこと、そして彼がどうやらアメリカ西部の新しい価値を体現していたことから、この軽率な行為は、1日の短い戦いによる流血の惨事よりもはるかにひどい悲劇的な結果を引き起こしたのだった。

カスターの伝説

カスターの名は、最後の抵抗よりも前に、すでに全国に知れ渡っていた。著書『My Life on the Plains』（平原に生きる）は、1874年にニューヨークの出版社から発売された。彼はかなりの長身で、たくましく、健康そのもので現代のスポーツ選手のような有名人だった。奇癖もあったが、目覚しい手柄のおかげで黙認された。12年連れ添った妻エリザベス・ベーコン・カスターは、西部へと彼についていった。その敗北――虐殺と程なくして呼ばれるようになる――の知

最後の抵抗

第7騎兵隊は、1876年のリトルビッグホーンの戦いで誰一人生き残れなかった。2日後、偵察隊は死んだ馬にぐるりと囲まれたカスターの遺体を発見。ここで彼と約40人の兵士が最後の抵抗を繰り広げたのだった。彼の遺体には、銃弾の貫通した穴が胸の心臓付近と額にそれぞれ1つずつあいており、この2発のどちらも致命傷の可能性があった。

勝利したスー族とシャイアン族は、生き残った馬をすべて連れ去った。重傷を負っていたために唯一置いていかれた馬、その名もコマンチは何とか生き延びる。その後、長年にわたって第7騎兵隊の閲兵式に参加。鞍を着け、騎手を乗せずに登場した。

マスコミの狂乱

「虐殺
カスター将軍と配下261名が犠牲に

5個隊の将校、下士官の中にも、
生きて語る者なし

リノ少佐と第7騎兵隊の生き残りによる
3日間の死闘

インディアン女、
死者の手足を切断し所持品を盗む

犠牲者は生きたまま捕らえられ、
最も極悪非道なやり口で拷問された

議会はどう対処するのか？
これを終わりの始まりとするのか？」

——『ビスマーク・トリビューン』紙はマスコミを狂乱に導き、リトルビッグホーンの戦いに関わった者たちの勇敢さを熱狂的に伝えた。

らせが東海岸に届いた1876年7月4日は、アメリカ独立宣言100周年の記念日だった。悲嘆に暮れる未亡人に刺激を受けたアメリカ国民の復讐心を燃え立たせ、「卑劣なインディアン」という災いの種にけりをつけてやると彼らを激高させるのに、大して手間はかからなかった。

まだ34歳だった"リビー"は献身的な妻で、陸軍中で愛され、ワシントンでも広く知られていた。リトルビッグホーンでの流血の責任はカスターにあった、とグラント大統領が判断したことでエリザベス・カスターは奮起し、その日の出来事のみならず夫の経歴全体について改めて書く——そしてその延長線上で、インディアン戦争の正義についても議論する——ことに残りの人生を捧げた。詩人や画家、小説家、作詞家もこれに加わって、この惨事を追悼し、圧倒的に少ない人数で戦った者たちの勇敢さ（今では取り消されている）を褒め称えた（カスターが援軍を待たなかったことは、他の誰でもなく彼自身のせいだったという事実を無視して）。ある追悼詩文には、次のようにシンプルに綴られた。「This was a man.」（男らしい男だった）。

エリザベス・カスターの著書『Following the Guidon』（旗手に付き従って）は、彼女の日記と同様に今でも販売されている。1933年まで存命だった彼女の名声は非常に高かったので、彼女が亡くなって初めて、カスターとその行動が見直されるに至った。エリザベスは夫の隣に葬られた。

近年でさえ、カスター古戦場国定記念物をリトルビッグホーン古戦場国定公園に名称変更することや、戦死した騎兵を偲ぶ彫刻の横にラコタ族の戦士を追悼する彫刻を設置することが決まると、大いに議論が巻き起こった。

暴力的な結末

ラコタ族は即座に致命的な巻き添えを食った。アメリカ陸軍全体の実に40パーセントがブラックヒルズへ派遣されたのだ。1年も経たないうちにラコタ族は完全降伏に追い込まれ、議会はフォートララミー条約を取り消し、ラコタ族の土地をさらに16万平方キロ併合した。

シッティングブルは、かろうじてカナダに逃れた。その後、彼はカナダ国内で時折姿を見せ、バッファロー・ビルのワイルドウェストショーに出演したこともあった。しかし、アメリカ先住民部族の間で一世を風靡したゴーストダンス

シッティングブル
1885年8月、バッファロー・ビルのワイルドウェストショーで、カナダのケベック州モントリオールのウィリアム・ノットマン・スタジオにより撮影された写真。

ある追悼詩文には、次のようにシンプルに綴られた。「This was a man.」（男らしい男だった）

の儀式をやめさせなかったとして逮捕された後、小競り合い中にとうとう殺されてしまう。これも一つの要因となって、ラコタ族とアメリカ政府との最後の衝突となった1890年12月15日のウーンデッドニーの虐殺につながる。ウーンデッドニーの戦いは、この部族の大規模殺戮の最終章となった。北アメリカの地図に国境線を描く必要はないと地図製作者が初めて宣言したのも、この年のことだった。

カスターがもし冷静さを失わなかったなら、結末は違っていたのだろうか。それはかなり疑わしいが、少なくとも彼のせいで結末はひどく暴力的なものとなり、結末の訪れも早まった。そして、東海岸から見れば遥か遠くで行われている無益な争いのように思えたものが一躍、全国的な大問題へと発展したのだった。

ベルギー王レオポルドとアフリカの分割

1879年〜1900年

人物：ベルギーのレオポルド2世（1835〜1909）
結果：大陸の略奪
失敗：究極の人まね「私も帝国が欲しい」

忌まわしく無益な"アフリカ分割"。それは19世紀の終わりに繰り広げられた、大きな犠牲を伴う、目を背けたくなるような血みどろの土地争奪戦だった。それは『鏡の国のアリス』にどこか似ていた。狂人たちが、本物の人間を駒にボードゲームをしたのだ。このすべての下劣な行為を生んだものは嫉妬、そしてもちろん、植民地の主要産物である強欲だ。最終的に崩壊に至るまで最も時間がかかったのは、最も弱く最も残酷な帝国だった。これらの帝国は20世紀に入ってもまだアフリカ諸国に固執し、その所有権を主張していた。アフリカ諸国に受け継がれたのは、急成長する経済でも安定した行政システムでもなく、数十年間に及ぶ戦争、貧困、死だった。本書では、植民地独立後のアフリカの惨事の一つ、ジンバブエのロバート・ムガベについても、追って語ることとする（206ページ）。

"分割"の背景には、ヨーロッパでのナショナリズムの高まりがあった。アフリカでの品行が最も悪かった3つの大国——ベルギー、ドイツ、イタリア——は当時、独立国としての誕生からまだ50年も経っておらず、世界列強として見られたいという思いが強く、イギリスやスペイン、フランス、オランダなどに対抗心を持っていた。一方、自らの帝国を失って久しいポルトガルなどの国々は、単に後れをとるまいとして後から加わり、彼らが占領した不幸な国々、つまりアンゴラとモザンビークに、最もひどい結末をもたらした。また、バルカン半島は一触即発の緊張状態にあり、オスマン帝国は崩壊しかかっていた。中央ヨーロッパは、プロイセンによる支配のもとでのドイツ統一によって生じた問題を抱えていた。こうした状況をめぐってヨーロッパ本土で徹底的に戦うことに気が進まない国々は、その戦いをアフリカで行ったのだった。一部のヨーロッパ支配者にとって、アフリカは地図上の魅力的な空白であり、彼らはそれを分け合った。

アフリカの魅力

1850年頃までは、アフリカでの植民地活動は

> 自分の分け前を物足りなく思う一部のヨーロッパ支配者にとって、
> アフリカは地図上の魅力的な空白であり、彼らはそれを分け合った。

ベルギー王レオポルドとアフリカの分割

レオポルド2世

レオポルド・ルイ・フィリップ・マリー・ヴィクトル（1835年4月9日生まれ）は、レオポルド1世の無事に成長した息子のうちの長子。ベルギー王レオポルド2世として、1865年12月10日から1909年12月17日に亡くなるまで王位に君臨した。

は、ここがインドへの交易路として重要だったからだが、それもスエズ運河が建設されるまでの話だった。しかしその後、金とダイヤモンドが発見される。アフリカ北部ではイスラム教が大陸の南へと広まっていっており、その頃特にイギリスで拡大していたキリスト教布教運動にとっては、恐ろしい事態だった。そして、こうした布教への熱意の高まりに加えられたのが、チャールズ・ダーウィンによる文明出現についての科学的発見と説明だった。多くのヨーロッパ人にとってアフリカは、資源や富——初期の探検と開拓の背後にあった基本的な動機はこれが対象だった——をもたらしてくれるかもしれない巨大な"暗黒大陸"というだけではなく、科学とキリスト教徒の熱意が合わさった、ビクトリア朝時代の情熱の対象でもあったようだ。

機関銃の開発は、こうした究極的な目標の普及をさらに推進した。アフリカを探検し、その所有権を神と国のために主張し、アフリカを、イスラム教の拡大からもその野蛮な行状からも救う必要があった。こうして19世紀にアフリカは調査され奪取される。ムンゴ・パークが初期に行った探検旅行、ナイル川の水源の探索、さらにはリヴィングストン博士の布教の旅によって、大陸中心部の大半が切り開かれた。グレートトレックでは、オランダ系のボーア人が自分たちの新しい土地を開拓しようと、イギリスの支配する南アフリカのケープ植民地から北と東へ向かった。

新たに発見された土地

この新たに発見された土地の大部分の所有権

さまざまな理由から限定的だった。奥地がどうなっているのか分からないうえ、くすねる価値のある資源もなかった。西アフリカの沿岸入植地の重要性は、奴隷貿易の廃止とともに低下していた。イギリスがアフリカ南部の大部分を支配した——あるいは支配しようとした——の

[小国などというものはない……視野の狭い人間がいるだけだ。
——ベルギーのレオポルド2世]

ヘンリー・スタンリー

　非嫡出子ジョン・ローランズとしてウェールズに生まれたヘンリー・モートン・スタンリーはアメリカに渡り、南北戦争で両軍に加わった後、記者となる。賞金稼ぎだった彼には、ましな肩書が必要だった。新聞社から提示された大きな報酬を目当てにリヴィングストンを探し出すが、捜索旅行で配下の者に異常なほど冷酷だったという悪評がすでに立っていた。

を主張したのは、昔ながらの宗主国たちだった。西アフリカはイギリスとフランスが、ケニアはイギリスが、モロッコとアルジェリアはフランスがそれぞれ所有権を主張した。しかし1879年頃には、誰も所有権を要求しない土地がまだ多くあった。その大部分は、容易には行けないところにあるか、環境が適していない、または資源に乏しいあまり、既成の大国の役には立たなかったのだ。しかし20年も経たないうちに状況は変化する。独立を保っているのは、1896年のアドワの戦いで不運なイタリアを破ったことで有名なエチオピアと、アメリカが解放奴隷の開拓地として建設したリベリアのみとなった。

レオポルド2世

　この土地争奪戦の火つけ役となった主な人物は、ベルギーのレオポルド2世だった。1830年に独立に至ったベルギーには、それまでのオランダとの長年にわたるつながりや、ヨーロッパ諸国の半数に支配された過去があった。ベルギーは独立を求めて9年間戦った。そしてついにヨーロッパ諸国は、もはやこの地域は流血に値しないとみなし、オランダに対して、ベルギーに独立を許すよう強制したのだった。

　初代のベルギー王レオポルド1世は人気があり、幼年労働法をいち早く導入するなど改革者でもあった。1865年に王位を継承した次男はレオポルド2世となる。彼をとりこにしたことが2つあった（のちに売春婦と違法な結婚をした件は別として）——ブリュッセルに人目を引く不格好な大きな建物を造ることと、海外に帝国を建設することだ。おそらくその目的は国を守ることだったのだろう。ベルギー国民は、王の1つ目の執念には多少なりとも胸を躍らせたが、2つ目に対してはさっぱりだった。

　しかし、レオポルドは簡単に諦めるような男ではなかった。アメリカ人探検家ヘンリー・モートン・スタンリーは中央アフリカを探検し、同じく探検家のリヴィングストン博士を発見したことでよく知られている。帰国後の1879年から王レオポルドに仕えるようになった彼の仕事は、リヴィングストンを見つけたコンゴ川周辺の地域から植民地を開拓することだった。スタンリーは与えられた使命を果たし、欲張りなレオポルドにベルギーの国土面積の80倍もある領土を引き渡す。この土地はレオポルドの私有地とみなされた。個人の所有地としてはほぼ間違いなく歴史上類を見ないものだった。

土地争奪戦

　こうして、この地域全体に及ぶ途方もない土地争奪戦の口火が切られた。ドイツの初代首相オットー・フォン・ビスマルクは、手に入った最初の4つの地域を占領後、アフリカの真ん中に広大なドイツ帝国を作り上げることを目指して、他の植民地建設国から交渉で土地を手に入

れようとした。ポルトガル、フランス、イギリスは、手当たりしだい何でも欲しがって併合した。1884〜1885年の悪名高いベルリン会議は、ヨーロッパの各大国によるこの土地の占拠を承認し、王レオポルドには"コンゴ自由国"を認めた。この会議では、土地に残していくものについての基本原則も定められた。旗をしっかりと立てておくだけでは不十分であり、所有権を立証するには、その土地と国を本当に利用して

ヘンリー・モートン・スタンリー

アメリカ人探検家ヘンリー・モートン・スタンリーはレオポルド2世に雇われ、コンゴ自由国の広大な領土を王に引き渡した。

いる必要があった。レオポルドにとって、この点は問題にならなかった。探検費用一切を自らまかなったために個人的に借金を抱えていた彼は、無益さと無慈悲さにかけてはおそらく誰も及ばないような制度に着手する。収税吏が派遣

> レオポルドの幽霊の叫び声を聞け
> 手を失った宿主のせいで地獄の火に焼かれている
> 悪魔たちの含み笑いとわめき声が聞こえる
> 地獄で彼の両手を切り落としている
> ——アメリカの詩人ヴェーチェル・リンジー

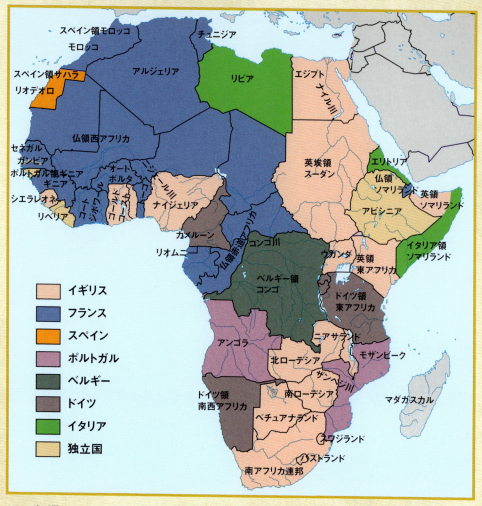

1914年頃のアフリカの宗主国

1914年のアフリカは植民地主義の絶頂期で、その後"アフリカ分割"が行われた。フランスは北西部の広大な土地を手に入れ、イギリスは、西はシエラレオネから東は英領ソマリランドにかけて、北はエジプトから南は南アフリカにかけての各地域を保有した。残りのアフリカは、ベルギーなどの宗主国の間で分けられた。独立を保った国は、アビシニア（現在のエチオピア）とリベリアだけだった。

され、不運なコンゴ人から搾り取れるだけ搾り取った。コンゴ人はおそらく、はるか遠くで行われた会議で自分たちが誰の所有物になったのか気づいていなかっただろう。天然ゴムと象牙が徴収され、生産性を確実に高めるべく奴隷制度が確立された。この事業全体で目立ったのは、極度の冷酷さだった。ある試算では、レオポルドによる支配の結果、コンゴの人口は20年間で2000万人から1000万人に減ったという。しだいにうわさが立ち、世界を震え上がらせた。アメリカの詩人ヴェーチェル・リンジーに、アフリカ系アメリカ人の演説家で作家のブッ

コンゴを絞めつける

現地の労働者を絞めつけるレオポルド2世を描いた1906年の風刺漫画。貿易品である天然ゴムの収穫を強制されたコンゴ人に対する残酷な搾取を表している。

カー・T・ワシントン、さらにイギリスの作家アーサー・コナン・ドイルも皆、声を上げた。奇妙なことに、ロジャー・ケースメントもこれに加わる。のちにアイルランドでイギリスから反逆罪に問われ絞首刑となるが、当時は在コンゴのイギリス領事を務めていた人物だ。彼は、自ら目撃したぞっとするほど冷酷な話を報告書に書いた。

「(トゥンバ湖) 周辺の原住民の暮らしを詳しく調査した結果、私の受けた申し立てが真実だと確認できた。すなわち、人口が激減し、街は不潔で手入れが行き届かず、さらにはかつてこの国に多くいたヤギやヒツジ、家禽が完全に姿を消したのは、何にもまして、原住民に天然ゴム労働を強いる取り組みが長年にわたり継続的に行われてきたことに原因があるということだ」

ついにベルギー議会は、土地を政府に渡すようレオポルドに要求する。彼は1908年にこれを実行するが、その前に2週間かけて強奪の記録を焼却した。後悔している様子は相変わらずなかった。一方、スタンリーはウェールズに戻り、詩人と結婚し、議員におさまるが、彼の仕事の犠牲者は百万人単位で命を落としたのだった。

その頃にはすでに、アフリカの土地争奪の仕組みは破綻しかかっていた。組織的な民族集団が反乱を起こすようになったのだ。すぐにヨーロッパ人は殺し合いを始め、アフリカの戦利品のことなどほぼ忘れてしまう。しかし、コンゴの人々は忘れなかった——2005年に新しく設置されたレオポルド像は、除幕後わずか数時間で姿を消した。

天然ゴムと象牙が徴収され、生産性を確実に高めるべく奴隷制度が確立された。この事業全体で目立ったのは、極度の冷酷さだった。

ニコライとアレクサンドラ、怪僧ラスプーチンを狂信

1902年～1916年12月16日の真夜中頃

> **人物**：ロシア帝国を支配する皇帝ニコライ2世（1868年～1918年7月17日）とロシア皇后アレクサンドラ
>
> **結果**：ロマノフ王朝の終焉
>
> **失敗**：ニコライとアレクサンドラは精神異常の性犯罪者を頼りにし、自分たちの困り事の解決や政治上のアドバイスまで求めた

ボニーMの『怪僧ラスプーチン』という曲がある。1978年にヒットしたディスコミュージックで、歴史上の有名人を取り上げた風変わりな曲だが、神秘的な祈祷治療師についての描写は驚くほど正確だ。ラスプーチンは、ただ者ではなかった。ロシア宮廷に対する彼の影響力が実際いかに絶大であったかについて多くの人々が論じているが、そんなことはたいして重要ではない。とにかく当時の人々は、ラスプーチンのことを信じきっていたのだ。いずれにせよ、今や伝説となったラスプーチンの死とロシア皇帝の凋落は、ドラマチックな物語だといえる。

グリゴリー・エフィモヴィチ・ラスプーチン（1869～1916）は1869年1月10日、シベリアのポクロフスコエ村に住む典型的な小百姓のもとに生まれた。ごろつきのような、かなり手に負えない若者に育ち、ロシア正教会の風変わりで型破りな教派スコプツィに魅了される。神に近づく最善の方法は、罪を犯し、告白して悔い改めることだというその教義は、若いグリゴリーには好都合だった。彼はその集団の中で札つきの罪人になり、宗教上の最善を尽くし、修道士の習慣を受け入れ、教導者として地元でたちまち評判となる。その評判は全国に広がった。

ラスプーチンは聖地への巡礼の旅を終え、1902年にサンクトペテルブルクを訪れる。ロシア帝国の身分の高い聖職者への熱烈な推薦状を

> 彼の死は、事の成り行きを変えるには遅すぎた。
> 彼の恐ろしい名はすっかり災いの象徴となってしまっていたからだ。
> 国を救おうと彼を殺害した人々の勇気は見込み違いだった。(中略)
> 古い体制を守ろうとして手を上げたことが、
> 実はその体制に最後のとどめをさす結果になってしまったのだ。
> ——大公女アンナ・パヴロヴナ

ニコライ2世
1896年5月14日のニコライ2世（ニコライ・アレクサンドロヴィチ・ロマノフ）の戴冠式を描いたロシアの版画。

携えていた。彼は以前ほど放縦ではなく、むしろ演説がかなりうまくなり、癒しの力らしきものも備えていた。しかし、彼の評判を聞いた正教会の組織は、関わり合いになることをすぐに思いとどまる。身分の高い数人（主に女性）と親しくなったが、彼はすぐに去り、二度と戻らなかったようだ。

ロシア皇帝たち

　ヨーロッパは第一次世界大戦へと至る混乱状態にさしかかっており、大半の国々は、再軍備と何らかの紛争への備えに忙殺されていた。オーストリア＝ハンガリー帝国やオスマン帝国など多くの国々は内紛で分裂状態にあり、このような戦いに加わる気がなかった。偉大なロシア帝国も、あまり好調ではなかった。イヴァン雷帝、ピョートル大帝、エカチェリーナ2世の伝説を受け継ぐ誇り高き後継者たちは堕落していた。さらに重大なことに、ヨーロッパの王女たちとの近親結婚が多すぎたため、それに起因する恐ろしい病気が王家の血筋に持ち込まれていた。1861年の農奴解放で一連の民主主義改革が始まったが、良い点はほとんどなく、むしろ小百姓と中産階級を扇動し王権を弱体化させてしまう。ロシア帝政の権威は皇帝と皇后自身の品性に大いに依存していたのだ。控えめに言っても、ニコライとアレクサンドラはこの仕事に向いていなかった。この夫婦は互いにぞっこんで、要領が悪く、社交嫌いで人間よりも犬と過ごすことを好んだ。当時言われていたように、地方の大地主ならうまく務めたことだろう。

ニコライとアレクサンドラ

　皇帝アレクサンドル3世は健康で強健だと思われていたが、1894年に50代前半で急死する。本人を含め宮廷内の誰もが予想しなかったことだが、後継者である息子にとっては特に青天の霹靂だった。26歳になっていたニコライは国政の運営について何も教わっておらず、過保護な母親に甘やかされていた。自力でしたことといえば、両親の意に沿わない王女を結婚相手に見つけてきたことだけだった。両親は最終的に許しを与えたが、それはロマノフ王朝の世継ぎをもうける必要性が非常に高かったからにすぎない。この息子に他の結婚相手は見つけられないだろうと両親は考えたのだ。ニコライは自らの戴冠の祝賀会でも、伝統的な祝いの品の配布で失敗をする——大勢の群集が期待して集まったが、用意されたビールが少なすぎて皆に行き渡らないだろうとの噂が広まると、群集は暴動を起こし、1000人以上の死者が出た。

　新しく皇后となった、ヘッセンの王女アレク

92　失敗だらけの人類史──英雄たちの残念な決断

ラスプーチン
神秘的な祈祷治療師、寵臣、そしてロマノフ王朝の近しい相談相手。

神に仕える祈祷治療師

　世継ぎとなる息子アレクセイがその後1904年7月30日に生まれたことで、アレクサンドラの信仰心は高まった。しかし、息子に血友病の徴候が現れると、皇帝夫妻の幸福はたちまち落胆へと変わる。この病気はヴィクトリア女王の血筋によるものだった。医師たちからは、治癒の見込みがなく死に至るおそれが高いと言われてしまう。皇后の親友の一人アンナ・ヴィルボヴァは、聖者ラスプーチンの信奉者だった。列車事故で負ったひどい怪我が治ったのは彼のおかげだと信じていたのだ。彼女はラスプーチンに、ひそかにアレクセイを訪ねるよう勧める。神に仕える祈祷治療師に依頼するという考えは、当時はさほど突飛なものではなかった。ニコライの父も、医師の診断を受けたときには、有名な祈祷治療師を呼んだことがあった。ラスプーチンは風変わりだが、効力があった。そして、その幼子の症状をほぼ一瞬で和らげたのだった。しかし、ラスプーチンは王族との関係を吹聴し、それがたちまち皇帝の耳に入ったために追放されてしまう。しかし、アレクセイの病状がまたひどくなると1905年に呼び戻され、再び追放されることはなかった。

　息子の病気ですっかり気が動転したニコライの精神状態と統治力のなさは、深刻な結果をも

サンドラ（アリックス）は、ヴィクトリア女王のお気に入りの孫娘の一人であり、ニコライの"みいとこ"だった。イギリスとの間に王家のつながりができるのは喜ばしいことだったが、アレクサンドラの陰気な性格とドイツ国籍は彼女に生涯不利に働いた（この状況は、ルイ16世の妻マリー＝アントワネットに似ている。約100年前のフランス革命では、オーストリア出身であることが彼女に対する攻撃材料となった）。

　皇帝夫妻はとても幸福そうだったが、臣民からも宮廷からも孤立していた。4人の娘をすぐにもうけたが、世継ぎとして必要な息子には恵まれなかった。4人目の娘が1901年に生まれた後、切羽詰まったアレクサンドラは、医術を超えたものに救いを求めるようになる。義弟アレクサンドルはこう言った。「彼女は宗教に傾倒した……が、彼女の祈りはある種のヒステリーに染まっていた」

> 息子の病気ですっかり気が動転したニコライの精神状態と統治力のなさは、深刻な結果をもたらし始める。

たらし始める。日本との無意味な戦争は、ロシアがいかに弱いかを露呈しただけだった。名目上はイギリスやフランスと近い関係にあったが、ニコライは、妻とドイツとのつながりに大きな影響を受けていた。

政治的混乱

　1905年1月、デモ参加者が警察の恐ろしい過剰反応に遭い、1000人以上が命を落とした。1年後に憲法が発布され、ロシア皇帝は、国会の一部であるドゥーマが推進する真の改革運動に対処しなければならなくなる。ニコライとアレクサンドラは、国内の政治的混乱を気に留めないのと同様（気にしていたら途方に暮れただろう）、悪化するヨーロッパ情勢も眼中にない様子だった。戦争が勃発したとき、ロシア陸軍は絶望的なほど準備不足だった。ニコライはラスプーチンの祝福を受けて、自らのいとこのニコライ大公を陸軍の指揮官に任命するが、その後まもなくラスプーチンは、皇帝自らが軍を率いて戦わなければ国を救えないとの幻影を見る。そこで皇帝は足を引きずるようにして前線へ赴き、政治をアレクサンドラの手に——実質的にはラスプーチンに——委ねた。すると有力な役人は解任され、親しい信奉者が後釜にすわった。

"悪の天才"毒を盛られる

　ついに宮廷は堪忍袋の緒を切らす。王子フェリックス・ユスポフ、ドゥーマの一員であるウラジーミル・プリシケヴィチ、皇帝のいとこのドミトリー・パブロヴィチ・ロマノフ大公は、"悪の天才"を追い出さなければならないと決意した。1916年12月、ユスポフはラスプーチンを自らの美人妻に会わせるという名目で自宅に招き、毒を盛る。さらに陰謀者たちはラスプーチンを撃ち、縛り上げ、毛布で簀巻きにし、ネ

"我らが友"

　ロシアで政治的混乱が深まるにつれ、ロシア宮廷におけるラスプーチンの影響力は増大した。ニコライは彼を"我らが友"と称した。ラスプーチンが皇后やその若い娘たち、さらには宮廷内のほぼすべての女性と性的関係を持っているらしいとの噂も広まった。

　もっとも、彼には自らの特権的立場を保つ以外、とりたてて政治課題はなかったようだ。他の人々、特に、自らの皇帝への道が期待もむなしく閉ざされたと悟った貴族が彼に不信感を持ったことは、驚くにはあたらなかった。

バ川に投げ捨てた。氷のように冷たい川を泳ごうとする姿が目撃されたが、3日後、遺体となって発見される。陰謀者たちは怒り狂った皇帝から追放処分を受けるが、結果的にはこれが幸いした。王族を待ち受ける悲運から逃れられたからだ。ニコライの退位後、王族は自宅監禁状態におかれ、結局、翌年に処刑されたのだった。

　生前ラスプーチンは、自分が死ねば皇帝とその家族は没落すると予言していた。彼は自らを革命家のような存在ととらえ、たとえ小百姓でも貴族に太刀打ちできるとの証明だと思っていたふしがある。確かに、王族たちが相談相手であり友であったこの男を失ったせいで、ロシアにおけるロマノフ王朝支配の迫りくる終焉を回避しようという残りの決意をくじかれたことは事実だ。ラスプーチンの死からわずか3カ月後というニコライのスピード退位は、このカリスマ的な男への依存を示す十分な証拠だろう。

タイタニック号に積まれたイズメイ社長の救命ボート

1912年4月14日23時40分〜15日2時20分

人物：J・ブルース・イズメイ（1862〜1937）

結果：死者1503人

失敗：「絶対に沈まない」船に、乗客全員分の救命ボートを積まなかった

タイタニック号の物語はあまりにも有名で、読者には新味がないかもしれないが、だからといって本書で取り上げるに値しないということにはならない。タイタニック号を処女航海で沈没へと導いた、異常な自尊心と傲慢には数ページを割いてしかるべきだ。下層デッキへの浸水を許した設計ミスは、それほど馬鹿げた過ちではない。航路の選択にしてもそうだ。この船は結局、南下してきた氷山に衝突したが、本来そこには氷山があるはずはなかった。事故の可能性を無視して十分な救命ボートの装備を怠った、タイタニック号の設計者と所有者のとてつもない愚かさこそが、あの宿命的な夜に1503人の命を奪ったのだ。

過去をひもとけば、工学技術は多くの大惨事を起こしてきた。ビクトリア朝時代の科学技術はその絶頂期に驚くべき成果を上げ、水路には橋が架けられ、鉄道が登場し、トンネルや橋が世界中で建造されたが、事故は避けられなかった。多くの文芸作品がその悲劇を語り伝えている。旅客船の悲惨な事故もかなり多く発生したが、大半は悪天候や、戦時中の敵の攻撃によるものだった。1945年、ロシア赤軍の進出から逃れようとするドイツ人避難民を乗せたヴィルヘルム・グストロフ号は、7000〜1万人の死者を出したとされる。これに比べれば、タイタニック号の死者数はもちろんかなり少ない。

究極の船

しかし、タイタニック号の場合は状況が違っていた。「絶対に沈まない」とうたったことは、誇大宣伝の古い例として、無理からぬことだったのかもしれない。当時、ホワイト・スター・ライン社はキュナード・ライン社と熾烈な競争を繰り広げており、この競争に何が何でも勝たねばならないとの決意で、究極の船の建造を決

業界誌『シップビルダー』はタイタニック号を、
その水密区画室の設計と機能（実際は悲惨なまでの傷物と判明する）から、
「まず間違いなく沈まない」船と評した。

沈みゆくタイタニック号
甲板に乗客を残したまま、
船から漕ぎ出す救命ボート。

めたのだ。キュナード・ライン社の主要船ルシタニア号も、のちに恐ろしい最期を遂げることとなる。

　タイタニック号は、大西洋横断航路の独占を目指す3隻の姉妹船のうちの一つだった。建造事業は、ホワイト・スター・ライン社の社長兼会長J・ブルース・イズメイと、ベルファスト（当時はアイルランド）の造船会社ハーランド・アンド・ウルフ社の会長を務めるピリー総督との合弁で行われた。ハーランド・アンド・ウルフ社の業務執行取締役でタイタニック号の設計者トーマス・アンドリューズは、何がまずかったのかに気づくことも、沈没時刻を正確に予測して船長に告げることもできぬまま、船とともに海へ沈むことになる。1万4000人を動員して3年がかりで建造されたタイタニック号は当時、動く物体として世界最大だった。

致命的な設計ミス

　タイタニック号は全長268メートル、全幅28メートル、喫水線から甲板までは18メートル。その長さと高さは、ロンドンのタワー・ブリッジとほぼ同じだ。29基のボイラーを159個の石炭炉で駆動し、最高速度23ノットで大西洋を素早く横断できるとの触れ込みだった。しかし、立派な煙突4本のうち実際に煙突として使うのは3本だけで、1本は主に外観を整えるためのものだった。

　通常の高級設備に加え、トルコ風呂やスカッシュのコート、エレベータ4基を贅沢に装備。業界誌『シップビルダー』はタイタニック号を、

> タイタニックのことは覚えています。
> 何もかもが本当に美しくてきれいでした。
> リネンは真っ白で雲のように柔らかでした。
> とても怖がっている母に、この船は絶対に沈まないと
> 父が大きな声で言っていたのを思い出します。
> 母は父に、それは神様にそむくことだから
> 私たちは皆死ぬにちがいないと言いました。
>
> ——イーディス、生存者

その水密区画室の設計と機能（実際は悲惨なまでの傷物と判明する）から、「まず間違いなく沈まない」船と評した。このうたい文句は、またたく間に人々を魅了し、特に1912年4月10日、サウサンプトンからシェルブール経由で処女航海に出発するときには強烈な印象を与えた。

3500人を超える定員に対して、船には2210人しか乗っていなかったが、それでも予想を超える人数だった。1等の船賃は派手な宣伝文句に見合うものだった。定員の3分の2しか乗っていなかったにもかかわらず、救命ボートの設備は情けないほど貧弱だった。

この大惨事の原因はよく知られている。船の横腹が氷山に衝突し、水密区画室にものすごい勢いで浸水していった。水であふれる区画室が4つまでだったなら、タイタニック号は持ちこたえられたかもしれない。しかし、船体にあいた穴は非常に大きく、6つもの区画室に水があふれて、船は沈没を運命づけられた。不運なことに、この悲劇が始まってから2時間もの間、乗客は事態をはっきりと認識できずにいた。1等の乗客は、冷えきった大西洋上の夜に客室を出て木製の救命ボートに向かうことに、まったく気乗りがしなかった。3等の大半の乗客には、そもそもその機会さえ与えられなかった。

タイタニック号から氷のように冷たい海に下ろされた救命ボートのうち、乗客を定員いっぱいまで乗せたものはほとんどなく、このことが死者数を劇的に引き上げた。乗客を救命ボートに乗せ始めるようにとのスミス船長の命令を受けたとき、タイタニック号の航海士たちは、おそらく事の重大性に気づいていなかったのだろう。救命ボートの取扱訓練を一度も受けておらず、定員に達した救命ボートでも安全に海上に下ろせることを乗組員は知らされていなかった。

救命ボートの数

タイタニック号は合計20艘の救命ボートを船に積んでいた。その内訳は、定員65人の標準的な木製ボートが14艘、それよりも小さな定員40人のカッター型木製ボートが2艘、船底が木、側面がキャンバス地でできた定員47人の折り畳み式ボートが4艘であった。

20艘すべての定員を足すと1178人。つまり、タイタニック号のすべての救命ボートに定員いっぱいまで乗せたとしても、乗客2210人のうち1032人が乗れなかったことになる。ところが、実際はそれよりもはるかに多くの人々が、沈んでいく船に取り残された。ほとんどの救命ボートが、満員にならないうちに冷たい海へ下ろされたのだ。救命ボートの数の問題だけではなかったのである。

キャンバス地と木のボート
キャンバス地と木でできた折り畳み式の救命ボートを漕いで安全な場所へと避難する、タイタニック号の生存者たち。

安全よりも快適さを優先

　そもそも、なぜ救命ボートはこんなにも少なかったのだろうか？　船は年々大型化するのに、救命ボートの要件はそのままだった。タイタニック号は救命ボートを合計48艘積むように設計されたが、ホワイト・スター・ライン社は、乗客の快適性を優先させた。救命ボートを増やせば甲板が雑然とすると考えたのだ。ハーランド・アンド・ウルフ社は救命ボートの増設をホワイト・スター・ライン社に訴えたが、最終的には引き下がった。それだけではない。救命ボートに関する訴えを退けたホワイト・スター・ライン社の社長兼会長イズメイは、氷山が出現すると報告されていた航路を全速力で航行し続けるようスミス船長に強く要求したとの通説もある。周知のとおり、イズメイは本人曰く自分でも気づかぬうちに、数少ない男性のひとりとして"ほとんどたまたま"救命ボートに乗っており、この大惨事を生き延びたうえ、ホワイト・スター・ライン社の親会社の重役として残った。その後25年間生きたが、本当は船もろとも沈んでいればよかったと思っていたかもしれない。あらゆる人々から事故の責任を問われた。テキサス州のイズメイという町は、改名さえした。彼をこのように批判する者もいた。「あいつは、けだものの欲望に一切のまともな感情を飲み込まれた薄汚いブタだ。……自分のことだけ考えているうちに、人間らしい心が退化したのだ」

　この大惨事をうけて、救命ボートの増設や海難救助信号の改善、船舶間の24時間の無線通信など、多くの海事法が導入される。そして、強欲企業の伝説も誕生したのである。

ガヴリロ・プリンツィプ、サンドイッチを買う

1914年6月28日

人物：ガヴリロ・プリンツィプ（1894〜1918）
結果：第一次世界大戦の勃発
失敗：戦争の炎を燃え上がらせた忌まわしい火種——暗殺が狙いを超えた展開に

　世界史上、1914〜1918年のヨーロッパほど無益で不毛、甚大な荒廃が長く続いた時期はないだろう。人間が犯してしまうさまざまな愚行に対して、もしも表彰制度があったとしたら、第一次世界大戦はそのすべての部門で優勝したに違いない。この愚行の原因は100年たった今もはっきりしないが、気が遠くなるほどの死傷者を出したことだけは間違いない。

　それだけではない。戦争がうやむやに終わったせいで、ヨーロッパの覇者たちは20年も経たないうちにまた同じことを繰り返す気になった。そして今度は世界中のほぼすべての国を巻き込んだ。メディアがこぞって取り上げた第二次世界大戦では、恐ろしい残虐行為が行われ、常軌を逸した決断が下された。しかし、第一次世界大戦中ほど"人が人に向ける残忍さ"があからさまだった例はまれである。戦闘によるものだけで、死者数は大まかに見積もって800万人を超えた。祖国のためということを数に入れても、自分が戦う理由を説明できた者は一握りしかいなかったことだろう。

両刃の剣

　政治的暗殺は、いつの時代も常に両刃の剣である。多くの場合、その計画には解放への期待が込められているが、一人の人間を消しさえすれば事態は良くなる、という考えは往々にして、ひどい誤りだったと後で分かるものだ。暗殺といえば特攻任務と相場が決まっているが、ここ数十年について言えば、暗殺者が喝采を浴びるのはほんの一瞬で、歴史に残るのはたいてい、殺された指導者のほうだ。生前いかに非道な人物であっても、卑劣な陰謀の犠牲者として記憶される。そして暗殺者は、いかなる英雄であろうと、その暗殺がいかなる大義名分から出たものであろうと、よこしまな、または気の狂った犯罪者という烙印を押されてしまう。さ

> 我々の亡霊はウィーンを闊歩し、宮殿を徘徊して君主を震え上がらせるだろう。
>
> ——ガヴリロ・プリンツィプ、1918年

らに、暗殺に失敗した場合、暗殺者とその大義は裏目に出る傾向がある。暗殺の目的が正当ではなかった場合は特にそうだ。無数の指導者が、殺したいと思うほどの憤りを誰かに抱かせたことよりも、殺されずにすんだことで記憶されている。そして、ある種の犠牲者の伝説は、その早すぎる血なまぐさい最期ゆえにロックスターのような輝きを放つことさえある。

20世紀初頭は暗殺が流行していた。アメリカのマッキンリー大統領は狙撃されて亡くなった。セオドア・ルーズベルトは胸を撃たれたが、ポケットに入っていた書類に命を救われた。ヨーロッパのほぼ全域とアイルランドでは、銃砲技術の向上により、ライバルの暗殺が以前よりもはるかに容易になっていた。

顧みれば、19世紀はヨーロッパ全土が平和と繁栄を享受していた。メッテルニヒとタレーランが陰で糸を引いた、1815年のウィーン会議による外交上の平和は、力の均衡によって第二のナポレオンの出現を食い止めるという考え方を生み出す。この平和はかなりよく持ちこたえた。ヨーロッパ諸国は団結し、ヨーロッパ各国で革命が相次いだ1848年の危機を乗り越えた。後年、2つの統一国家、イタリアとドイツの登場で顔ぶれはいくぶん変わったものの、目まぐるしく変化する一連の複雑な同盟関係により、力の均衡は保たれた。指導者たちの関心は、再び争い合うことよりも、自国を工業化し、世界各地で新たな植民地を発見、開拓することに向かった。しかし1914年には、巨大なオーストリア=ハンガリー帝国とオスマン帝国はすでに衰えが進んで崩壊寸前であり、政権の空白状態

ガヴリロ・プリンツィプ

1914年6月28日、サラエボで、フランツ・フェルディナント大公暗殺の容疑により捕らえられるガヴリロ・プリンツィプ。

は新興の民族主義者たちの目にも明らかだった。まだ歴史が浅く拡張論をとるドイツ政権は、ヨーロッパの中部から東部にかけて進むこの権力の衰退を可能な限り利用してやろうと、手ぐすね引いて待ち構えていた。

1914年当時、戦争は、決して避けられないとまではいかないが、ごく間近に迫っていた。問題の解決策としての外交は無力化しつつあった。ドイツは遅くとも1905年には戦争計画を整えており、その計画どおりなら2～3カ月で勝利を手にできると考えていた。しかしそれは大きな見込み違いであり、実際は血なまぐさい手詰まり状態に陥る。当時の見方では、1914年初めの武力による威嚇が争いに発展して衝突が起きても、すぐに終息するだろうと思われていた。

19世紀後半、バルカン諸国は国粋主義の温床だった（このような状況は、それ以前にも以後にもあったが）。オスマン帝国は崩壊し始めた。自治へのこだわりが最も強いセルビアとバルカン地域は、詩人のバイロンとその仲間がこよなく愛するギリシアの独立運動の成功（1830年）に勇気づけられていた。北方では、1867年にハンガリーがオーストリアとの対等な関係を許され、ロシアはバルカン半島のオスマン帝国領での蜂起を支援していた。

イギリスとフランスが近東におけるロシアの拡張政策を押しとどめようとして戦ったクリミア戦争の後、歩み寄りの一部として、オスマンはバルカン諸国の自治権拡大を強いられた。1878年のベルリン会議では、セルビア、モンテ

> ドイツは遅くとも1905年には戦争計画を整えており、その計画どおりなら2～3カ月で勝利を手にできると考えていた。

ネグロ、ルーマニアが独立を許された。セルビアは与えられた領土を不服とし、領土拡大を即座に要求した。ブルガリアも同様だったが、いくぶん不公平な扱いを受ける。セルビアはただちに南方の地域を併合し、1913年の第二次バルカン戦争ではギリシアと同盟関係を結んで、マケドニアのスコピエ周辺地域を占領した。オスマン帝国は、その頃にはすでにヨーロッパ本土から駆逐されていたので、次回の戦争ではせいぜい周辺的な役割を果たすにとどまったが、間もなく人々の知るところとなるとおり、多くの兵士が大義のために命を犠牲にした。

ボスニアに集まる視線

もっと重大で宿命的なことに、セルビアはボスニアとその首都サラエボを要求した（この状況も、後で再び起こることになる）。ベルリン会議での決定により、ボスニアはオーストリア＝ハンガリー帝国の手に渡っていたのだ。ボスニア・ヘルツェゴビナのスラブ民族は植民地貿易の承認に完全に満足していたが、セルビアの民族主義者は人心をかき乱し続けた。しかし、彼らの敵はもはや、衰えゆくオスマン帝国ではなかった（おそらく皇帝は、帝国が余命いくばくもないことを漠然と認識していたのだろう）。

> 今さら歓迎の挨拶など無駄だ。
> サラエボを訪れた私に奴らは爆弾を投げつけたのだぞ。
> 実にけしからん！
> ——フランツ・フェルディナント、1914年、サラエボにて

本当の敵は、依然として強大な力を有するオーストリア＝ハンガリー帝国だったのだ。ボスニアはどの国にとってもほとんど重要性はなかったが、その支配者であるハプスブルク家は例外だった。

第一次世界大戦がハプスブルク家の滅亡を招いたことは後になって分かるが、1900年の時点では、誰の目にも明らかというわけでは決してなかった。当時、文化的にも知的にも世界的に突出した都市があったとすれば、それはウィーンだった。この頃には、西側列強は不安定なバルカン諸国にとにかくいい加減うんざりしていた。この機に乗じてオーストリアは1908年にボスニアを完全に併合し、実際1911年まで断続的にセルビアと戦った。1913年にセルビアとギリシアがマケドニアの領土を奪い取ると、オーストリアと同じくロシアも危機感を抱いた。

一方、ドイツの拡張政策に対する懸念から、イギリス、フランス、ロシアは同盟を結ぶに至る。ロシアは、オーストリアとドイツとの緊密な関係を正式に破棄する。当時は広く知られていなかったが、ドイツ政府はオーストリアの首脳に対し、さらなる外交的譲歩はしないとの姿勢を明らかにした。馬鹿なことをする者さえいなければ、世界の平和は保たれたのだ。しかし1914年6月28日、それをしてしまった者がいた。

皇位継承者

フランツ・フェルディナントは、ハプスブルク帝国の皇帝フランツ・ヨーゼフ1世を伯父に持つ推定後継者だった。元々は自由主義に好意的だったが、保守主義者である高齢の伯父からの圧力が重くのしかかるようになり、次第に、自治を熱望する人々とは相容れない保守的な人物とみられるようになった。1914年には、まだ皇帝ではなかったが、真面目で気難しい50歳になっていた。サラエボ訪問は気が進まなかった。1906年の訪問で野次を浴びせられ、暴動に遭ったことに未だ憤慨していたからだ。彼の心を幸福で満たしていてくれる唯一のものは、皇帝に背いてまで結婚を決めた妻ゾフィーへの深い愛情だった。彼はウィーンの宮廷でほとんど影響力を持たなかったが、ずっとそのままかと

不運な一族

フランツ・フェルディナントの皇位継承順位はもともと第3位だった。しかし皇太子ルドルフは、マイヤーリンクにある狩猟用の御所で愛人マリー・ヴェッツェラとともに不名誉な死を遂げる（殺されたのか心中の約束を果たしたのかについては未だ結論が出ていない）。

そこで皇弟カール・ルートヴィヒが、すでに60代となった身で突然、皇位継承者となった。この思いがけない役目に備えるためだろうか、カール・ルートヴィヒはエルサレムへ巡礼の旅に出ることにしたが、ヨルダン川の水を飲み、あっという間に発疹チフスにかかって亡くなった。

2年後、フランツ・フェルディナントの伯母で皇帝の妻であるエリーザベトは、レマン湖の蒸気船に乗り込んだところ、イタリア人の無政府主義者に刺殺される。

さらにその2年後の1900年、フランツ・フェルディナントは一介の伯爵令嬢にすぎないゾフィー・ホテクとの結婚で皇帝を激怒させてしまい、将来生まれてくる子どもの皇位継承権を無効にさせられた。これは、すでに民族主義者の圧力に押されて余命がますます短くなっている王朝にとって、最も賢明な判断とはいえなかったかもしれない。

いえば、それはまったく分からなかった。

オーストリア＝ハンガリーによる1908年のボスニア併合は、いくぶん分裂した反政府運動組織、青年ボスニアに惹かれていたサラエボの一部の若者にとって、こうした状況すべての証拠のように思われた。古くからあるこの運動の新たな信奉者の大半は、小百姓の生活を捨てて都会へ出てきた人々の息子たちだった。彼らの父親は力を合わせて初歩的な教育の機会をやっと獲得したが、冷淡な政府による政治的、経済的支配のもとで真の生活向上を阻まれていた。

青年ボスニアの活動は主に言論活動だったが、青年ボスニアの3人の若者、ダニロ・イリィッチ、ガヴリロ・プリンツィプ、ウラジミール・ガチノビッチは、アピスと呼ばれるセルビ

遺体の安置

妻ゾフィー・ホーエンベルク公爵夫人ともに暗殺され、棺を開けた状態で安置される、オーストリア＝ハンガリー帝国のフランツ・フェルディナント大公。

> 大公の車を見失ったプリンツィプはサンドイッチを買いに行ったが、モリッツ・シラーのデリカテッセンを出ると、何と目の前に大公の車があった。

ア陸軍大佐の怪しげで邪悪な魅力のとりことなった。彼が創始した黒手組は、ボスニアのどの集団よりも無政府主義的、革命的だった。アピスは実際、1903年のセルビア王アレクサンダル暗殺で主要な役割を果たした。アピスにとって、ボスニア人をまとめ上げ、「フランツ・フェルディナントを暗殺すれば、ボスニアの大きな民族主義的蜂起につながり、ひいてはハプスブルク帝国の心臓部に壊滅的な打撃を与えられる」と信じ込ませることは簡単だった。こうして、未来への愚かな希望に基づく無分別な行為により、すべてが吹き飛んだ。暗殺は、悪事というよりもむしろ誤った信念に基づく行動だっ

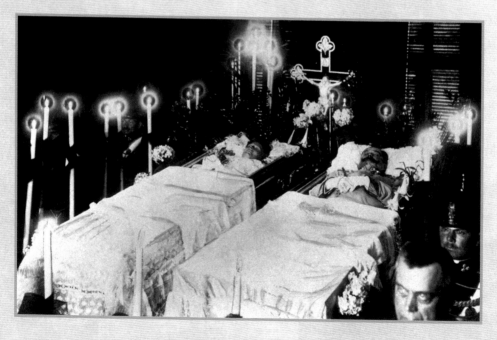

た。プリンツィプが19歳の若さで末期の結核患者だったことも、一つの要因かもしれない。

暗殺

　実際の試みは大失敗に終わった。初期メンバー3人は共謀者を4人集め、アピス大佐から与えられた銃と爆弾で武装して臨んだが、フランツ・フェルディナントと妻ゾフィーの車が市内を進む中、1人目の共謀者は、隣に立っている警官に気づいてひるんだ。2人目は、車に女性が同乗していると知っておじけづいた。3人目は爆弾を投げたが、車に当たって跳ね返り、人ごみの中で爆発して多くの負傷者を出した。大混乱の中、ピストルを持ったプリンツィプは車を見失い、別の共謀者は群集のパニック状態に気おされた。結果的に大公は市庁舎へ到着。演説を行った後、負傷者を見舞いに病院へ向かうことにした。オーストリア人将校も被害に遭っていたのだ。90分も経った頃には、共謀者たちは基本的にもう諦めていた。大公の車を見失ったプリンツィプはサンドイッチを買いに行ったが、モリッツ・シラーのデリカテッセンを出ると、何と目の前に大公の車があった。案内の者がおらず病院への道を間違えた車がスピードを落とした場所が、プリンツィプのすぐ目の前だったのだ。プリンツィプはブローニング銃を取り出して発砲。1発目は大公に当たらず、車の側面に当たって跳ね返り、ゾフィーの腹部に命中した。2発目は大公の頸静脈を撃ち抜き、大公はゾフィーに最期の言葉をかけて息絶えた。プリンツィプは若かったため死刑を免れたが、結核を患っていたので、わずか数年後、テレージエンシュタット（現在のチェコ共和国のテレジン）にあるオーストリア軍の要塞で死亡した（後年、ナチスはこの要塞を悪名高い"模範的"強制収容所として利用した）。

勢力図の変化

　ナポレオン戦争以来、科学技術の進歩は人命を脅かす新たな発明品を数多く生み出した。たとえば、機関銃や鉄道、潜水艦などがそれである。第一次世界大戦が終わる頃には飛行機も登場していた。このため、戦争では以前よりはるかに多くの血が流れるようになり、かつてないほど長引くようになった。

　第一次世界大戦が悲惨さを極めたのは、不運にも力の均衡が働いて、19世紀の間、平和が保たれたせいである。どちら側の同盟も、もう一方を一掃するほど強大ではなかったのだ。片方が圧倒的に強ければ、戦争は簡単にケリがつくだろう。

　結局、最後はアメリカを戦争に巻き込むことで紛争を真の意味でグローバル化し、勢力図を変えることでケリをつけるしかなかった。本質的には一時的なケリにすぎなかったが……。

結果

　この痛ましい事件は、共謀者たちには思いも寄らない恐ろしい結果を招くことになる。フランツ・フェルディナントのことなど気にかけていなかったドイツやオーストリアの主戦論者たちは、この好機に飛びついた。セルビアはアピス大佐の出身国というだけで非難を浴び、履行不可能な条件を突きつけられた挙句に侵攻された。人口の大部分にあたる50万人ものセルビア人が、その後間もない侵攻で命を落とした。オーストリア側の死者数も100万人をゆうに超えた。ハプスブルク帝国の命運はいよいよ尽きたが、プリンツィプが望んでいた形ではなかった。彼が目指したボスニア独立は、まだ多くの年月と血なまぐさい戦争の先にあったのだ。

104　失敗だらけの人類史――英雄たちの残念な決断

ウィンストン・チャーチルとガリポリでの完敗

1915年2月〜11月

人物：ウィンストン・チャーチル（1874〜1965）

結果：連合軍・同盟軍あわせて少なくとも40万人の死傷者を出した。編成されたばかりのANZAC（オーストラリア・ニュージーランド軍団）は3分の1以上を失った。

失敗：強い虚栄心から、難攻不落の半島に不毛な攻撃を仕掛けた。

　前項で見たものは戦争の序曲におけるオスマン帝国の周辺的状況だったが、第一次世界大戦において、この帝国は戦いの舞台の一つとなった。全長60キロの細長いダーダネルス海峡はエーゲ海からマルマラ海への通行の要衝で、マルマラ海からはコンスタンティノープルで黒海につながっていた。オスマン帝国支配下のガリポリは、高くそびえる山々に狭い砂浜という地形で、防衛が容易な山岳地域である。

　まだ海軍大臣だった若きウィンストン・チャーチル（この名前は本書の後半にも登場する）は何とかこの争いに加わりたくてうずうずしていたが、これは陸上戦だった。いずれ大きな海戦が1つ行われる。1916年のユトランド沖海戦だ。ドイツによる潜水艦の先駆的利用が、のちにこの戦争の方向全体に新たな光を投じることとなるのだが、それはさておき最初の数年間は、好戦的な海軍大臣が夢中になれるような材料はあまりなかった。

海峡の砲撃

　オスマン帝国がまだ正式に参戦してさえいなかった1914年10月、チャーチルはダーダネルス海峡への砲撃命令を出した。この行動をうけてオスマンは、この航路に機雷を敷設すること、そして自らの防衛陣地を築くことの重要性に気づく。

　チャーチルは作戦会議で攻撃を直接要請したが、危険すぎるとして却下された。しかしロシアが、オスマン軍の侵攻に対抗して結んだ同盟の条件に基づいて連合国に救援を求めてきたので、作戦会議は、支援を限定したうえでチャーチルの好きなようにさせることにした。ロシアは弱いオスマン軍をすぐに打ち破る。アレンビー率いるイギリス陸軍はオスマン帝国内の戦

> ドイツによる潜水艦の先駆的利用が、のちにこの戦争の方向全体に新たな光を投じることとなる。それはさておき最初の数年間は、好戦的な海軍大臣が夢中になれるような材料はあまりなかった。

ANZACの日の夜明け
ハーバート・ヒリアーの水彩画。ANZACが上陸する日の明け方、ガリポリ半島沖のエーゲ海に浮かぶイギリス戦艦クイーン・エリザベス（左）を描いている。

略的要所（スエズ、エルサレム、イランの油井）を求めて戦い、勝利した。

　バルカン諸国とイタリアを口説いてオーストリアを攻撃させる望みはわずかにあったが、果たしてダーダネルス海峡の突破に戦略的価値があったのかどうかについては、今もって明らかではない。チャーチルを駆り立てたものは自尊心と虚栄心にすぎなかった。東地中海地域を任されたカーデン中将でさえ、チャーチルの考えを無謀だと非難した。

誇りの源泉

　人員も物資も少なかった。艦隊の大部分は北海にとどまる必要があったし、西部戦線での大殺戮で軍事物資はきわめて限られていた。フランスにいる必要がなかったのは、イギリス軍の第29師団のみ。チャーチルが派遣した王室海軍師団は不正規兵と海兵隊員の寄せ集めにすぎず、ほとんど戦力にならなかった。オーストラリア人兵士とニュージーランド人兵士は、ギリシアに到着したばかりでほとんど訓練を受けないまま駆り出された。彼らは勝つことを必ずしも期待されていなかった。海軍の砲撃が成功したときに送り込まれる予定の基地守備隊だったのだ。

　しかし砲撃は成功しなかった。1915年2月19日から3月18日までの間に、砲撃の任務を帯びた16隻のうちの6隻がオスマン軍の仕掛けた機雷で爆破される。沿岸防衛をわずかに破ったことを除けば、実質的には何の進展もなかった。カーデンは解任され、攻撃はガリポリの海岸で陸軍が行うことに決まった。

　その次に起こったことは今も歴史に刻まれている。大将が部下を犠牲にすることにその後の数年間で慣れっこになってしまうイギリス人に

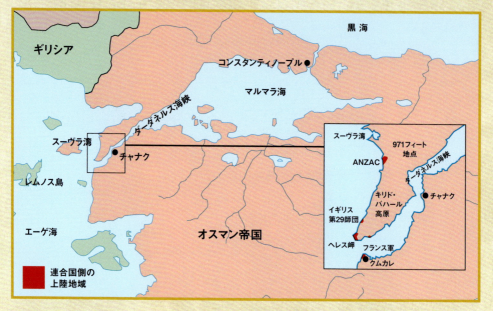

ガリポリ半島での戦闘

1915年のガリポリ攻撃は2月と3月、戦艦16隻からなる小艦隊でのダーダネルス海峡の強行突破作戦で始まった。しかし大損害をこうむり、実質的には何の進展もなかった。このため、ロシア軍への補給路を黒海経由で切り開く任務は陸上部隊に任されることとなる。

ヘレス岬、アンザック入江、クムカレへの1915年4月25日の攻撃はオスマン軍の抵抗に遭い、進撃はほぼ叶わなかった。膠着状態に陥り、死傷者数は両軍あわせて約20万人に達した。連合国側の撤退はその年の冬のことだった。

とっては、大したことではない。しかし、ニュージーランド人やオーストラリア人にとっては違う。独立まもないこれらの国が、ガリポリ上陸後に初めて戦闘を経験した1915年4月25日は、今では"ANZACの日"という記念日になっている。トルコ人にとっては、熾烈をきわめたガリポリ防衛は、1920年代にケマル・アタテュルクのもとで誕生した新たな非宗教国トルコ共和国の始まりであり、オスマン帝国の支配が衰えて弱体化したのとはまったく対照的な、誇りの源泉となった。3つの国が、難攻不落の地への絶望的な攻撃に命を捧げた数千人もの兵士たちから伝説を作ることになるのだ。チャーチルも、第二次世界大戦では司令官として名を上げた。

判断ミス

オーストラリア人兵士の半数が見当違いの海岸に上陸するという判断ミスと膨大な死者数が、すべてを物語っている。ニュージーランドは初日に5分の1の兵士を失った。どの攻撃も勇敢だったが、大きな前進は遂げられなかった。多くの軍は上陸さえ叶わなかったのだ。

しかし撤退の提案は却下される。厳重な防備を敷くため数千人の兵士に中間地帯を越えさせるという筋書（すぐにソンムでも繰り返されることになる）は、多くの死者を出したうえに何の進展ももたらさなかった。

11月までには、死傷者数はイギリス政府の目に留まるほど膨れ上がっていた。兵士の増派要請が出されたが、陸軍大臣のキッチナー卿自身

が1915年11月にガリポリを訪れ、増派のかわりに撤退の命を下した。

　死傷者数は膨大だった。イギリス軍は12万人、フランス軍は2万7000人。それに比べればANZACの合計は少なかったが、ニュージーランド軍は25パーセント、オーストラリア軍はそれ以上だった。オスマン軍ではおそらく25万人にのぼった。

　チャーチルは大敗北の責任を負わされ、戦時内閣のポストを追われて政府から締め出された。実際、中佐としてフランスの塹壕にも行くが、1917年には軍需大臣として返り咲く。第二次世界大戦の初日、海軍本部のポストに再任命されたときには、「ウィンストン復帰」の信号が全船に送信された。そしてもちろん、彼はここから栄光に向かって歩み始める。

反省の色もなく

　ガリポリの件でチャーチルが自責の念にかられている様子は一切なかった。実際、彼の東地中海戦略は明らかに代わり映えしなかった。1944年のアンチオ上陸の前夜、担当指揮官ジョン・ルーカス少将は日記にこう書き残している。「今回の件にはガリポリの臭いがぷんぷんする。どうやらあの素人がまだ船長室に居座っているらしい」。

　チャーチルを擁護する人々は、ロンドンの戦争省からの支援不足や現場指揮官のお粗末さを

1944年のアンチオ上陸の前夜、担当指揮官ジョン・ルーカス少将は日記にこう書き残している。「今回の件にはガリポリの臭いがぷんぷんする。どうやらあの素人がまだ船長室に居座っているらしい」

死者を悼む歌

そしてバンドが「ウォルツィング・マチルダ」を演奏した
船が波止場を出るときに
皆が涙を流し、旗を打ち振り、歓声を上げる中
俺たちはガリポリに向けて出航した
あのひどい日のことは忘れられない
俺たちの血が砂と海水を赤く染めたことを
スーヴラ湾という名の、あの地獄で
ヒツジが畜殺されるように俺たちが虐殺されたことを
ジョニー・ターク（オスマン兵）が待ち構えていた
奴は準備万端だった
俺たちに銃弾を浴びせかけ、薬きょうの雨を降らせた
そしてきっかり5分後、俺たち皆を地獄へ吹き飛ばした

──エリック・ボーグル「ザ・バンド・プレイド・ウォルツィング・マチルダ」、1971年

指摘する。しかし、チャーチルは戦時内閣の一員であり、将校の任命責任者でもあったので、いくら好意的にみてもこのような主張は根拠が弱い。

　チャーチルはイギリス領から集めた兵士を"砲弾の餌食"（使い捨て要員）程度にしか考えていなかったので、第二次世界大戦中はオーストラリアとニュージーランドにイギリスから目をそらさせ、マッカーサーとアメリカの勢力範囲の守りに向かわせた。オーストラリアとニュージーランドでは、ガリポリは決して忘れられたことがない。

英国司令官ヘイグ、
ソンム川で作戦を変更せず

1916年7月1日〜11月9日

人物：英国陸軍元帥ダグラス・ヘイグ（1861〜1928）

結果：死者100万人以上、そのうち配下の軍勢は42万人

失敗：中間地帯を越える玉砕攻撃を何カ月も続けさせた

本書には数々の愚行と、それを犯した主が登場するが、その中でも、第一次世界大戦でイギリス海外派遣軍の司令官を務めたサー・ダグラス・ヘイグ大将の上をいく者はそうそういないだろう。

第一次世界大戦は、1916年半ばまでには事実上の膠着状態となっていた。1914年の最初の数カ月で、ドイツはすばやく進軍しベルギーとフランス北部を攻め落とした。それ以降、イギリス軍とフランス軍はドイツ軍を追い払おうとし、1915年には何度も攻撃を仕掛けたが、成果はほとんど得られなかった（そのかわり失うものもほとんどなかった）。

しかし、ドイツ軍は1916年2月にベルダンへの攻撃を成功させ、かろうじてフランス軍に痛手を負わせた。ただしこれも、何カ月も長引く消耗戦となった。フランス軍の司令官ジョフル元帥はソンム川への攻撃を計画したが、ベルダンに手をとられていたため、やむを得ず作戦の指揮権をヘイグに譲った。

ソンム川でヘイグが最初の頃にとった戦略は、ただのミスだったといえるかもしれない。しかし、大量殺戮の続行という決断は愚行の極み以外の何ものでもない。

ヘイグが殺意に満ちた変質者でないとしたら、彼を戦略の続行に駆り立てたものは虚栄心

> かの大隊を探しているなら
> 兵士たちの居場所を知っているから、教えてあげよう
> かの大隊を探しているなら
> 兵士たちの居場所を教えてあげよう
> 彼らはあの古い有刺鉄線にしがみついたままだ
> 私は見た、この目で見たのだ
> あの古い有刺鉄線にしがみついている姿を
>
> ——「オーバー・ザ・トップ」、氏名不詳の兵士の歌

陸軍元帥ヘイグ

イギリス海外派遣軍の司令官。ほぼ確実に死ぬと分かっている状況へ、部下たちを送り続けた。

た。彼の計画は、8日間連続の砲撃でドイツの前方防衛を弱らせておいてから全面攻撃を仕掛けるというものだった。しかし、ほとんど何も計画どおりには進まなかった。防備を強力に固めた高台に陣を敷くドイツ軍はイギリス軍よりも有利な立場にあったばかりか、イギリス軍の砲撃は有刺鉄線とコンクリートの防衛陣地に対してほとんど効果がなかった。

突撃初日の7月1日午前7時30分、ヘイグは配下の兵士たちにドイツ陣地への進軍を命じる。その日の終わりまでに、イギリス軍側の死傷者数は約5万8000に達した。1日の死傷者数としてはイギリス陸軍史上、最悪だった。ところが、信じがたいことに彼は次の日も、またその次の日も同じことを繰り返す。

7月13日、イギリス軍は敵陣へわずかに食い込んだが、ドイツの援軍にたちまち押し戻された。7月27日にはポジエール村が占領される。9月までにはフランスの戦車部隊(多くがベルダンでの任務から解放されていた)も攻撃に加われるようになったが、それでも進展はほとんどなかった。

冬が近づいても、天候が許せば連日ヘイグは攻撃命令を出し続けたが、12月にようやく断念する。彼が指揮した作戦で、配下の軍勢から42万人が、ドイツ軍ではおそらく62万人、フランス軍では約20万人が命を落とした。ソンムの戦闘の絶頂期には12キロの領土を獲得したが、最

だったかもしれない。また、好意的に見れば、何とか勝利を収めたいという願いだったのだろう。もっとも、そうはならないという証拠を繰り返し突きつけられていたのだが。

そして、どうやら彼には確信があったようだ——部下たちをほぼ確実に死ぬと分かっている状況へ自ら来る日も来る日も送り込んでいながら、彼らがフランス北部の塹壕よりもましな場所へ何とかしてたどり着くだろうと。

イギリス陸軍史上、最悪の死傷者数

ヘイグは27個師団75万人の兵士を指揮してい

後にはそれをすべて取り返されてしまった。6カ月で100万人を超える死傷者を出しながら、得たものはまったく何もなかったのだ。

計画

　一部の人々が言うような、あの狂気の沙汰を止める方法は果たしてあったのだろうか。すべてが始まる前の5月、ヘイグが自身の戦闘命令を説明したものがここにある。

「第1、2、3軍は、攻撃の前線について敵を欺く措置を講じる……これを次の方法で実施する。

（a）前準備。塹壕や坑道を掘り進める、ダミーの集兵壕を作る、砲床を据え付けるなど。

（b）鉄条網を切断。前線全体にわたって間隔をおいて行う。敵に防衛の人員を配置させて疲れさせるため。

（c）ガスを放出。可能であれば、イギリス軍の前線全体に沿って、選んだ各場所で行う。続いて煙を放出。敵に防毒マスクを着けさせて疲れさせ、損耗人員を出させるため。

（d）重要な兵站線を弾幕射撃。増援、救援、補給を困難にするため。

（e）舎営用宿舎を夜間爆撃。

（f）日中、煙を断続的に放出。続いて敵の前線の砦に榴散弾を発射。敵に損害を与えるため。

榴弾砲
1916年8月、ソンムの戦いで榴弾砲を発射する、王立砲兵連隊（RGA）第39包囲砲兵中隊の兵士たち。

過信

イギリス軍はソンムの戦いの最初の2〜3日で、壊滅的な損失をこうむった。それにもかかわらず、パリのイギリス陸軍司令部は7月3日、ソンムについて次の声明を発表した。

「攻撃初日については非常に満足している。この成功は意外ではない。過去にも同様の作戦でうまくいったことがある。しかし今回はとりわけ重要な意味がある。それは今後に大いに希望が持てるからだ。もはや刃物のように荒っぽく敵陣を貫けばよいというものではない。むしろ命を無駄にせず、ゆっくりと継続的に順序だてて押し進み、絶え間なく叩くうちに敵の抵抗がどこかの時点で突然崩れるその日を待つのだ。この新戦術の最初の結果を得て、今日からは自信をもって今後の進展を待つことができる」

これを過信と言わずして何と言えばよいのだろうか。

塹壕の胸壁を越えて突撃
ソンムの戦闘中、イギリス軍兵士は中間地帯を越えてドイツ軍の塹壕を攻め落とそうと何度も試みたが、たいした成果は得られなかった。

(g) 大規模な夜間急襲。中隊以上の兵力に対して行い、敵の前線防衛システムに食い込む。大砲と迫撃砲による集中爆撃とする」

記者フィリップ・ギブスは、イギリス陸軍公認の従軍記者5人の一人に選ばれ、1916年7月、ソンム川での大規模攻撃の準備を取材した。

「夜明け前、辺りは静まり返っていた。互いに話すときは声をひそめた。突然、わが軍の大砲が火を吹き始め、とてつもなく激しい連続砲火となった。後にも先にも、第二次世界大戦中でさえ、これほど多くの大砲が一つの戦線に集められたことはなかっただろう。砲撃が雷鳴のようにとどろいていた。大地から

ソンムの戦闘の絶頂期には12キロの領土を獲得したが、最後にはそれをすべて取り返されてしまった。6カ月で100万人を超える死傷者を出しながら、戦果は何もなかった。

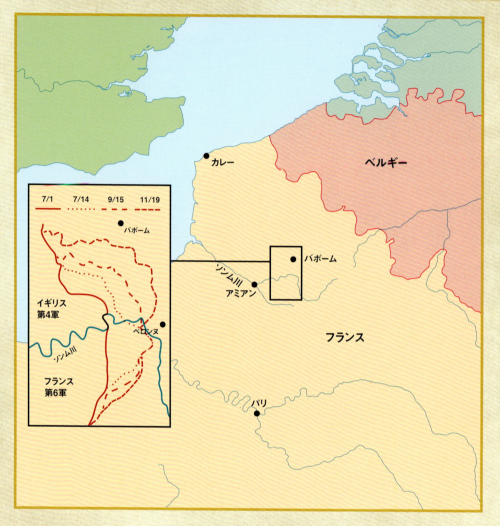

ソンムの戦いの経過

1916年7月1日に始まったソンムの戦いは連合軍がドイツ戦線を突破しようと起こしたものだったが、前進は最小限にとどまった。予見していた前線突破はならず、陣地をドイツ側へわずかに膨らませたにすぎなかった。前線が定まった1916年11月19日頃には、最大12キロ前進するだけのために、合計100万人をはるかに超える命が失われていた。

は激しい炎が吹き出し、空は炸裂弾で燃えていた。あの途方もない砲撃の嵐の下ではアリ一匹たりとも生きられないだろうと思われたが、ドイツ軍兵士は深い待避壕に身を潜めて持ちこたえた。波のように押し寄せたわが軍の兵士は、容赦ない機関銃と迫撃砲の餌食になった。わが軍は、初日は何の成果も上げることができなかった。わが軍の砲撃がやむと、ドイツ軍の機関銃手が飛び出してきて、わが軍の兵士たちを地面の草のように手当た

り次第になぎ倒した。精鋭の大隊の多くがほぼ全滅し、わが軍は恐ろしい数の死傷者を出した」

無益な戦い

ソンムの戦いの無益さを述べた見解の中でおそらく最も印象的なものの一つを、ドイツの陸軍大将フォン・シュタインネッカーが書いた公式報告書に見ることができる。

「ソンムの大戦は決着がつかないまま幕引きされた。結果的には陣地がドイツ側へ"膨らんだ"にすぎなかった。これが、いわば100万人の約4分の3もの犠牲をはらって達成した成果である。防衛側の死傷者数は100万人の半分を大きく下回った。公式報告書によれば、全負傷者の約76パーセントが比較的短期間のうちに戦闘可能状態にまで快復し前線に復帰できたとのことであり、この事実を考えれば、損失の少なさは、なおさら注目に値する。両軍の相対的な戦力の均衡により、ドイツ軍司令部は防衛の成功を生かせなかった。かくして、この戦場では決着に至らなかった」

ヘイグはソンムの戦いから教訓を学ばなかったかもしれないが、ドイツ軍の司令官は学んだようだった。16カ月後、ドイツ軍は連合軍の陣地に対して猛烈な砲撃を開始し、1分あたり3000発以上の砲弾を浴びせた。

ヘイグの叙爵

戦争終結後、ダグラス・ヘイグは自身の行いについてただちに非難を浴びることはなかった。それどころかイギリス軍最高司令官の地位を与えられ、1921年に引退するまで務めあげた。

引退してからのヘイグの経歴には、自らの戦歴に対する償いの意図があったといえるかもしれない。彼は英国在郷軍人会連盟を通じて退役軍人の福祉に余生を捧げた。1919年にヘイグ伯爵に叙せられ、さらに1921年にはベマーサイドのヘイグ男爵となった。

ダグラス・ヘイグは1928年にこの世を去るが、その後も、そして現在に至るまで彼にまつわる議論は絶えない。配下の兵士たちを悲劇的な死に追いやったとして激しく非難する人が数多くいる一方、指揮官としての資質を認めて擁護の立場をとる人々もいる。

このとてつもない弾幕射撃に続いて、突撃隊員が軽装備ながら火炎放射器や機関銃などの破壊的兵器で襲いかかり、連合軍を完全に打ち負かした。1918年の春季攻勢である。

2万1000人以上のイギリス軍兵士が、攻撃初日に捕虜となる。彼らの司令官にはもう、あまりにも多くの命を犠牲にしたこの事態を収拾するすべはなかった。

> ヘイグはソンムの戦いから教訓を学ばなかったかもしれないが、ドイツ軍の司令官は学んだようだった。16カ月後、ドイツ軍は連合軍の陣地に対して猛烈な砲撃を開始し、1分あたり3000発以上の砲弾を浴びせた。……続いて、突撃隊員が……連合軍を完全に打ち負かした。

フランス軍、マジノ要塞線を過信する

1929～1940年

人物：アンドレ・マジノ（1877～1932）

結果：数百万フランもかけて、間違った場所に間違った種類の要塞を建設

失敗：次の戦争の新技術に備えず、古いタイプの戦争の準備をした

　哲学者ジョージ・サンタヤーナはいみじくもこう書いている。「過去を学ばない者は、必ずや同じ過ちを繰り返す」と。マジノ線ほど、この名言がふさわしい例はあまりない。

　マジノ線とは、第一次世界大戦後にフランスがドイツ軍の再侵攻から自国を守るために建設した要塞線である。普仏戦争での激しい戦闘の結果、フランスはアルザス＝ロレーヌ地方を失ったが、第一次世界大戦後に取り戻した。そんな経緯から、フランスはこのような侵入を二度と起こさせまいとして、この要塞を築いたのである。

　第一次世界大戦の緒戦で、ドイツ軍はベルギーを通ってフランスへ電光石火の早業で攻め入った。基本的にはフランス北部をぐるりと回って脇から入ったのだ。しかし、なぜかフランス軍は、ベルギーとの国境の防備を強化せず、直行ルートの防衛に集中することにした。

　だから1940年にドイツ軍が再び同じ計画をとったことは、当然ともいえる。マジノ線を真正面から突破しようとはせず、単にベルギー経由で迂回したのだ。ただしこのときは戦車で。これほど高くついた複雑な防衛システムが、これほどあっさりと無用の長物に成り下がった例は珍しい。

　ドイツ軍は電撃戦で数日後にはパリに入った。マジノ線のこちら側でどのような判断が下されていたのかは知るよしもない。歴史は繰り返さないと高をくくっていたのだろう。第一次世界大戦の勃発時、アンドレ・マジノは陸軍次官だったが、塹壕で名誉ある戦いをしようと辞任した。戦後、フランス政府を掌握していたのは、戦争は勝って終わったのだと公言する将軍たちだった。まずジョフル元帥が新たな防衛計画を提案したが、反戦論者からも、予算を航空機や重戦車に充てたいド・ゴール将軍のような人々からも反対の声があがった。両者とも、第

> 固定の要塞は人間の愚かさの記念碑だ。
> ──ジョージ・S・パットン、陸軍大将

フランス軍、マジノ要塞線を過信する　115

アンドレ・マジノ
マジノ線の考案者。ドイツ軍の技術的進歩に考えが及ばなかった。

一次世界大戦の終わり頃から活動を始めていたのだ。

フランス人の誇り

"すべての戦争を終わらせるための戦争"といわれていたものが実はそうではなく、ドイツ軍の脅威はまだ残っているのだ、と強く主張していた司令官ペタンは、マジノを口説いて1928年に戦争省へ戦争大臣として復帰させることで、自らの主張を快く支持してくれる人物を確保した。融和策を唱える人々は、占領下にあるラインラントからのフランス軍の早期撤兵に同意しており、それがマジノ線の計画に弾みをつけた。実際、マジノによる資金集めは見事に成功する。右派にはこの計画が軍のためになると確信させ、左派にはこれが雇用を生むと納得させた。この要塞は特に防衛を目的とするものだっ

たので、反戦論者も同意することにやぶさかではなかった。

　南はスイスとの国境から北はアルデンヌの森に至る線に沿って一連の要塞を建設するため、30億フランが割り当てられた。巨大な要塞を15キロ間隔で108基並べ、トンネルでつなぐもので、距離にして全長100キロを超える。数百基もの砲床を点々と設置し、そのすべてに数千人もの兵士を配置する。これをわずか数年で素早く効果的に建設した偉業に、フランス人は大いなる誇りを抱いた。実際、"マジノ線"は堅固なものを意味する言葉となったが、それは少なくとも第二次世界大戦の勃発前までだった。マジノの名前はその後、物事の一つの面にのみとらわれた近視眼的思考と結びつけられるようになる。

誤った安心感

　自国の防衛が整っているという確信は、フランスの外交政策に大きな影響を及ぼした。ヒトラーの再軍備に対しては、もっと明確で攻撃的な姿勢をとったほうが効果的だったかもしれない。実際、ヒトラーがフランスに侵攻したとき、ドイツ軍はあえて直接マジノ線を攻撃しようとはしなかった。要塞50基のうち力づくで攻め落とされたのは1基だけだ。もっとも、その頃にはすでにドイツ軍は要塞のこちら側にいた。

　マジノ線は誤った安心感をフランス軍に与えておきながら、北方方向には長さが足りなかった。また、マジノ線の基となる考え方は、塹壕内の兵士が要塞線を攻撃するという第一次世界

> ヒトラーがフランスに侵攻したとき、ドイツ軍はあえて直接マジノ線を攻撃しようとはしなかった。

大戦時代の戦い方だったが、第二次世界大戦の戦い方はもっと機動性の高い兵力によるものだった。

ドイツ軍は、単純にマジノ線を迂回して北海沿岸低地帯を通り北へ進んだ。マジノ線の端にあるアルデンヌの森は通り抜け不可能だと、フランス軍は高をくくっていた。相手が従来の歩兵ならそれでよかったのだろうが、機甲師団はこの森をフランスへまっしぐらに通り抜けた。マジノという名前は、新しいタイプの戦争ではなく古いタイプの戦争を計画する将軍たちの、作戦傾向の同義語となった。

マジノ線を越えて

「家々で眠りについていた人々は突然、わが軍の戦車がたてる大きな音で飛び起きた……民間人とフランス軍は恐怖に顔をひきつらせ、用水路の中で縮こまって身を伏せた……わが軍は目標に向かって一定の速さで進んだ……そしてマジノ線を越えたのだ!

ほとんど信じがたい出来事だった。22年前、我々は今と同じ敵の前に4年半もの長きにわたって立ち、勝利に次ぐ勝利を上げたが、最終的には敗戦した。そして今、わが軍はかの有名なマジノ線を突破し、敵の領土深く突進していた。これはただの美しい夢などではない、現実だった」

──エルヴィン・ロンメルが、この攻撃後に書いた日記より。彼は間もなく大将に昇進する。

ベルギーとの同盟関係を信用していたことにも問題があった。当初は揺るぎないと思われた同盟関係だったが、1936年にベルギーは中立を宣言した。前の戦争で多くの兵士を失ったベルギー軍がドイツ軍の再軍備に対してとった反応は、とにかく身を潜めて、どの国からも存在を忘れられるようにと願うことだったのだ。

もちろんこれはうまくいかなかった。確かにマジノ線は、国境線をカバーすべく大急ぎで(あまり効果的ではなかったが)少し延長されたが、アルデンヌの部分は無防備なままだった。ドイツ軍はマジノ線の強みと弱みを百も承知していた。フランスとの国境に配備した兵力は単なる見せかけだった。そして1940年5月10日、電撃戦が始まった。

マンシュタイン計画

その立案者エーリッヒ・フォン・マンシュタイン中将の名で知られるマンシュタイン計画は、1940年2月にヒトラーから承認を受けた。この計画の中心をなすのは、戦車を侵攻の主体として用いる「機甲戦」という考えだ。

奇しくもこの考えは、もともとイギリス人ジョン・フラー大佐のものだった。大佐は1920年代に出版した戦争に関する2冊の本の中でこの考えを述べたが、イギリス軍はこの戦略の開発にまったく関心を示さなかったのだ。しかしドイツ軍はこれに確実に注目した。そして、マジノ線を避けて英仏海峡に到達するため、機甲戦車師団の能力に基づいてマンシュタイン計画が作成された。

エルヴィン・ヨハネス・ロンメルは当時まだ中佐で若かったが、1937年には自らが研究している歩兵戦についての著書を出版するほどだった。彼は攻撃を指揮して森の中を進んだ。不運なフランス軍に対して少し公平を期するために

フランス軍、マジノ要塞線を過信する 117

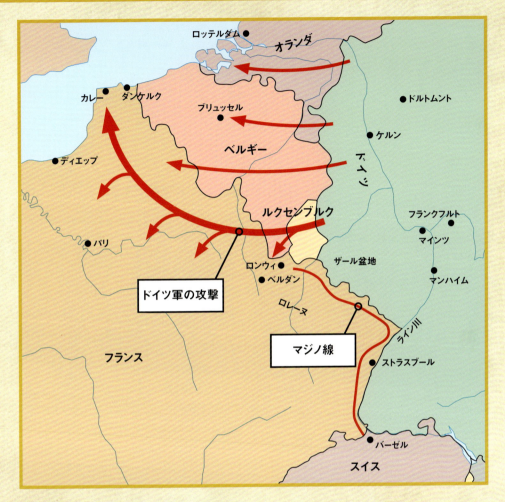

ドイツ軍による1940年5月のフランス侵攻

ドイツ軍の北海沿岸低地帯侵攻は1940年5月10日に始まった。作戦行動は基本的に2つ。第一に、連合軍のフランス駐留部隊とはるか北方の戦闘部隊との間にくさびを打ち込み、北方の軍隊を5月下旬から6月初旬にダンケルクから撤退させた。第二に、6月5日から南へ攻勢をかけ、マジノ線を迂回して進んだ。この電撃戦の迅速な行動が、6月14日のパリ陥落と6月25日のフランス全面降伏をもたらした。

言えば、この急襲のスピードと鮮やかさはまさに前代未聞だった。5日経つか経たないかのうちにフランスの防衛は完全に危機的な状況に陥り、マジノ線のアルパイン部分がイタリア軍に押さえられている間、ドイツ軍はフランス北部全体を制圧した。6月25日、フランスはマジノ線からわずか一発を発射しただけで降伏する。

マジノ自身はすでに1932年に死去していた。自身の傑作がのちに物笑いの種になるとは知らずにこの世を去ったことは、彼にとって幸運だった。あきれたことにフランス軍は戦後、マジノ線に再び人員を配置している。独自の核抑止力を構築してようやくマジノ線を放棄したのは、1969年のことだった。

チャーチルの描いた国境線、今日まで中東紛争の火種に

1921年3月12日～現在

人物：ウィンストン・チャーチル（1874～1965）

結果：互いにまったく異質な共同体を寄せ集めて人工国家が作られ、その悲惨な結果は今日に至るまで続いている。

失敗：独立する植民地の運命に対する無知と無関心

オスマン帝国は、第一次世界大戦開戦後まもなく、ドイツおよびオーストリアと同盟を結び、参戦したせいで、戦後ほぼ完全に解体される羽目になった。ダーダネルス海峡での勝利で多少の力を与えられた勢力は、連合国側の国々に対する独立戦争を経て、非宗教国であるトルコ共和国を樹立した。

帝国のその他の地域は未統治だったが、完全な無秩序状態には陥らなかった。帝国の構造は複雑だったので、各州がある程度自治状態にあり、自力で機能できたのだ。イギリス軍は中東での戦争に巧みに勝利していたが、そのためにはインドから多くの兵力を動員し、これにT・E・ロレンスなどの冒険家（とでも言っておこうか）集団も加わっていた。イギリスは、ヨーロッパでの軍事行動に人員と資金を費やして疲弊していた。そのため、中東へ力任せに進軍して所有権を主張するだけの、人員や資金も、意欲も十分には持ち合わせていなかった。そこで、パレスチナに主権国家を建設したいというユダヤ人の要求を1917年のバルフォア宣言で暗に支持した。しかしこのことが多くのアラブ人の憤激を買い、イギリス植民省の親アラブ派も激怒させてしまう。アフリカに植民地を持つ他国の脅威が北へ拡大するのを食い止めはしたが、バルカン諸国で爆発しオスマン帝国の終焉のきっかけとなった新しいナショナリズムが、新たに解放されたオスマン各州にも急速に広がった。イギリスによる統治の試みに対する激しい騒乱が起こるようになり、本国の大衆はこれをよく思わなかった。ロンドンの『タイムズ』紙は、「アラブ人から求められたわけでも望まれたわけでもないのに、勝手に手間も金もかけて統治を押しつけようとする、この無益な努力のために、かけがえのない命をあとどれだけ犠牲にしようというのか」と疑問を呈した。

イギリスは、この地域に存在するとうわさされる石油資源が次の世紀で世界支配の鍵となることに気づいていたなら、もう少しこの地域に

> イギリス軍は中東での戦争に巧みに勝利していたが、そのためにはインドから多くの兵力を動員し、これにT・E・ロレンスなどの冒険家（とでも言っておこうか）集団も加わっていた。

関心を寄せていたかもしれない。中東のことを本当に気にかけていたのは、ひょっとするとサー・マーク・サイクスだけだったのかもしれない。中東の未来を決める主要閣僚委員会のメンバーにサイクスが任命されたのは1915年のことで、デビッド・ロイド・ジョージ首相の後押しを受け、イギリスの中東支配を確立するために休まず働いていた。シャイフ（アラブの族長や村長）などの現地指導者たちが抱く野心の調和を図り、彼らが確実にイギリス側についてくれるよう取り計らっていたのだ。しかしサイクスは1919年に突然この世を去る。ロイド・ジョージは後任を見つけられず、政治的圧力に追い詰められた末、ある男に頼ることにした。1921年に植民地相となる、ウィンストン・チャーチルだ。

ウィンストン・チャーチル
イラクへのチャーチルの関与が、のちに発生する多くのイラク問題の素地を作ったともいえる。

チャーチルの方針

チャーチルは、それまでの方針をまったく考慮しなかった。彼が望んでいたのは、軍隊を解体し、アラブの抵抗を鎮圧し、地図を塗り替えることだった。エジプトは引き続きイギリスの保護下に置かれるべきだった。スエズ運河とインド航路の掌握は極めて重要だったからだ。シリア・レバノン地域は、フランスが統治国としての影響力を手放そうとしなかったために複雑な状況に陥っていた。しかし、アラビア半島のその他の地域は片をつける必要があった。しかも、特に価値がないと思っていたので、できるだけ手っ取り早く済ませてしまいたかった。

イギリス軍は1917年、本腰を入れないままバグダッド占領に成功したが、去る1916年には、バグダッドの南のクートで大敗を喫していた。半ば水浸しの墓地には約4万人ものイギリス軍兵士がまだ眠っている。1917年にイギリスの保護権が定められたが、今のイラクとなる地域への影響力は希薄だった。この地域全土がイギリスの支配に対して強い抵抗を示した。その理由の一つは、イギリスがオスマン帝国よりもずっと巧妙に税を徴収すると分かったことだった。

オスマン帝国は、互いに相容れないスンニ派とシーア派の住民を分けたままにしようと、この地域をモスル、バグダッド、バスラを中心とする3つの州に分割していた。バグダッドには、ユダヤ人や、キリスト教徒のアッシリア人もかなり多く住んでおり、これにはクルド族は含まれない。クルド族の州はトルコに最も近かったが、彼らはイギリスの支配権に対し、オスマンに対してよりもさらに激しく抵抗していた。

1920年までにはこれらすべてが収拾不能となり、この地域全体に及ぶ全面的な反乱に発展した。恐ろしいことに、チャーチルには、誰と協力して何をすべきなのか考えようという気が一

> ガスを使うことになぜこれほど神経質になるのか理解できない。
> 私は、野蛮な部族への毒ガス使用を強く支持する。
>
> ——ウィンストン・チャーチル

切なかった。上の引用文のとおり、彼は持論を露骨に表明する。実際、公式には何度も否定されているが、化学兵器を初めてクルド族に使用したのがサダム・フセインでは決してない、ということにはほぼ疑いの余地がないようだ。反乱鎮圧のため、数人の若い大将の指揮のもと、この地域全体で毒ガスが頻繁に使用された。死傷したイギリス軍兵士は2000人。第一次世界大戦と比べるとごくわずかだった。ほぼ同じ頃、アフガニスタンでの反乱鎮圧にもガスが使われた。実際、最近の文書で明らかになったことだが、チャーチルは1940年になってからも、ドイツでの使用を見越して化学兵器を大量に購入し備蓄していたことが分かっている。「この件で倫理を持ち出すなど馬鹿げている。そもそも前の戦争では誰もが使っていたのに、倫理学者たちも教会も一切文句を言わなかったではないか」と彼は主張した。

反乱が鎮まった後は、今後のことが課題として残った。基本的には、現地の政治的リーダーに対し、イギリスを支持してくれる見返りにアラビア半島すべてを引き渡す決定がなされた。少なくともイギリスにとっては、市民がそのリーダーを喜んで受け入れるかどうかなど、別にどうでもよかったのだ。サイクスが心を砕いた計画はこうして水泡に帰した。チャーチルは1921年3月、カイロで10日間にわたる会議を開催し、新たな国境を案出した。

現在の中東の地図

この地図に示すバスラ、バグダッド、モスルは、オスマン帝国ではそれぞれ3つの州の中心地だったが、まとめてイラクに組み込まれた。

大きな失策

　現地の政治的リーダーだったイブン・サウードにアラビアの中心地が事実上与えられ、サウード家の支配（サウジアラビア）が復活した。オスマン帝国時代には別々の州だったモスル、バグダッド、バスラは、イラクという新しい国にまとめて放り込まれた。皮肉にも、イラクという言葉には"深く根づいた国"という意味がある。現場のオブザーバーたちは震え上がった。あるアメリカ人宣教師は、「4000年の歴史を無視する行動だ」と指摘。在バグダッドのイギリス行政長官アーノルド・ウィルソン大尉は、大きな不幸を招くと警告した。シーア派とスンニ派との間に長く続く対立が"民主政治とは正反対のもの"につながると懸念してのことだった。しかし、そもそも民主政治にまったく関心のないチャーチルにとっては、どうでもよいことだった。クルド族は自治の約束に惹かれて新しい王国に入ったが、先にも後にも似たような例があるとおり、この約束は早々に破られた。

　メッカ出身のハシミテ兄弟、ファイサルとアブドゥッラーは、それぞれイラクとトランスヨルダンの国王として擁立された。ファイサルは当初シリアに充てられるはずだったが、フランスが反対して彼を締め出し、かわりにイラクをあてがったのだ。2つの新しい国に国境を作ってやろうと、この会議は本来サウジアラビアとなるべき大きな領域（ユーフラテス川の西側）を無分別にもイラクに与えてしまう。イブン・サウードにはその見返りとして、歴史的に重要な国クウェートの大部分を支配する権利が与えられた。しかし、これはペルシア湾への広大な経路をイラクから事実上切り離すものだった。

　その結果は明白だ。サウジアラビアとイラクは今も対立している。イラクはクウェートに対して領有権を3度にわたり主張し、第一次湾岸戦争の引き金ともなった。国境制定を良識のもとで行おうという気がまったくなかったことが、予測されたとおりシーア派とスンニ派との対立を招いたのだ。そして、事態をさらに複雑なものにしたのが、クルド族の厄介な存在や、部外者とみなされている人物を国王として押しつけたこと、また、適切な統治制度をイギリス代表として課す気がなかったことだ。この大きな失策が最終的には、度重なるクーデターを経てサダム・フセインの支配を招くことになる。

　この一連の決定から民主主義が生まれる可能性は微々たるものだった。イラクの国境が非常に人為的なものであり続ける限り、今後も可能性はわずかだろう。しかし、イランの名残からは別の結果が生まれた。1951年、イランは民主的に選ばれた政府を樹立することになる。この地域の発展の指針であり、未来についての約束の兆しでもあったが、結局は短命に終わった。

> ### "現実の爆撃"
>
> 　1920年にイラク人とクルド族がイギリスに対して反乱を起こしたとき、イギリスは空軍による爆撃でこれに対処した。毒ガスを積んだ爆弾が大規模に投下されたのは、このときが史上初だったといってよい。
>
> 　のちにドレスデンへの焼夷弾攻撃で有名になるイギリス軍のハリス中佐は当時、次のように述べている。
>
> 　「アラブ人とクルド族は今や、現実の爆撃がどれほどの死傷者と被害をもたらすものか知っている。つまり、45分以内に普通の大きさの村がほぼ丸ごと吹っ飛び、住人の3分の1が死傷に至ることもあるということだ」

20世紀最悪の暴君 スターリンと大粛清

(1936〜1938年)

人物：ヨゼフ・スターリン(1879〜1953)
失敗：軍の精鋭と数百万人ものロシア人を抹殺
原因：全権を有する者が絶頂期にとりつかれた妄想症

歴史には、粛清や"民族浄化"、国外追放などといった巨悪の事例があふれている。あらゆる時代のあらゆる支配者、社会階級、宗教、人種が、支配下にある者にこうしたことを行った。数世紀にわたる科学技術やコミュニケーションの進歩も、大量殺戮を残虐化し最終的に広く知らしめる役割を果たしただけのように思える。

しかし、過去にどれほど残虐非道なことが行われたとしても、集団虐殺のすぐ後には、同じようにひどい集団虐殺がまた起こる。このような"浄化"の背景にある論法は、たいていの場合ゆがんでおり、例外なく不道徳だが、それ自体はふつう、それほど筋が通らないものではない。通常、少なくとも加害者は当人なりに何らかの不公正や恐れを感じており、それが、自分の支配下にある者や隣人を徹底的に抹殺する必要性へと変化するのだ。

あの恐ろしいホロコースト（ナチスによるユダヤ人の大虐殺）でさえ、他の誰かが同じような道をたどるのを食い止める反面教師にはならなかった。その証拠が、ルワンダやカンボジア

> 「メージャー爺さんが初めて私たちに発破をかけて反乱を決意させてくれた夜に私たちが待ち望んでいたものは、こんな恐ろしい殺し合いなんかじゃなかった」と彼女は言ったことだろう。もしも彼女自身が未来を思い描いていたとしたら、それは動物たちが飢えからも鞭打ちからも解放され、皆が平等でそれぞれの能力に応じて働く、そんな社会だった（中略）しかしそうはならなかった——彼女にはなぜだか分からなかったが——誰もが本当の気持ちを怖くて口にできない時代になってしまった。獰猛な犬たちが至る所でうなり声を上げながらうろつき、ぞっとするような罪を自白した仲間がずたずたに切り裂かれる姿を見ていなければならない時代になってしまったのだった。
>
> ——ジョージ・オーウェル『動物農場』

20世紀最悪の暴君 スターリンと大粛清

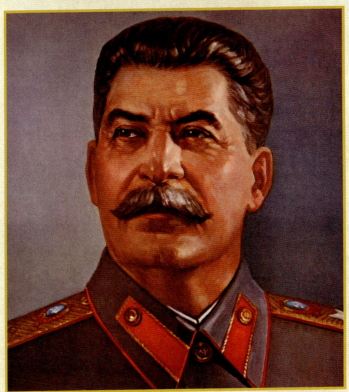

ヨゼフ・スターリン

ヨシフ・ビサリオノヴィッチ・ジュガシビリ。一般名ヨゼフ・スターリン（"鋼鉄の人"の意）のほうが有名だ。1922年4月3日の就任以来、1953年3月5日にこの世を去るまで、ソ連共産党中央委員会書記長の座に君臨した。

スターリンの暴政の直接的な結果として命を落とした数百万人もの犠牲者は、今でも大きな議論の的となっている。ヒトラーの場合は、どんなに邪悪であれ明確な意味があり、何らかの計画があった。スターリンの恐怖政治は、振り返ってみると、散発的で常軌を逸しており、ある特定の側面から見れば完全に無謀で、不幸な犠牲者のみならず世界情勢全体にも重大な結果をもたらした。スターリンを数百万人もの自国民の処分——その多くは彼のロシア革命勝利に手を貸してくれた人々だった——に駆り立て、自身が率いる国軍の上層部に対する前代未聞の一掃劇へと導いたものは、完全なる精神異常は別にして、基本的には妄想症と恐怖だった。

赤軍を粛清したせいで、他国からロシアは国土の防衛態勢が整っていないように見られてしまい、ヒトラーに、かのナポレオンが果たせなかったロシア侵攻を自分ならうまくやれると思わせてしまった。しかし、スターリンが配下の大将たちを抹殺するという愚行に走ったにもかかわらず、ヒトラーはバルバロッサ作戦に失敗した。

だ。一般的に文明地域であると信じられているヨーロッパでさえ、1990年代のバルカン諸国は中世の暗黒時代に逆戻りした。

20世紀最悪の暴君

　ヒトラーとスターリンはほぼ間違いなく20世紀最悪の暴君であり、当然のことながら他をはるかに凌駕する。この2人の最悪な逸脱行為に対する他国の反応は興味深いものだった。「まさか信じられない」と取り合わないのはましな方で、ひどい場合は見て見ぬふりをした。自分たちの政治的な既得権益を守るためには目をそらしたほうがよいと考えたのだ。
　ヒトラーの悪事は今やよく知られており、その数字と規模は、大量殺戮にも発揮されたドイツ人の手際のよさで文書に記録されている。ス

赤軍の発足

赤軍は、ロシア革命とそれに続く内戦を最前線で戦った武装労働者集団、赤衛隊を組織化したものとして登場した。この軍隊は強大すぎる政権の象徴と最初から見なされていたが、もちろんあらゆる革命がそうであるように、虐げられていた集団は邪悪な政府から権力を奪い取ったとたん、その古い体制が用いていた手段や手法、用語をあっという間に自分たちのものにしてしまう。

赤衛隊は白軍の抵抗運動と戦えるほどには組織化されていなかったが、軍事人民委員レオン・トロツキーのもとで急速に組織化が進み、のちの赤軍となった。赤軍が正式に発足したのは1918年2月23日。その時点からこの日は赤軍の日（のちの祖国防衛軍の日）と呼ばれ、祝日となった。

ロシア革命に異議を唱えたり疑義をさしはさんだりするかもしれない、職業的な軍事組織を設立することには当初から懸念があった。このため、各部隊には部隊長と行動を共にする政治将校が置かれた。最初の頃、多くの部隊は基本的に革命前の帝政を支持する武官が結成、運営していたので、警戒するのもある程度もっともなことだったかもしれない。職業将校団は"ロシア帝政の遺物"の一部とみなされた。しかし、ドイツ人専門家の積極的な協力も得て、1935年

セルゲイ・キーロフ

スターリン（右）は、1934年の共産党役員セルゲイ・キーロフ（中央）殺害を大粛清開始の言い訳の一つに利用した。

> ロシア革命に異議を唱えたり疑義をさしはさんだりするかもしれない、職業的な軍事組織を設立することには当初から懸念があった。

にはすでにこのような見方は控えられるようになっており、参謀幕僚も置かれた。ヨーロッパ情勢がきな臭さを増す一方、赤軍の無計画さは少々もろすぎて心もとなかった。

反対勢力の不在

こういった軍隊の職業化は、不安なことにソ連の秘密警察NKVDの権力の絶頂と時期を同じくした。NKVDは国内の治安や強制労働収容所グーラーグなどを担当する組織で、長年にわたって数十万人ものソ連市民がソ連の僻地に強制移送されていた。

その表向きの理由は、政治的不服従や、"妨害行為"と称するものだった。"妨害行為"は経済目標などの未達時に使う用語だが、その気になれば誰に対しても使える都合のよい言葉だった。1927年の刑法は第58条で、「いかなる行為も、その人を"勤労者の敵"にすると見なせるものは処罰可能である」と定めていた。しかも、ここでいう勤労者はソ連の勤労者に限らず、勤労者の国際的連帯を意味していたのだ。さらに、民族グループの住民の大規模な移住も行われ、強行軍や非人道的な環境で数百万の命が奪われた。

1930年代半ばになると、ニコライ・エジョフのもとで、NKVDの権力はすでに新たな高みに達していた。恐怖政治が始まりソ連社会に深く浸透していったが、もっと重大なことに党自体の上層部にも浸透していった。

いろいろな意味で、エジョフは新しいソ連政権を代表する人物だった。サンクトペテルブルクに生まれ、仕立屋の手伝いをしていたが、1917年5月にビテブスクのボルシェビキに入党。官僚の階級を苦労しながら上がっていき、農業人民委員代理や、共産党の経理・配給部の部長代理などを歴任する。1934年には中央委員会書記にまで上りつめ、1935年には「政治的反対勢力は必然的に暴力とテロ行為を起こすものであるから容赦なく粛清すべき」との論文をスターリンに向けて執筆する。エジョフがこの提案を

ミハイル・トゥハチェフスキー

赤軍の元帥ミハイル・トゥハチェフスキー。大粛清の最も有名な犠牲者の一人だ。

同じ末路

大粛清を中心になって考案したニコライ・エジョフは、基本的に権力を手にしてのし上がった官僚だった。スターリンのこじつけや嘘、自滅をあまりにもすんなりと受け入れた。

だが、ヒトラーがソ連にバルバロッサ作戦を仕掛けるよりもずっと前に、エジョフはこの世を去っている。彼もまた、NKVDにおける自分の後任であるベリヤに裏切られ、偽りの告発の被害者になったのだった。エジョフはのちに、歴史から"消された"人物として有名になる（次ページの写真を参照）。

気に入っていたのと同じように、スターリンもこれを気に入った。スターリンは、彼自身の権威に対する抵抗——特にロシア革命の他の祖たちから——に懸念を強めていたところだったのだ。

1936年、エジョフは内務人民委員（NKVDのトップ）に就任した。ほとんど誰も驚かなかったことに、彼の前任者は1938年の有名な公開裁判の一つで反逆罪に問われ、銃殺刑に処せられていたのだった。エジョフのために輝かしい革命の歴史がでっち上げられ、彼は内戦時のカザフスタンの救世主とされたが、彼が実際にカザフスタンへ行ったのかどうかさえ、まったく定かではない。

職業としての新しい赤軍がいわゆる"エジョフシチナ（エジョフ時代）"に巻き込まれるのに長い時間はかからなかった。兵士たちも決して安泰ではなかったのだ。国の上層部全体（あらゆる階級の政治・軍事組織）の少なくとも半数が次の2年間で殺されたと考えられている。1937年8月15日の忌まわしい命令第00486号は、有罪判決が機械的に与えられる対象を、"社会的危険性"を持つとみなされた者全員とその妻および15歳を超える子供にまで拡大した。特に、国外勢力と交渉しているかまたはその影響を受けていると考えられたすべての人物に対して、強い不信感が向けられた。赤軍の新部隊はドイツで訓練を受けたので、基本的にその全員が対象に含まれた。

ドイツの脅威の高まりに備えて創設した部隊をドイツの助けを借りて訓練しておきながら、その部隊の兵士を「ドイツ人と通じている」という理由で殺す、などという愚行は、国内治安軍によく見られる蛮行のさらに上を行くものだった。粛清の根拠となったのは、ドイツの防諜部隊がチェコスロバキアの大統領ベネシュを通じて送り込んだ、でっち上げの証拠だった。赤軍の元帥ミハイル・トゥハチェフスキーとドイツ軍最高司令部のメンバーが連絡を取り合っているように見せかけたのだ。トゥハチェフスキーはソ連軍の近代化を指揮した功績で広く評価されるとともに、1920〜21年の白軍やロシア軍に対する勝利の主な立役者の一人でもあった。しかし、ポーランドを巡ってスターリンと激しい対立が生じたこともあった。1936年、トゥハチェフスキーがロンドンへの派遣団を率

> 1937年8月15日の忌まわしい命令第00486号は、有罪判決が機械的に与えられる対象を、"社会的危険性"を持つとみなされた者全員とその妻および15歳を超える子供にまで拡大した。

消されていた姿
不興を買ったエジョフ（上写真・右端）。ソ連の検閲官は、スターリンの横を歩く彼の姿を写真から消した（下写真）。

いてジョージ5世の葬儀に参列し、フランスとドイツも訪問し、ロシアに戻ったばかりのときだった。彼はモスクワに召還され、逮捕され、2日後に処刑された。

軍隊の粛清で抹殺された人々は、元帥が5人のうち3人、上級大将が15人のうち13人、海軍大将が9人のうち8人（海軍は外国との接触の機会を利用していると疑われた）、軍団長が57人のうち50人、師団長が186人のうち154人、軍政治委員は16人全員、軍団政治委員で28人のうち25人にのぼった。

ヒトラーの愚行

おそらくヒトラーは、ソ連軍のこのような自滅を絶好のチャンスと確信するに至ったことだろう。実際、赤軍の士気低下と指揮官不在の状況はあまりにひどかったので、ヒトラーが早々に得たものはとてつもなく大きかった。ソ連空軍の航空機はほとんど離陸せず、当初150万人いた兵士のうち数十万人がたちまち包囲され殺害された。

大祖国戦争を宣言し、階級闘争の教義を差し当たり放棄して祖国の防衛を絶賛することによってのみ、スターリンは1500万〜2000万人の兵士を動員でき、ドイツ軍を打ち破った。だが、おそらくその過程で700〜1000万人の兵士を死なせているのだ。

128　失敗だらけの人類史――英雄たちの残念な決断

日本軍の奇襲攻撃とシンガポールの陥落

1941年12月8日〜1942年2月15日

人物：シェントン・トーマス卿（1879〜1962）
結果：チャーチルいわくイギリス史上"最悪の惨事"
失敗：主要な要塞が、あらぬ方向を向いていた

誰もが1941年12月7日（現地時間）を覚えている。日本がハワイの真珠湾を攻撃してアメリカを第二次世界大戦に巻き込んだ日だ。まさにその翌日、日本軍はタイ南部とマラヤ（英領マレー：1963年からマレーシア）北部の東海岸に上陸し、侵攻を開始した。誰もが想像もしない、そして侵攻された側にとっては寝耳に水の出来事だった。55日後、東南アジアにおける大英帝国の礎は、人員にも食糧にも困り移動手段はほぼ自転車、という日本軍の小さな部隊の手に落ちることになる。

シンガポールの陥落がよくある軍事上の大しくじりの域を超えたのは、見通しが完全に甘かったせいだ。責任の一端は、チャーチルと配下の将官たちやさまざまな植民地の指揮官にある。マラヤで連合国軍を率いていたアーサー・パーシバル中将にもいくらかの責任はあるが、彼が派遣されたのは1941年になってからのことだ。戦術上のミスをいくつか犯したが、その時点ではもう進軍を止める手立てが何もなかったと推測される。主な責任はシェントン・トーマス卿にある。海峡植民地の総督兼最高司令官とマレー連合州の高等弁務官を1934年から1942年まで務めた人物だ。

教室から作戦本部室へ

トーマスには従軍経験がなく、最高司令官とは名ばかりだった。彼が教育を受けたイングランドのレザーヘッドにあるセント・ジョン・スクールは、聖職者の育成を専門とする学校だった（彼の父親は司祭だったのだ）。

ケンブリッジ大学のクイーンズ・カレッジに進み、卒業後は教師としてヨークシャーのアイガース・プレパラトリー・スクールで7年間勤務する。1909年には植民地行政官となり、ケニア、ウガンダ、ナイジェリア、ゴールドコーストで勤めた後、1929年にニヤサランドの総督に就任した。1932年にはゴールドコーストに総督として戻り1934年までとどまったが、その間にマラヤの総督兼最高司令官に任命される。

シンガポールの警察の監察官でシェントン・トーマスの親しい友人A・H・ディキンソンは、もし彼が教職を続けていたなら素晴らしい校長

> トーマスには従軍経験がなく、
> 最高司令官とは名ばかりだった。

になっていただろうと語った。

シンガポール陥落後、報告書がウェーヴェル大将の手でまとめられ1942年5月30日に発行されたが、その中にはシェントン・トーマスについて次のような記述がある。

「シェントン・トーマス卿は最も罵倒されたイギリス人としてその名が歴史に残り、マラヤ文官制度は歴史上最も無能な制度の一つと呼ばれるだろう。シェントン・トーマス卿が『シンガポールが陥落する心配はないから避難を考える必要はない』と公式発表でも非公式にも繰り返し請け合ったことに対し、大半の市民は許しがたい計画的なウソだと憤っている」

1941年の初めには、ロンドンでは誰もアジア情勢に注意を払っていなかった。日本はすでに参戦していたが満州とインドシナ半島にかかりきりで、目下の敵意はロシアに向けられていると誰もが思っていた。アメリカは懸念を抱いていたが、経済封鎖で日本を撃退できると考えていた。

それに、ヨーロッパ情勢のほうがもっと深刻だったのだ。ドイツは大陸のほぼ全域を荒らし回っていた。イギリスはすでにダンケルクから撤退しており、バトル・オブ・ブリテンには勝利したものの、大陸で連合国が失ったものを取り返す望みはほぼなかった。

オーストラリア軍は、東南アジアを守るどころか北アフリカの防衛に駆り出されていた。しかしヨーロッパの崩壊により、フランスとオラ

シェントン・トーマス
日本軍のマラヤ侵攻から4日後の1941年12月12日、シンガポールでイギリス軍の士官候補生を閲兵するシェントン・トーマス。

ンダの植民地は侵略に対してひどく無防備な状態に陥っていた。

日本では1941年10月に陸軍大将の東条英機が首相に就任し、この地域全体を迅速に占領するとともにアメリカの海軍力を破壊しようという戦争計画に着手した。しかしヨーロッパでは、ヒトラーがソ連への侵攻を決断したことに誰もが気をとられ、日本の動きはあまり注目されなかった。

いずれにせよ、シンガポールは陥落しないと見られていた。唯一可能な攻撃経路、つまり海からの攻撃に対して鉄壁だった。しかし、アメリカが真珠湾で不意を突かれたのと同じように、ラッフルズ・ホテルでジンをすすっていた将官たちは日本軍の動きに気づかず不意を突かれたのだった。

[まあ、君たちならあの小さい奴らを追い払えるだろう。
——シェントン・トーマス卿、1941年12月8日]

3つの形勢一変

珊瑚海海戦とミッドウェー海戦で最終的に戦いの形勢を一変させたのは、アメリカ軍だった。

大砲の方向転換ができなかった日、地球のこの半球全体が象徴的にも戦略的にもイギリスの支配から滑り落ちた。

1945年9月5日、日本軍はルイス・マウントバッテン卿に降伏し、サイムロード収容所の捕虜たちは自分たちで式典を執り行った。旗竿のそばの上座を占めたのは、ここに収容されていたトーマス卿夫人デイジーだった。ユニオン・ジャックが高く掲げられると、自由の身となった捕虜たちはジョージ6世とトーマス卿夫人にそれぞれ万歳三唱をした。

方向転換ができない大砲

シンガポール島はマレー半島の南端に位置する。スタンフォード・ラッフルズ卿が上陸した1819年当時は、ほぼ無人で大部分がジャングルだった。シンガプーラ——"ライオンの町"の意——という名前はおそらく、13世紀に上陸したスマトラの王子がこの地でトラを見かけ、ライオンと勘違いしてつけたのだろうと考えられている。

それから数世紀の間、シンガポールはさまざまな帝国にとって、あまり重要でない交易所の一つに過ぎなかった。しかし大英帝国は、早くも18世紀にはマラッカ海峡を主要航路——中国からインドへの通商路——ととらえており、ラッフルズ卿にはイギリス東インド会社の代表として、大英帝国拡大の基礎を築くための自由裁量が与えられた。シンガポールは無関税港として整備され、イギリスの重要な植民地としても交易の中心地としても急速に重要性が増していった。

住民は、現在と同じくマレー人や華人、インド人などさまざまで、裕福な聖職者や三流将官のかなり温和な次男たちが統治していた。

1921年に帝国防衛委員会が、シンガポールでの大規模なイギリス海軍基地の建設を勧告。基地は1938年に完成した。1933年に国際連盟を脱退した日本は明らかに軍事的脅威だったが、島への脅威は海からしかやって来ないと考えられていた。北側の土手道の向こうにはマラヤの広大な密林が横たわっているので、陸地側から接近される心配はおそらくなかったからだ。海軍基地の周辺には敵艦を砲撃する大型の大砲が据えられていたが、これは方向転換ができない固定式だった。

その背景には、要塞都市シンガポールは万一攻撃されても"救援が来るまでは"持ちこたえることが可能で、その間にインドから陸上部隊を派遣できるという考えがあった。マラヤ——この国は1939年には世界のゴム生産量の40パーセント、スズ生産量の60パーセントを担っていた——は無防備なままだった。

1941年にシンガポールへ派遣された中将ヘンリー・ポウナル卿の備忘録によれば、イギリス政府は1937年8月になってようやく、まともな空軍基地の建設とマラヤ防衛のための戦艦派遣を決定したという。しかし、陸軍、海軍、空軍の間で調整は行われなかった。ポウナルは、「新しい飛行場を造ることは、強くて有能な空軍がそこを利用して防衛全体に協力することが十分見込めない限り、明らかに無駄遣いであり危険でもある」と警告した。1940年8月の時点で、ポウナルはマラヤで航空機を84機しか確認して

日本軍の奇襲攻撃とシンガポールの陥落

アーサー・パーシバル
1941年12月撮影。パーシバルは、シンガポールの戦いで日本に敗北を喫したときのイギリス軍の指揮官だった。

無知だけではなかった

最近明らかになった情報によれば、まだ事実確認はできていないのだが、無知よりも悪意のある何かが働いていたようだ。最高機密である1940年当時の戦時内閣の回状には、シェントン・トーマスが戦前の訪問をもとに悲観的な予測をした内容の一部が書かれていたと見られるのだが、この回状が、長期間かかる配達の途上でどうやら日本の秘密情報員に盗み見されたらしい。

したがって、イギリス政府はシンガポールの防衛の不備を十分承知していた可能性があり、さらに日本も同じ情報を得ていた可能性がある。どちらにしても、シンガポールは難攻不落だという市民に対するシェントン・トーマスの浅はかな発言は、最も基本的な要塞の建設さえ怠ったことと考え合わせると、ますます無謀なものに思われる。

真珠湾攻撃直前の12月5日、トーマスはブルック＝ポッパム空軍大将に会い、侵攻が間近に迫っている明らかな兆候について話し合った。マラヤ防衛計画のようなものは存在したが、これを進めるのは妥当でないと彼らは判断した。市民が心配しすぎるかもしれないという理由だった。

真珠湾攻撃と同じ日、日本軍の零戦をはじめとする航空部隊はシンガポールのイギリス空軍基地を攻撃し、基地の航空機の90パーセントを破壊した。市内では空襲のサイレンが鳴らず、攻撃側にとって都合がよいことに、照明は一晩中点いたままだった。

> 海軍基地の周辺には敵艦を砲撃する大型の大砲が据えられていたが、これは方向転換ができない固定式だった。

いない。

1941年12月7日になっても、イギリスからは582機の配備が保証されていたにもかかわらず158機しかなく、しかも4分の1は旧式の航空機だった。"救援"に来てくれるはずの艦隊は、大半が地中海に呼び戻されていた。さらにポウナルでさえ、北からジャングルを抜けて攻撃される可能性を予見していなかった。そしてチャーチルは無関心だった。彼はこう書いている。「極東の政治情勢を考えれば、これほど大規模な兵力を現時点で極東に維持しておく必要などないし、空軍の兵力にもそのような余地はない」

11月6日、民間の日本人全員がシンガポールから避難した。イギリスの諜報機関は日本軍の動きを11月中ずっと報告したが、その大部分が無視された。イギリスの2隻の戦艦プリンス・オブ・ウェールズとレパルスがようやく到着したのは12月2日のことだった。

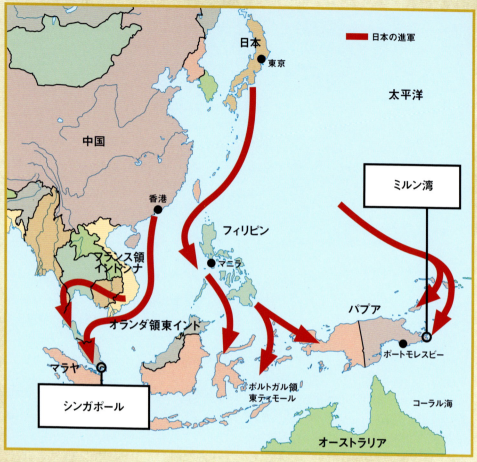

1941〜42年の日本の進軍範囲
1941年から1942年にかけての日本の進軍——シンガポールの占領を含む——は、数多くの軍隊と装備をヨーロッパと北アフリカに投入していたオーストラリアに脅威を与えた。しかし、日本軍の無理な拡張戦略とアメリカ海軍の兵力拡大で、1942年の半ばに形勢が一変する。まず珊瑚海海戦で日本の侵略軍はニューギニア進出を阻まれ、さらに1942年6月4日にはミッドウェー海戦で決定的な敗北を喫した。のちのラビ（ミルン湾）の戦いでは、オーストラリア軍が陸戦で初めて日本軍を打ち破った。

　日本軍が上陸すると、シェントン・トーマス卿は軍将たちに「まあ、君たちならあの小さい奴らを追い払えるだろう」と言った。日本軍の軽戦車に対し、イギリス軍には第一次世界大戦にも使用されたロールス・ロイス装甲車戦隊があった。

　プリンス・オブ・ウェールズとレパルスは侵略軍と戦うべく12月8日に出航したが、航空支援が得られず、2隻の戦艦は2日後に沈没した。チャーチルはのちにこう語っている。「私は受話器を置いた。周りに誰もいなくて助かった。この戦争で、これほどまともにショックを受けたことはなかった」

　この戦闘で行われた唯一の重要な陸戦で、イ

ギリス軍は2日以内に決定的な敗北を喫した。それでもまだ、日本軍がジャングルを抜けてシンガポールに攻め込んでくることなど絶対に無理だと確信していたので、防衛強化策は何もとっていなかった。チャーチルは次のように命令した。「軍隊も市民も一切容赦するな。指揮官と上級将校は自軍とともに死ぬべきだ。何しろ大英帝国とイギリス軍の名誉がかかっているのだぞ」。

後で分かったことだが、日本軍は誰も容赦するつもりはなかった。日本兵たちは、「上陸後、敵に遭遇したら、ついに父の仇に巡り合ったものと思え」と教え込まれていたという。「こやつを殺せば恨みを晴らすことができる」と。侵略軍の動きが迅速だった一因は、進軍が遅れるくらいなら捕虜と負傷者を殺せ、という指令にあった。

救援は来ず

12月30日、トーマス総督は遅まきながら華人の住民に要塞建設への協力を求めようと考える。この期に及んでまだ彼は、万事うまくいっていると言い張った。トーマス総督が降伏の直前まで事態をいかに把握していなかったかは、戦前の植民地財務官G・ウェイスバーグが立ち寄って戦況を尋ねたときに露呈した。シェントン・トーマスは答えた。「実を言うと、分からないんだ。私も作戦会議の一員なのに、何も教えてもらえない」。

翌月、つまり1942年1月の終わりには、日本軍はすでにシンガポールとマラヤを結ぶ土手道に到達していた。イギリス軍兵士は土手道の向こうへ退却し、土手道は爆破された。

パーシバル中将は日本軍の3倍の軍勢を率いており、急いでいた理由の一つは残りの食糧が数日分しかないと気づいたことだった。しかし、空軍力も海軍力も、重大なことに大砲さえも持たないパーシバルにとって、日本軍が土手道を越えてシンガポールに侵入してくるのを阻止する方策などなかった。満州での長年に及ぶ戦いで経験を積んだ百戦錬磨の日本軍にとって、森林戦や侵入、素早い移動はお手のものだった。

パーシバルは、住民の役に立つようなことがほとんど何も言えなかった。「我々の任務は、この要塞を救援が来るまで持ちこたえさせることだ。救援は間違いなく来る。だから我々はこれをやり遂げるのだ」。同時に、真新しい未使用の海軍基地は一度も戦闘に使われることなく放棄された。シンガポールにいた部隊は戦闘経験がなかったので戸惑っていた。救援が差し向けられていないことは誰もが知っていた。そして、この島は6日以内に奪われた。

パーシバルは2月15日に無条件降伏する。10万人以上の兵士が民間のイギリス人住民全員とともに捕虜となった。軍事捕虜の多く（おそらく9000人にも及ぶ）が、ビルマとタイを結ぶ鉄道の建設作業で命を落とした。しかし、シンガポールの中華系住民はさらに不運だった。最大5万人が虐殺されたのだった。

> 軍事捕虜の多く（おそらく9000人にも及ぶ）が、ビルマとタイを結ぶ鉄道の建設作業で命を落とした。しかし、シンガポールの中華系住民はさらに不運だった。最大5万人が虐殺されたのだった。

原因は干ばつにあらず ベンガルの米飢饉

1942年10月〜1943年10月

人物：フサイン・シャヒード・スフラワルディー（1892〜1963）

結果：稲がよく育つ天候に恵まれたにもかかわらず、飢饉で400〜500万人の死者を出した

失敗：作物を敵の手に渡すまいと意図的に隠したが、敵は一度も来なかった

いつの時代も飢饉はたびたび起こったが、インドでは特に多かった。18世紀には、ひどい飢饉で1000万人もの命が失われた。

インドは第二次世界大戦中にもこれに次ぐほどの大惨事に見舞われ、おそらく400〜500万人が命を落とした。これは当初、いわば"よくある飢饉"くらいにしか考えられていなかったが、その後の調査でまったく別の事情が浮かび上がり、現代史において最も苦々しく論じられると同時に最も知られていない災難の一つとなった。犠牲者の合計は、同時期にホロコーストで亡くなった人数のほぼ60パーセントにのぼる。しかも、この出来事がなかったなら、インドはこの大戦の惨禍にほぼまったく遭わずにすんでいたのだ。

この災難は、学問、政治、経済の分野に驚くべき展開をもたらした。これほど大きな災難の例に漏れず、その原因には複雑な理由がいくつもあるのだが、その一つが強欲であったということは確実に言える。つまり、この問題の張本人たちが事態の展開に気づいてさえいれば、これを食い止めることもできたのではないか、などと考えることは不可能だ。

多くの人々が責任を負わされたが、この飢饉を引き起こした人物として、少なくとも1人の男の名を挙げることができる。のちに強大な政治権力を手にし、一部の人々からは今も建国の父として深く敬愛されている男だ。しかし実は1943年に愚かなことをしでかして、国家誕生の前に将来の同国人の多くを死なせた張本人と考えられている。

大英帝国のもとでのベンガルは、現在の北インドとバングラデシュ（1947年の分離独立時には、東パキスタンと呼ばれていた）を含んでいた。この地域の歴史は古く、数千年前にさかのぼる。

ムガル人とイギリス人に相次いで征服される前は、この地には独自の帝国が存在し、立派な文化があった。この帝国は、ヒマラヤ山脈の丘陵地帯から人口の多いガンジス・デルタまで広

> この飢饉は、現代史において最も苦々しく論じられると同時に最も知られていない災難の一つとなった。

フサイン・シャヒード・スフラワルディー
法定委員会を迎えたインド側、1928年頃。左に立っているのがスフラワルディー。

権力の衰退

　この災害の根本原因はおそらく戦局の悪化に端を発している。シンガポールは早くも1942年に陥落。東南アジアにおけるイギリスの支配的立場は終焉を迎え、かつての大英帝国が誇る権力の威光はひどく弱まっていた。イギリスの王冠にはめ込まれた宝石ともいえる存在だったインドをはじめ、イギリス領を守る力も衰えていた。

　実際、インドでは独立を求める声が強まり、民族主義者と帝国軍との間には緊張が高まっていた。さらに、いくつかの州では自治を求める少数派イスラム教徒による圧力も増しており、ヒンドゥー教徒の住民の間には不安が広がっていた。

　1942年前半に日本軍がビルマ（現ミャンマー）を占領したことで、重要な食糧である米が突然ベンガル地域に入ってこなくなった。同時に、それよりもはるかに不吉な成り行きで、イギリスはインドの中で日本からの侵略に最も弱そうな地域（またしてもベンガルだった）で"否認政策"を実行していた。たとえば、侵略軍に必ず必要とされそうな食糧などの生産物を、廃棄したり持ち去ったりしておくのだ。特にその対象となった米は、ベンガルに比べて重要性が高く防衛もしやすい主要都市カルカッタに回されたので、多くの地方州が米不足に陥った。

　その後の数年間は干ばつが飢饉の原因だったと言われていたが、これを完全に反証してみせ

がっていた。その主要都市カルカッタ（現在のコルカタ）は英領インドの事実上の首都であり、イギリス東インド会社の商取引の中心地だった。世界でも最も人口過密な地域の一つで、13世紀のナバドウィープの戦い以来、ヒンドゥー教徒とイスラム教徒が多く住み、互いの支配者が対抗し合ってきた。

　ベンガルとカルカッタは、長年にわたりインドの知性と文芸の中心地であり、20世紀の民族運動の誕生の地でもある。1906年にムスリム連盟がダッカに誕生し、ベンガルは短い間だが不幸なことに東ベンガルと西ベンガルに分割されてしまう。度重なる暴動の末、英領インドの首都はデリーに移された。ガンジーの平和的な市民的不服従運動がカルカッタで誕生し、戦争の到来が独立闘争に力を与えた。あるインド人指導者は流浪の身でありながら日本軍とともに仮政府の樹立さえ行い、連合国と戦おうとインド人に呼びかけた。

　1946年のカルカッタは激しい暴動の舞台となり、分離独立の完全施行でベンガルは2つに分かれた。この頃には、ベンガル州はすでにベンガル飢饉で甚大な被害に見舞われていた。

> ベンガル飢饉は、イギリス支配下の人々に降りかかった最悪な災難の一つです。
> インド人のみならずインドに住む外国人の間でも、
> この地での我々の名声は計り知れないほど傷つきました。
>
> ──陸軍元帥ウェーヴェル卿

たのが、インド人経済学者アマルティア・センだった。彼は、1942〜43年の降雨量が標準を上回るものではなかったとしても少なくとも標準には達していたことを示した。そして、乏しい資源を地域社会の社会的地位に応じて分配することについての複雑な経済理論を打ち立てる。米は不足してなどいなかった。この理論の功績も手伝って、のちに彼はノーベル経済学賞を授与される。

しかしその後の調査では、米の生産量の一時的低下はあったと指摘されている。その一因は、センも言及した降雨量と、米に褐色の斑点を生じさせる真菌ヘルミントスポリウム・オリゼーの深刻な急増だった。これで米の90パーセントが台無しになった可能性がある。

その他にもさまざまな学説が唱えられており、ヒンドゥー教徒とイスラム教徒の対立から、この飢饉に関しては激しい議論が今も広く行われている。

責任は誰に?

自然界の珍しい問題とイギリスの否認政策が飢饉に一役買ったことには疑いの余地がない。後知恵は便利な道具だが、物事はその時代の視点で見たほうが、腹に一物ある者が政治や宗教とからめて後からつける理屈よりも、得てして真相に近いものだ。当時、地元の人々は、食糧があったのに400万人をむざむざと死に追いやった責任が誰にあるのか確信しているようだった。カルカッタの『ステーツマン』紙などの現地特派員報告は、地元州政府とその指導者H・S・スフラワルディーを非難した。彼は当時から物議をかもす人物であり、のちに新しい国パキスタンの第5代首相に就任したときはさらに議論を呼んだ。

大半の報道は、彼の政策が米の在庫隠しと一部の政治的盟友のぼろ儲けを招いたという点で一致している。センの言う市場原理というようなものでは決してなく、スフラワルディーが個人的な──たぶんそれに加えて政治的な──利益のために戦局と食糧供給を意図的に操作し、結果として彼の手に負えない状況に発展したのだ。米の価格は毎週のように倍増し、一般市民の手が届く範囲をすぐに大きく超えた。

農村地域を襲ったこの飢饉は、カルカッタに食糧があると聞きつけた数十万人がカルカッタに押し寄せると、あっという間に収拾がつかなくなった。

スフラワルディーの友人であるイスラム教徒でカルカッタに拠点をおく豪商M・H・イスパハニが、唯一の調達仲介人に任命されており、飢饉調査委員会はのちにこう指摘している。

> 「政府はこの(イスパハニの)会社が行った買い入れを十分に監督せず、この会社は不当な利益を得た」

後知恵は便利な道具だが、物事はその時代の視点で見たほうが、腹に一物ある者が政治や宗教とからめて後からつける理屈よりも、得てして真相に近いものだ。

ベンガル州議会での議論においてシャヤマ・プラサド・ムカジー博士は、イスパハニとその会社が主な元凶であるとした。博士はさらに、カルカッタとその都市部における後背地の優遇措置に反対の旨を述べた。彼の考えは次のようなものだった。

「政府の動きを見ると、手に入る穀類はすべて重点地域のカルカッタに取っておき、州の他の地域については悲劇的な成り行きに任せているように思える」

イスパハニが、ムハンマド・アリー・ジンナーが率いるムスリム連盟の主な財政支援者であることがのちに露見すると、この件すべてに政治力が働いていたという指摘が少なくともなされた。犠牲者の大多数がヒンドゥー教徒ではなくイスラム教徒だったことは、悲劇的だが皮肉な話である。

大惨事の糾弾

その後、カルカッタの『ステーツマン』紙は次のように断言した。

「吐き気を催すようなこの大惨事は人災だった。私たちの知る限り、インドで過去に起こった飢饉はすべて天災が主な原因であった。しかし今回の原因は天候不順ではない。降雨量はおおむね十分だった。もしも政府の失策に干ばつが重なっていたとしたら、この州は今頃どうなっていたことか。想像するに恐ろしい」

1943年にインド総督に任命されたイギリスの陸軍元帥ウェーヴェルは、事態を知ると顔色を失い、ロンドンのチャーチルに抗議した。しか

スフラワルディー

ベンガルの著名な政治家であるスフラワルディーは、1937年にこの地の労働大臣に就任した。1943年にはすでに配給大臣となっており、最終的には首相の座まで上りつめて、インド亜大陸唯一のムスリム連盟政府を樹立する。

1949年に東パキスタン・アワミ・ムスリム連盟を設立。1953年にダッカに立ち上げた統一戦線は1954年の総選挙に勝利した。同年、ムハンマド・アリー・ボーグラー政権に法務大臣として入閣する。

1955年の首相交代でスフラワルディーは野党党首となったが、翌年にはパキスタンの第5代首相に就任。在任中は、国内の2つのグループの間に存在する経済格差の解消に努めた。

しかし1957年10月、信任投票を求めるための議会の招集を議長が拒否したため、スフラワルディーは首相を辞任。慢性的な心臓病を患い、1963年12月5日にこの世を去った。

しイギリス政府の介入後でさえ、スフラワルディーは在庫の解放も政府の管理下にある流通網以外の利用も嫌がった。

そこで最後には、イギリスの圧力と地元の要求が合わさって事態は収拾される。しかしその前に200万〜400万人のインド人が、失う必要のない命を失ったのだった。

不毛の土地に種をまく悲惨な落花生計画

1949～1950年

人物：ジョン・ウェイクフィールド

結果：戦後で財政の苦しいイギリスが1億ドル相当を失い、さらにその後の援助活動への意欲を喪失した

失敗：落花生の育たない土地に落花生栽培への大規模な援助活動を行った

　第二次世界大戦の終わり頃、イギリス史上おそらく唯一の本物の社会主義政府がクレメント・アトリー首相のもとで誕生した。この頃には大英帝国は完全に滅びており、植民地解放の手続きが本格的に始まっていた。同時にイギリス国内では食糧が広く配給制となり、多くの生活必需品が不足していた。他のいくつかの宗主国とは異なり、イギリス政府内の多くの人々は、かつての植民地が存続の見込みのある独立国として地歩を固める手助けをしようと決意していた。アフリカの歴史が証明しているとおり、このような試みはうまくいかないことが多かったが、彼らは偽りのない慈善の気持ちから、いくつもの計画にたびたび資金をつぎ込んだ。

　タンガニーカ（現在のタンザニア）での落花生（ピーナッツ）栽培もそうした計画の一つだった。しかし残念ながら、計画を立てた役人たちの無知のせいで莫大な損失が出ただけでなく、元植民地の国々の自給自足を奨励するという考えそのものまで、ある程度葬り去られてしまった。基本的な問題は——"基本的"という言葉を熟慮のうえで使っているのだが——落花生が育つはずのない土地でこれを栽培しようとして、最初に50万ポンドも使ってしまったことだった。現在の貨幣にして実に何百万ポンドもの大金である。

とてつもない可能性

　この計画を最初に提案したのは、多国籍企業ユニリーバの子会社であるユナイテッド・アフリカ・カンパニーの業務執行取締役フランク・サミュエルだった。彼は、ユニリーバの石鹸とマーガリンの原料となる植物油の調達先探しを担当していた。植物油は不足しており、イギリスでは石鹸やマーガリンが重要な配給品になっていた。そこでサミュエルは、需要と供給の差を落花生油で解消できるかもしれないと考えた。自分の考えている規模のプロジェクトは政府にしか扱えないということにも気づき、実験

他のいくつかの宗主国とは異なり、イギリス政府内の多くの人々は、かつての植民地が存続の見込みのある独立国として地歩を固める手助けをしようと決意していた。

プロジェクト用に80平方キロの土地を開拓するための5カ年計画を、新しい労働党政府に提出した。調査研究が委託され、元農業管理官ジョン・ウェイクフィールドが責任者になった。

ウェイクフィールドはたちまちサミュエルの計画にとてつもない可能性を見てとった。ユニリーバに利益をもたらす、さらには長い間、体を洗うことに不自由していたイギリス国民に石鹸を配れる可能性というよりむしろ、飢饉や採算のとれる耕作方法といったアフリカ諸国の主要な問題を解決する方法としての可能性だ。彼の気がかりは、独立するこれらの国々が将来大きな危機を回避できるように、解決策を見つけておかなければならないということだった。

アフリカの農民に現代の農業技術を教えるだけでは不十分で、その優れた点を実証してみせたり、新しい作物の栽培を奨励することでいかに限界耕作地を活用できるかを示したりする必要がある。つまり、彼がピーナッツ計画を提示したのは大規模な農業革命の基盤を作るためだったのだ。だから、その後の50年間にアフリカで起こったことやその間に飢饉で失われた命の多さを考えれば、そうした大惨事はこの計画を打ち崩したどころか、単なる金銭的損失よりも大きな損失を引き起こしたといえるのかもしれない。

ウェイクフィールドの考えるこの計画の意義こそが、彼の報告書の主要テーマだった。彼はタンガニーカの中央高地に位置するコングワ地域を選んだが、ここは大きな問題をいくつも抱える土地だった。降水量は必要最低限レベルにも遠く及ばないほど少なかった。手つかずの低木林は大規模な伐採が必要だった。報告書で

ピーナッツ計画

落花生つまりピーナッツをタンガニーカで栽培するというこの計画が大失敗に終わったせいで、うまくいったかもしれないその後のあらゆる計画までもがつぶれた。

> ### その他の計画
>
> 　不運なタンザニアの人々は、1970年代にはカナダのコムギ計画で迷惑をこうむる。草原にコムギを植える大規模な取り組みの用地を確保するため、牧畜民バラバイグ族を、彼らが何百年も守ってきた土地から立ち退かせた。コムギ計画はピーナッツ計画よりも若干うまくいったが、もともとここにいたウシの群れに比べれば、利益ははるかに少なかった。
>
> 　この計画がそれほど悪くなかったとも思える別の取り組みがある。タンザニアとケニア、ウガンダに囲まれた、アフリカ最大の湖であるヴィクトリア湖は、非常に攻撃的な肉食魚ナイルパーチの影響でいまだに危機に瀕している。この肉食魚は栽培漁業を奨励する目的で、1954年、湖に隣接する池に放流されたものだが、湖に入り込んでしまい、かつてここに生息していた300種のうち180種を食い荒らしてしまった。

は、開墾に使う主要な機械設備を政府が調達し、その代金も支払うと想定していた。

　冒険家ヘンリー・モートン・スタンリー（アフリカで行方不明になったリヴィングストン博士を発見した人物）は、この低木地帯を"有刺低木の果てしないジャングル"と評したほどである。ヘビを除けば動物でさえほとんど入り込めない場所だった。実は、南部地域はここよりもはるかに開墾に適した土地だったが、港や鉄道との接続がなかった。それにひきかえ、コングワへは首都ダルエスサラームから比較的簡単に行けた。

　ウェイクフィールドは善行への熱意のあまり、これらの障害を無視して肯定的な報告を伝え、同じく熱心だった政府は、すぐさまこれを採用した。ウェイクフィールドが任務を終える頃には、サミュエルの計画していた80平方キロは1万3150平方キロにまで膨らんでいた。

　彼らはたちまち困難にぶつかった。この低木地には、おぞましいハチの群れが隠れていたのだ。樹木を取り除くブルドーザーどうしをつなぐために船の錨鎖が必要になったかと思えば、今度は根の掘り起こしはほぼ不可能だと分かる。実際、派遣された機械は根に歯が立たず、最初の数時間で壊れた。

　それでも結果的には計画面積のごく一部、約40平方キロを裸地にし、無事に作付けも終えた。しかし残念ながら、肥沃な土壌の下は岩のように固かった。つまり、ピーナッツの地上部は何の問題もなく育つが、問題のナッツは地中に実るものなので、収穫はほぼ不可能であることが判明したのだ。

　このプロジェクト全体は完全な失敗に終わる。まさかこの土地に作物が育たないなどとは、誰も考えていなかったのだ。どれほど懸命に頑張っても、どれほどの資金をつぎ込んでも、事業運営がどれほどまずかったかもしれなくても——これらの原因すべてに多くの非難が浴びせられたが——この土地にまったく不向きな作物を無理に育てようとする、という本質的な問題を克服するすべはなかった。さらにひどいことに、アフリカの別の地域ならピーナッツはうまく育つのだ。無理なのはこの場所だけだった。

　ウェイクフィールドは、自分がしようとすることの重要性に心を奪われ、また戦後の世界で急速に発展する技術を強く信じるあまり、大義のためならどんな障害も克服できると思い込んでいたのだった。この計画に込められた信念は感動的だったが、実行は大失敗だった。

> 落花生計画に関して言えば、
> アフリカ諸国の支援という視点からもこの国の食糧政策に役立てるためにも、
> この種の計画を他にも進めることはできただろう。
> あの計画が失敗して少々おじけづいてしまったわけだが、惜しいことをしたと思う。
>
> ——マイケル・フット、イギリス労働党の元党首、2002年

悲劇的な遺産

　ナッツは一粒たりとも、いかなる形であれイギリスの市場に届くことはなかった。1947年、種をとるために約4000トンのピーナッツが購入されたが、1949年までにその半分しか収穫できなかった。計4900万ポンド——当時の1億ドルをゆうに超えるが、現在の価値に換算すればもっと大きな額——という途方もない資金をつぎ込んでおきながら、種として購入した分の半分しか生産できなかったのだ。

　1950年までには、この土地から何か少しでも回収しようとしてヒマワリが植えられたが、翌年の雨不足でこれも完全に失敗した。この計画は正式に中止された。

　経済学者たちは、ピーナッツ計画の何がいけなかったのかについて今でも議論している。この計画の失敗は、この種の投機的な大事業は政府ではなく民間企業が取り組むべきだ、という主張に根拠を提供した。官僚たちは非難され、互いに非難しあった。しかし、もっと大きな影響は、この地域で本当に効果を上げたかもしれないその後の計画を台無しにしてしまったことだった。その後もいくつかの計画が実施されたのは確かであり、アメリカとソ連がこの地域で競っていた冷戦時代は特に顕著だったが、両者の関心の的は常に政治的影響力であって、自給自足農業の支援ではなかった。

　さらに重大なことに、落花生計画の失敗は途上国の問題への介入に異議を唱える際に持ち出され、海外援助計画の愚かさの証拠として引き合いに出されるようになった。2005年の前半、ピーナッツは再びニュースになる。国際通貨基金（IMF）と世界銀行がセネガル政府に対し、同国の輸出品第2位のピーナッツ産業を債務軽減と引き換えに民営化するよう圧力をかけたのだった。わずか数年前、その試みは一度実施されていたのだが、数百万人ものピーナッツ農家とその扶養家族を餓死寸前に追いやっただけだった。政府は再実施に乗り気ではなかったが、選択の余地はほぼなかった。ジョン・ウェイクフィールドたちの壮大な慈善計画は、ナッツから金を搾り出す手段という、まったく異なるものに取って代わられたのだった。

　イギリス労働党の党首であり40年以上にわたってイギリスと世界の政治における重要人物だったマイケル・フットが語ったように（このページの上にある引用を参照）、落花生計画の失敗というこの悲劇的な遺産は実に深刻だった。ジョン・ウェイクフィールドが心に描いた壮大な計画がもしも実を結んでいたなら、アフリカでうんざりするほど繰り返された借金、災害、戦争、飢饉はひょっとすると、多少なりとも防げたかもしれない。しかし実際には、彼は熱意のあまり判断力を失い、災難を招いてしまったのだった。

冒険家ヘンリー・モートン・スタンリーは、この低木地帯を"有刺低木の果てしないジャングル"と評した。

人間をモルモットにした マラリンガでの核実験

1952〜1963年

人物：オーストラリアの首相サー・ロバート・メンジーズ（1894〜1978）

結果：無数のイギリス、オーストラリアの軍人とオーストラリア先住民を死に至らしめた

失敗：世界の強国という自負を何としても守りたいイギリスにとって、その最後のチャンスだった

イギリス政府は1952年から1963年までの間、オーストラリアの同意と支援を得てオーストラリアの3カ所で核実験を行った。西オーストラリア沖のモンテベロ諸島で1カ所、南オーストラリアで2カ所だ。

1956年には、南オーストラリアのマラリンガはすでにあらゆる核実験を行う恒久実験場となっていた。主要な2回の核実験、つまり1956年のバッファロー作戦と1957年のアントラー作戦に加え、多くの小規模な作戦もこの施設で1963年まで行われていた。

マラリンガは1967年の除染作戦後に正式に閉鎖されて現在に至る。政府は、この土地を安全に返還すると継続的に言っているが、この土地の放射能汚染がなくなるまで、おそらく二十万年以上かかるだろう。

イギリスのねたみと恐れ

アメリカが広島と長崎への原爆投下に成功し、さらにビキニ環礁での水爆実験も成功させると、帝国の栄光にまだしがみついているイギリス政府は不安を抱いた。おそらくアメリカの成功へのねたみやソ連がこれに匹敵する能力を持つことへの恐れがあったのだろう。イギリスは独自の核抑止力の確立に躍起となった。どんな犠牲を払ってでもそのプロセスを加速させると決意するが、このプロセスには核実験が必要だった。

オーストラリアの首相サー・ロバート・メンジーズはイギリスびいきの傾向があり、イギリ

> アメリカは約50グラムのプルトニウム汚染土を袋に詰め、軍事保管庫に入れて鍵をかけ、厳重な監視下においた。
> それに比べてオーストラリアは、その百倍もの量のプルトニウムを、地面に素掘りしたいくつもの大きな穴に埋めたうえ、監視もしなかった。
>
> ——グレッグ・ボルシュマン、ABCラジオ

人間をモルモットにしたマラリンガでの核実験 143

サー・ロバート・メンジーズ
オーストラリア首相で自由党党首のサー・ロバート・メンジーズ（1894〜1978）が1964年7月1日にロンドンで記者会見を行った際の写真。彼は1966年1月26日まで権力の座にとどまった。マラリンガでの作戦が終了したのは1963年。

で死に至る。委員会の設立時期が実験からほぼ30年後にあたっており、審議が終わる頃には大半の被害者がすでに亡くなっている可能性が高かった。これを偶然ではないと感じた人々も多かった。

しかし、犠牲者は軍人だけではなかった。マラリンガは南オーストラリアの不毛な荒れ地の中心に位置する。1980年代に作成された地図には、この地は「1960年頃は重要な利用なし」と記されているが、これは大きな核爆弾9発の爆発とそれ以外の核実験6回を勘定に入れなければの話である。

しかもこの地には実験当時、ティアルトゥジャ、ピッチャンチャジャーラ、コカタの先住民族が数千人も住んでいたのだ。彼らは自分たちの土地から強制退去させられただけでなく、計り知れないほどの人数が亡くなっている。実験直後には、見込み違いと無知と単純な無関心の犠牲となり、またその後数十年にわたっては、大気中の放射性物質の影響の犠牲となったのだ。

どこからともなくやってきた"黒い霧"の記憶を言い伝える先住民族には、失明やガンの罹患が多くみられる。退去させられたことが分

スの求めには何でも応じようとするほどだった。ひょっとすると、武器が一つや二つオーストラリアの手に入ると期待していたのかもしれない。しかしそれどころか、オーストラリアの地にはのちにアメリカ軍のミサイル基地が多く設置されることになる。

人間モルモット

かつてマラリンガで兵役に服した退役軍人たちからの大きな圧力によって、1984年に王立委員会が設立された。彼らは広島・長崎の約10年後、非常に危険なことが明らかだった作戦で、実質的に人間モルモットの任務を与えられたのだった。一般的に、被害者は被曝から25〜30年

バッファロー作戦とアントラー作戦
1956年のバッファロー作戦で4発、さらに翌年のアントラー作戦で3発の原子爆弾の爆発実験が行われた。

ことだった。しかもその説明は目撃者の説明と矛盾する。人体への放射能の影響を調べるための実験だったことや、平たく言えば兵士をモルモットとして利用したことについてはいまだに否定しているのだ。

被服試験の実態
　しかしイギリス政府は、"被服試験"なるものを行ったと2001年になって認めている。オーストラリアとニュージーランドの兵士76人に防護服などさまざまの衣服を着用させ、広島と同じ規模の爆弾に汚染された地区内を腹ばいになって進んだり、立って歩いたり、車を運転したりさせたことを認めたのだ。1997年に政府のスポークスマンが法廷でこれを否定し、もしもそんなことをしていたなら「弁解の余地のない無神経な行為」だと述べたばかりだった。まったくそのとおりだ。
　また、数千人の兵士が、安全とされる距離から爆発を観察させられた。サングラス越しに見た者もいた。ある兵士は「目を閉じていても強烈な閃光が感じられ、手が透き通ってX線写真のように見えた」と語った。派遣されたトラックが土ぼこりの中を走り、兵士たちに汚染土を浴びせかけた。イギリスとオーストラリアの空軍の隊員は、キノコ雲に飛行機で突入して空気のサンプルを採取し写真を撮ってくるよう命じられた。爆発から1時間後、兵士たちはこの地区に自由に足を踏み入れ、赤いほこりに全

かっている8000人のうち、存命なのは2000人弱だ（本書執筆時）。西オーストラリアのカルグーリー行きの片道切符を渡された人々もいれば、収容所や保護区に連れていかれた人々もいた。また、明らかにただ見捨てられた人々もいたのだった。
　被害とその原因を政府が認めたのは随分後の

> 1967年、イギリス政府が実施したブランビー作戦で除染完了の結論が下された。オーストラリア政府はおとなしく受け入れ、イギリスの責任をこれ以上追及しないと宣言した。

身まみれて、物を食べたり水を飲んだりしていた。

1967年、イギリス政府が実施したブランビー作戦で除染完了の結論が下された。オーストラリア政府はおとなしく受け入れ、イギリスの責任をこれ以上追及しないと宣言した。

それから20年後、事実を追い求め世間の注目を浴びようとする政治家、ジャーナリストの一団が、ヘリコプターで被災地の上空を飛行した。彼らが目にしたのは、おびただしい数の先住民の遺骨だった。ある実験の後に風向きの変化がもとで亡くなったものとのちに結論づけられたが、彼らの死はそれまで認められることも知られることもなかったのだ。この調査団は除染状況を証明しようとホットスポットの一つに降り立ったが、放射能測定器の針が振り切れた約30秒後、ヘリコプターに全速力で駆け戻って離陸した。

その後の本格的な調査では、怠惰、放射能の影響についての完全な無知、除染方法についてのまったくの無理解が、この甚大な環境劣化、軍人の死亡、各方面から「何千人もの先住民族の集団虐殺」と揶揄されたものの原因だったと指摘されている。

終わっていない仕事

さらに問題を複雑にしたのが、のちの除染作業が話にならないくらいお粗末だったことだ。汚染物質の大半は、深さわずか3メートルほどの浅い穴に埋められた。プルトニウムに汚染された物質の一部は、削った土をその上にかぶせただけだった。多くの場合、その土自体も汚染されており、大半がその後の砂嵐で飛ばされた。穴は表面をコンクリートで固める処理が必要なのに、これが施されたのは21カ所のうち19カ所のみ。2カ所は損傷がひどくて用をなして

いなかった。

王立委員会の報告をうけてこれらの問題を処理する業者が雇われたものの、そのプロジェクトでは1998年になっても後始末ができていなかった。政府顧問から内部告発者となった人物によれば、ある政府職員が「世界最良の実践例」と評した処分方法は、プルトニウムどころか家庭ごみの処分にさえ不十分な代物だった。

2001年には、530平方キロを除く全地域が先住民族へ安全に返還可能だとの判断が下された。残された530平方キロに人が住めるようになるには二十万年以上かかると言われている。政府職員たちは、核廃棄物の大規模な処分保管場を同じ南オーストラリア州内に建設することを提案している。

命がけの実験

放射性物質を兵士に飲み込ませるなどの実験が1950年代にイングランドのオルダーマストン基地や大英帝国のその他の地域で行われたことが、文書により明らかになっている。これが明るみに出たのは、これらの地域で兵役に服した退役軍人4万人のデータベースを消去しなければならなかったと政府機関が発表した後だった。

また、マラリンガよりも大規模な実験を1959年に行う計画があったと証明する書類も、西オーストラリアのとある庭の物置で見つかっている。これらのどの書類も、イギリス政府またはオーストラリア政府から1984年の王立委員会に提供されることはなかった。

無能の宰相イーデンと
スエズ動乱の大失敗

1956年

人物：サー・アンソニー・イーデン（1897〜1977）
結果：大英帝国の権力の終焉
失敗：帝国としての最後の急襲に失敗した

スエズ動乱は、多くの意味で現代世界史における重大な分岐点となった。これを最後にイギリスは、アメリカの承認なしに世界の舞台で何かをしようとすることをやめた。実際、フォークランド紛争の際にも、ホワイトハウスから事前にゴーサインを取りつけている。スエズ動乱は帝国の事案として始まり、冷戦の緊張緩和で終わった。

スエズ運河の役割

1950年代のスエズ運河の通航は、世界が経験したさまざまな変化の証拠だった。この運河は、フランスとエジプトの共同プロジェクトとして1869年に建設されたが、イギリスはこの運河の戦略的重要性に気づき、エジプトの所有する株を買い上げる。地中海と紅海を結ぶスエズ運河は、喜望峰経由の危険な遠回りのルートに取って代わった。

また、この運河は大英帝国にとって3つの重要な役割を果たした。移動距離の短縮で利益が増えたこと、軍隊の迅速な移動で暴動の鎮圧が容易になったこと、陸路の防護やロシアに関する懸念の必要性が大幅に低下したことだ。ただしイギリスは、今度は中東について懸念しなければならなくなった。それも一因となって、イギリスはオスマン帝国崩壊後の中東の地図の塗り替えに大きな影響を及ぼすこととなる。

1947年、インドが独立してイギリス領インド帝国を失うと、考慮すべき事柄の多くが重要でなくなった。しかし、スエズ運河は新たな重要性を見出した。ペルシア湾での石油生産量が急増し、石油がスエズ運河を通ってヨーロッパに運ばれるようになったのだ。1955年にはすでにスエズ運河の通航量の3分の2が石油となり、ヨーロッパへの石油供給の3分の2がスエズ運河経由で行われるようになっていた。戦略的植民地支配の課題は経済の課題に取って代わられる。イギリスの銀行やその他の企業はスエズ運河の株の44パーセントを所有し、年間約2500万ドルの利益を得ていたのだ。

植民地解放の新時代を迎え、スエズ運河からインドに向かう大きな必要性がなくなったので、イギリスはエジプトとの独立の話し合いに

イギリスには1936年にスエズ運河地帯での1万人の駐屯権が保証されていたが、戦後のエジプトは民族主義と好戦性、そして反イギリス色をますます強め、君主制に反対するようになる。

> エジプトは、たとえ小国であれ主権を守ると決意したなら必ずやり遂げる(中略)ということを世界に示すと固く決意した。
>
> ──エジプトのナセル大統領、1956年9月15日

喜んで応じた。エジプトはすでにオスマン帝国から離れて主権国になっていたが、イギリスの支持する傀儡政権をファールーク1世のもとで樹立したにとどまっていた。

イギリスには1936年にスエズ運河地帯での1万人の駐屯権が保証されていたが、戦後のエジプトは民族主義と好戦性、そして反イギリス色をますます強め、君主制に反対するようになる。1954年にはすでにファールーク1世は王位を追われ、エジプトはガマール・アブドゥル＝ナセル大将のもとで共和国となっていた。ナセルはイランのモサッデクにヒントを得た外交政策を採用したが、これは非常に攻撃的なものだった。

冷戦の兆し

のちにスエズ動乱へと発展する戦後の主な新しい要素として他に挙げられるのは、この地でのイスラエル建国と、冷戦の兆しだった。新しい国が突然登場したことで、この地域はひどく不安定になる。

そしてソ連は、新たに独立した国々がソ連に勢力範囲拡大の機会を提供してくれたことに徐々に気づき始めた。港を建設することでソ連艦隊を黒海の外へ解放できる機会かもしれないと考えたのだ。イランの場合と同様、石油が物事を複雑にする要素となっており、アメリカとそのイスラエル支持が問題となった。

このような事態の大部分にイギリス政府は気づかなかったようだ。ウィンストン・チャーチルがこれまでのさまざまな事件で演じた役割を考えれば、このような展開のときに首相を務めていたのがチャーチルだったと聞いても大して意外ではないかもしれないが、彼は、かつてのような支配的な立場にはもういなかった。

チャーチルの跡を継ぐことが確実視されていたのはアンソニー・イーデンだった。1935年に弱冠38歳で外務大臣となった、さっそうとして洗練された男だ。1955年頃にはすでに、新政権でも相変わらず以前と同じ役割しか与えてもらえないことへの不満を相当抱いていた。しかし、チャーチルは引退する気などさらさらない様子だった。

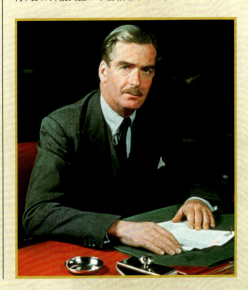

サー・アンソニー・イーデン
保守党の政治家サー・アンソニー・イーデン（1951年撮影）。撮影当時は外務大臣だったが、1955年4月7日に外務大臣から首相となった。

"スピード制限"

さらに、当時は誰にも知られていなかったことだが、イーデンは"憂慮すべき疾患"を持っていた。1953年に胆石の手術を受けるが、簡単なはずの手術は輸胆管破裂の医療ミスで失敗した。痛みがかなり強く、感染症のリスクも高かったので、新しい特効薬ベンゼドリンが処方された。この通称"ベニー"は作家や1950年代後半の自由放縦な若者に人気があった薬物で、"スピード"という名前のほうが有名だ。気分の激しい浮き沈みと妄想症の傾向を引き起こし、中毒性が非常に高かった。これが詩人や画家なら大して問題はないのだが、首相となると厄介だ。しかし1955年4月7日、イーデンはとうとう首相に就任した。

彼はエジプトでの危機の高まりにまっすぐ足を踏み入れる。ナセル大将は貿易をソ連圏に頼るようになり、イスラエルに対抗して国防軍を作り始めた。エジプトとソ連は武器と綿花の

晩年

イーデンは引退後、2人目の妻となるクラリッサ（ウィンストン・チャーチルの姪でもある）と穏やかに暮らした。政治にはほとんど関わりを持たず、政治よりも牧牛を選んだが、1961年にはエイヴォン伯爵に叙せられ、議会の上院に席を与えられた。

イーデンは余生の大半を回顧録の執筆に費やす。回顧録の中で、彼はスエズでの自らの行動を正当化しようとし、落ち度はアメリカにあったと考えて、責任をなすりつけようとした。

> アメリカは、一方の侵攻を非難しつつ他方の侵攻を支持することはできないと思い至る。さらに、ソ連はエジプトに代わって11月中に介入を行うと発表し、危機を増大させた。

バーター取引を行った。綿花は中国に輸出され、チェコスロバキアの戦車が届き始めた。

イギリスがスエズからの撤退を予定どおり開始した1か月後、アメリカはエジプトとソ連とのつながりを引き合いに出して、アスワン・ダム巨大プロジェクトへの財政支援を突然引き上げる。すると1956年7月26日、ナセルはアスワン・ダム・プロジェクトの資金調達のために利益が必要だと主張して、スエズ運河の国有化を宣言する。イギリスは威信を傷つけられただけでなく財政上も損害を受けた。

そこでイーデンは通商停止措置を課し、イギリス国民の愛国心による義憤を呼び起こして、ナセルをムッソリーニになぞらえた。するとナセルは、スエズ運河に船を沈めてこれを封鎖した。イギリスは撤退の取り決めを正式に破棄した。

マスケッター作戦

イギリスとフランスは秘密会談を開始し、自分たちだけに都合の良い計画を思いつく。基本的には素晴らしい計画に思われ、その範囲内では確かにうまくいった。

このマスケッター作戦は、イスラエルにエジプトを攻撃させ、イギリスとフランスの助けが必要な状況を作ることで、両国が運河への侵攻とその奪還の大義名分を手に入れるというものだった。侵攻はしかるべく行われ、10月にはかなりの兵力がスエズを占拠していた。しかし、新しい超大国アメリカに誰もお伺いを立ててい

無能の宰相イーデンとスエズ動乱の大失敗　**149**

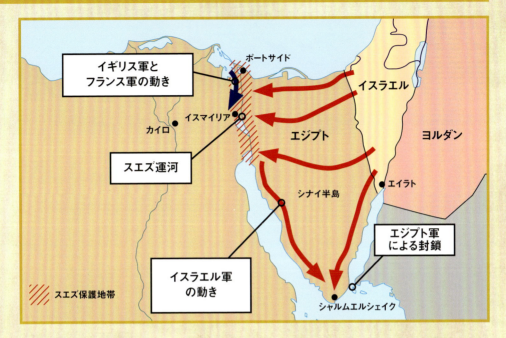

スエズ動乱での各軍の動き

イスラエルによる攻撃は1956年10月29日に始まった。11月5日、イギリスの落下傘部隊がポートサイドの西に、フランスの落下傘部隊は南方に上陸。同じ日にイスラエル軍はシャルムエルシェイクを攻略し、エジプトによるアカバ湾封鎖を解除した。11月7日にはイギリス、フランス両軍はすでにイスマイリアまで進軍していたが、この日、国連とアメリカ、ソ連からの圧力で休戦を余儀なくされる。イギリス、フランス両軍は12月22日深夜に撤退を完了したが、イスラエル軍は1957年3月までシナイにとどまった。

なかったのだった。

　アメリカはソ連の脅威にかなり気をとられており、同じ年にハンガリーで起きた暴動を残忍なやり方で鎮圧したソ連を盛んに非難していた。イギリス、フランスによる侵攻を国連がほぼ全会一致で非難すると、アメリカは、一方の侵攻を非難しつつ他方の侵攻を支持することはできないと思い至る。さらに、ソ連はエジプトに代わって11月中に介入を行うと発表し、危機を増大させた。その間、この作戦全体の立案者イーデンはジャマイカに連れていかれていた。表向きは"休暇"という名目だったが、真相は医師団が彼を"スピード"から遠ざけようとしたのだった。

　12月にはすでにアメリカ軍が休戦を強制的に成立させており、イギリス、フランス軍は12月24日に撤退した。ナセルは、イギリスがエジプトで所有する他の権益も国有化する。自尊心を傷つけられたイーデンは1957年3月までに辞任に追い込まれた。この地域での——ある程度、世界全体での——イギリスの権力と影響力は、二次的な地位へと永久的に格下げされた。第二次世界大戦中のさまざまな事件に端を発して打ち立てられた新世界時代が、本当の意味で始まったのだ。そして、その時期を少なからず早めたのが、アンソニー・イーデンの自尊心と小さな錠剤だった。2004年、彼は20世紀で最も無能なイギリス首相に選ばれた。

グリューネンタール社、
新薬サリドマイドを発売する

1956年12月25日〜1961年11月28日

主役：グリューネンタール社（製薬会社）

結果：先天異常が数千人の子どもたちに生じた

失敗：試験もせずに、薬の発売を急ぎすぎた

製薬会社の発売した薬が実は極めて有害だったと後で発覚するケースが近年、たびたび起きている。サリドマイド事件は単純なミスと片付けることができない代表的な悲劇である。

適切に試験をしないまま、薬を市場に出そうとする意地汚い強欲さの事例は後を絶たない。新しい特効薬らしきものの出現に世界の多くの地域の製薬会社が飛びつき、それが結果的に世界中で甚大な被害をもたらすこととなった。そのようにして生じたのがサリドマイドの悲劇である。

サリドマイドは、1950年代にドイツの製薬会社グリューネンタールが開発した鎮静剤だった。第二次世界大戦の終焉で新しい時代が到来し、人間の大量殺戮に使われる化学物質を量産していた工場は、人々のあらゆる病気を治す調合薬を開発するようになった。

1946年、戦争で荒廃したドイツの瓦礫の中で、1500人の作業員を擁する石鹸と洗剤の生産工場が子会社ケミー・グリューネンタールを設立する。この子会社は、ハンブルク近くの使われなくなった銅鋳物工場で操業を開始した。数年にわたって抗生物質を生産し、製品の一部は深いつながりのあるアメリカの製薬会社レダリーに納められた。

深刻な副作用

1950年代初頭、一連の問題が起こる。ケミー・グリューネンタール社の多くの薬が深刻な副作用を引き起こし、時には死に至るケースもあったのだ。数名の医師がこれを詳しく報告、記録したが、同社はこの重大な危険性を無視。儲けの多い鎮静剤や催眠薬の分野に進出し、「不安と緊張」を抑える新薬サリドマイドを生産した。この薬は大当たりして人気となり、妊婦のつわり防止に驚くべき効果を発揮した。1957年には、世界の50もの国で積極的に販売されていた。

特にイギリスでは、ディスティラーズ・カンパニーが妊婦に対するサリドマイドの安全性と

> 第二次世界大戦の終焉で新しい時代が到来し、人間の大量殺戮に使われる化学物質を量産していた工場は、人々のあらゆる病気を治す調合薬を開発するようになった。

グリューネンタール社、新薬サリドマイドを発売する　151

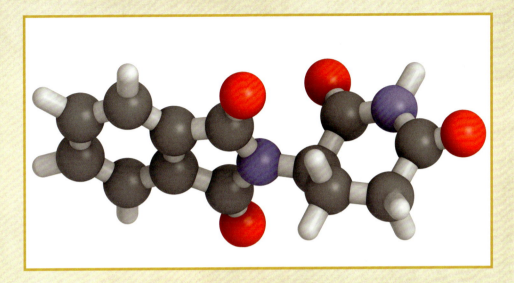

苦い遺産
サリドマイドの分子の"球棒モデル"。この悪名高い薬は1956年から1961年にかけて数多くの先天異常を引き起こした。

有用性をとりわけ強調した。しかし、この薬は胎盤に届いて血管の発達を阻害するらしく、胎児に深刻な奇形が生じた。妊娠1期にわずか1回服用しただけで影響が出たのだ。特に妊娠期間の最初の25〜50日、妊娠していることに気づかずに服用した女性もいた。先天異常は手足の欠損やひどい変形として現れるのが一般的だった。世界46カ国で少なくとも1万5000人の胎児に影響が出たと推定される。そのうちの1万2000人が先天異常を持って生まれ、3分の1は生後1年以内に亡くなった。

他の被害者の大半は現在も存命だ。何らかの分野で成功した人々も多いが、全員が奇形を一生抱えたまま暮らしている。

たとえば、ドイツで最も成功したバリトン歌手の一人、トーマス・クヴァストホフは1959年にハノーバーで重度の障害を持って生まれた。両親は息子を世話することができず医療機関に連れていき、彼はそこで育てられた。クヴァストホフは優れた声の持ち主だったが、音楽学校には門前払いされた。入学要件には楽器演奏が含まれており、彼の腕は不完全で要件を満たせなかったのだ。クヴァストホフはやがて歌手として素晴らしい経歴を築き上げることができたが、彼の場合は例外と言っていいだろう。

> ディスタヴァル［サリドマイド］は、妊婦さんにも子育て中のお母さんにもまったく安全です。お母さんにもお子さんにも副作用はありません……
> 優れた安全性を誇るこの薬ディスタヴァルは、この国で約3年の処方実績があります
> ——サリドマイドの広告

トーマス・クヴァストホフ
母親がサリドマイドを服用したために重大な先天異常を持って生まれたトーマス・クヴァストホフ。数々の困難を乗り越えて歌手として成功した。

世界中で売れた

　振り返れば、そもそも最初から問題があった。グリューネンタール社が行った試験で、不都合は何も見つからなかったことになっているが、この製薬会社の従業員の子どもたちには奇形を持つ子がいた。1人目のサリドマイド・ベビーは1956年のクリスマスの日に生まれたと考えられているが、この薬の発売はそれよりも後の1957年10月1日だった。

　1960年にはサリドマイドはすでに売上を増やしており、その副作用による奇形が報告されているにもかかわらず、この薬は世界中にあふれかえっていた。14社が合計37にも及ぶ商品名をつけて多くの国々で販売し、処方箋なしで買われていた。

　偏頭痛などの頭痛、咳、風邪、インフルエンザ、ぜんそく、神経痛、神経衰弱などの症状を緩和する、赤ちゃんの興奮を鎮める、妊婦が夜ぐっすり眠れるようになるなどの用途に、アスピリンなどの他の薬と組み合わせて広く処方された。ディスティラーズ社はサリドマイドをつわりの薬として生産し、この薬はディスタヴァルという商品名でイギリス諸島、オーストラリア、ニュージーランド全土で販売された。

　実際、1960年にはすでにサリドマイドは世界中でよく売れていたので、グリューネンタール社は米国食品医薬品局（FDA）にアメリカでの販売許可を申請することにした。実はこの薬が成功した理由の一つに、「この薬で自殺するのはほぼ不可能」という点があった。これは、どの鎮静剤や睡眠剤にとっても大きな問題なのだった。

　グリューネンタール社は自社のウェブサイトで、いまだにこの薬の有用性を主張しており、「あの大惨事の原因は知識不足とおそらく注意不足」だったとしている。さらに、「これは『市販後調査』の意義を裏づける何よりの例」だとまで言っている。

　しかし、その後の多くの聞き取りで集まった証言は「知識不足」という主張に疑問を投げかけた。1959年8月、スイスのバーゼルの医師はサリドマイドを「恐ろしい薬」と表現した。この薬が神経系に影響を及ぼすことに気づいたからだった。

功労者たち

　ここで、のちに功労者となる医療関係者たちが現れる。1人目は、当時FDAに入局して間もなかった若い女性フランシス・オルダム・ケルシーだ。

　彼女は、この薬の安全性を実証するものとし

> 1960年にはサリドマイドはすでに売上を増やしており、その副作用による奇形が報告されているにもかかわらず、この薬は世界中にあふれていた。

て見せられた研究結果に心を動かされなかった。彼女自身が妊娠における毒性の研究者だったことも理由の一つだった。

この薬は動物実験で安全性が理論上証明されていた。にもかかわらず問題が見過ごされた事実は、人間に合っているかどうかを動物実験で証明しようとすることの不適切さの証だと、多くの人々が感じている。かたや、実験が正しく行われなかったか、実験結果の解釈が間違っていたのだと指摘する人々もいる。

いずれにせよ、ケルシーがアメリカでのサリドマイドの販売許可申請をきっぱりと却下した事実に変わりはない。地元の製薬会社からの強い圧力にもかかわらずこの薬が店頭に並ぶことはなく、そうするうちに、この大惨事の本当の規模が世界の他の国々で明らかになったのだった。結果として数千人の命が助かった。この功績が認められ、ケルシーはアメリカで民間人に与えられる最高の賞を1962年にケネディ大統領から授与された（155ページの写真参照）。

深まる疑念

その後の出来事を考えると、FDAは今も審査を慎重に行っているだろうかと勘ぐったり、そもそもこの薬の妥当性を調べる責任者が妊娠について明確な関心を持つ若くて熱心な女性研究者だったのは単なる幸運だったのではないかと考えたりする向きもあるかもしれない。その推論の答えがどうであれ、サリドマイドの安全性を疑う理由はないというヨーロッパの製薬会社のその後の主張が、FDAによる申請却下で相当疑わしくなったことに変わりはない。

興味深いことに、フランスも申請を却下した。また、のちの調査官の一人が指摘したとおり、当時は鉄のカーテンの向こう側にあった東側諸国も、この薬の販売を許可しなかった。「この薬の安全性を疑う理由はなかった」という論拠は、極めて弱いと考えられる。

1961年4月、オーストラリアのシドニーにある

サリドマイド
アメリカの保健教育福祉省が回収したサリドマイド錠剤。1962年、この薬の効果の調査中に公開された。

クラウン・ストリート・ウィメンズ・ホスピタルの医師ウィリアム・マクブライド博士は、立て続けに生まれた3人の新生児に手足と腸の奇形があるのを見て驚いた。彼は調査を行い、3人の母親の唯一の接点がサリドマイドであることをすぐに突き止める。

博士は何度も粘り強く警告したが、ほとんど取り合ってもらえなかった。彼はディスタヴァル（サリドマイド）と奇形の関連性についての疑念をディスティラーズ社のオーストラリアにある窓口に通知したが、イングランドのディスティラーズ社は、報告書を受け取ったことは一度もないと主張している。

サリドマイドの復活

これほど悪評と危害の遺産を持つ薬にしては驚くべきことに、近年サリドマイドは目覚しい復活をとげた。エイズとハンセン病に対して非常に強い効能があると分かったのだ。妙な話だが、あれほど破壊的な影響を妊婦に及ぼしたまさにその阻害特性が、ガンの増殖を抑制する可能性さえあるという。

1998年、サリドマイドはFDAにハンセン病治療薬として認可されたが、処方箋医薬品という条件付きだった。さらに、この薬の歴史と始まりをあらゆる人々に思い起こさせるため、製薬会社が使用したかった一般名ではなく、サロミドという名称で承認された。その後、レナリドマイドやポマリドミドなどの類似品もFDAの認可を受けている。

この薬の販促活動は強化され、サリドマイドが「長期にわたる服用でも無害」で「乳幼児にもまったく無害」だとうたうチラシが25万枚配布された。しかし、のちに出てきた証拠によれば、1959年12月と1960年1月にディスティラーズ社の研究所でサマーズ博士なる人物が、この薬の明らかに高い毒性について問いただす社内メモを書いていたのだ。

マクブライドは医学雑誌『ランセット』にレター「サリドマイドと先天異常」を書き、これは1961年12月に掲載された。

販売中止

同時に西ドイツでは、ウィドゥキント・レンツ博士なる人物が、手足や耳の奇形が相次いでいることに不安を覚えた。11月半ばにはすでにマクブライドと同じ結論に達しており、11月16日にグリューネンタール社へ電話をかけて懸念を伝えた。

それから10日後、マスコミからの圧力の高まりを受けて、ようやく事態が動いたのだった。さまざまな形で出回っていたこの薬は1961年11月26日に西ドイツで供給中止となり、数日後にはイギリスとオーストラリアでも同様の措置がとられた。

しかし、他の形で出回っていたものは少なくとも1962年3月まで店頭に残っていた。不可解なことに、ブラジルやスペイン、イタリア、日本などの国々では販売が続けられ、ドイツでの供給中止後も何カ月にもわたって店頭に薬が並んでいたのだ。

情けないことに、製薬会社は過失を認めることも被害者に適切な賠償を行うこともしなかった。本書執筆時点でのグリューネンタール社のウェブサイトは、進んで情報を提供する姿勢には程遠いものである。

が下りて追加記事はつぶされ、訴訟は1979年に欧州司法裁判所へ持ち込まれた。

結果はどうだったか。ジャーナリズムと言論の自由が勝利した。しかし今もなお世界中の圧力団体が、このひどい薬を売った企業が十分な賠償金を支払わないことに抗議している。

新たな警告

このようなことがいかにして起こり得たのかについて、長年にわたり無数の書籍や記事が真相を究明しようと試みてきた。この件を受けて、実験も政府の規制も間違いなく大幅に厳格化された。

非難の声の中には実に狂気じみたものもあった。たとえば、最初にドイツでこの薬を作って試験した科学者はナチスの手法をこの薬の製造と使用に引き継いだだけでなく、実は戦後に訴追をまぬがれた人物その人だったのだ、などと指摘する者がいた。

また、ウィドゥキント・レンツ自身の父親が優生学の最初の提案者の一人だったことは皮肉といえるかもしれない。父親が1921年に執筆した本は、"不健康な遺伝体質"を持つ人々の3分の1に不妊手術を施すべきだと唱えるものだった。

もっと深刻な話もある。それは、ウィドゥキント・レンツのまだ見ぬ発見者仲間ウィリアム・マクブライドが40年後もまだ調査・撲滅運動を続けており、2004年に再び『ランセット』誌へ寄稿して、サリドマイドの毒性は遺伝するおそれがあるらしいと警告したことだった。

大統領からの称賛
FDAのサリドマイド認可を阻止した職員フランシス・オルダム・ケルシー(左)。1962年にケネディ大統領(右)から賞を授与された。

1972年、先駆的な過激派ジャーナリズムの一端を担うロンドンの『サンデー・タイムズ』紙が驚くべき記事を掲載する。その中で、被害者に十分な賠償を行わなかったディスティラーズ社を公然と非難するとともに、この薬を性急に市場へ投入するに至ったのはなぜか、その動機を問いただした。

また、サリドマイドが子どもの神経系に及ぼす副作用を強調した、はるか1950年にさかのぼるドイツからの報告書を公表。裁判所から令状

さまざまな形で出回っていたこの薬は1961年11月26日に西ドイツで供給中止となり、数日後にはイギリスとオーストラリアでも同様の措置がとられた。しかし、他の形で出回っていたものは少なくとも1962年3月まで店頭に残っていた。

156 失敗だらけの人類史──英雄たちの残念な決断

ワクチンとエイズと、コンゴのチンパンジー

1957～1960年

人物：氏名不詳の科学者たち

結果：エイズを人類に持ち込んだかもしれない

失敗：大規模なポリオ予防接種プロジェクトに用いるワクチンの調製で、不適切な処置が行われたという疑念がある

現在の視点では愚行だと思えることも、当時はそれと認識されていなかったものが多い。実際に起こった出来事についての情報が足りなかったり、最終的な結末を知らなかったりするからだ。中には、史実に基づいておらず、後の世代が歴史を書き変えたものもあるだろう。同じ出来事でも、それを実行した者と被害者とでは、まったく違って見えたものもあるかもしれない。

本項では、ますます議論が過熱し激しさを増している問題について、実行した者と被害者のどちら側の主張にも与(くみ)することなく、1つの仮説の存在を単に報じることとする。その仮説がもしも真実だとしたら、1950年代と1960年代のコンゴで起きた出来事は、間違いなく最悪の出来事の一つに数えられることとなるだろう。悪意があるわけではない。ただ、史上かつてないほどの勢いで人類を引き裂いた──国連の統計によれば300万人以上が命を落とし、最大4000万人が感染している──病気の由来を明らかにしようとしているだけだ。

この数字は、エイズが人間に初めて現れた1960年代初頭からのものである。感染者が成人人口の40パーセントを占めると考えられている国もある。14世紀に"黒死病"で中国の人口の3分の2とヨーロッパの人口の3分の1から半分が失われてからというもの、世界にこれほど影響を及ぼしたパンデミックはなかった。ただ、30年前にはあれほど幅を利かせていた、人口爆発とその後の世界的飢饉の恐怖に関する議論が、

> 私たちの共通世界には、皆さんが今参加しておられるこの会議のテーマ、HIV／エイズ問題をめぐって私とわが政府が疑問を提起していることに対し、これをゆゆしき犯罪や集団虐殺にも似た不法行為と見なす人々がいます。私は繰り返し腹立たしげに口やかましく言われるのです──何も質問するな！と
>
> ──南アフリカ大統領タボ・ムベキ、2000年

今やそれほど聞かれなくなったことは注目に値する。

真実を求めて

エイズの人間への感染と蔓延、原因については、陰謀論が多く存在する——治療法が多いのと同様だ。最近の調査によれば、アフリカ系アメリカ人の12パーセントがエイズはCIAが持ち込んだものだと信じており、エイズは故意に作られマイノリティが標的にされたのだと信じている人々は実に半数に上るという。

南アフリカの元大統領タボ・ムベキは、南アフリカ国民への保護支援でエイズが最も重視されていることに疑問を投げかけたが、この発言は、残酷で思いやりがなく国民に不利益をもたらすものと受けとめられた。彼の実際の発言は、エイズはあくまで保健問題全体の一部と理解すべきであり、貧困——アフリカ大陸を壊滅に追い込もうとする危機——のほうが重大だ、また、コンドームへの助成金付与や高価な薬剤は、はたして南アフリカの医療制度にとって最も重要な検討事項なのだろうか、というものだった。

こうした疑念の大半には、HIVウイルスがアフリカで生まれたことと、霊長類の多くに広まっている（しかし悪さはしない）SIVウイルスの変異体であることが背景にある。種から種への感染がいかにして起こり、このような破滅的な結果を招いたのかという疑問には結論が出ていない。

キラーウイルス

ヒト免疫不全ウイルス（HIV）は、病気や感染を撃退する一種の白血球であるT細胞を攻撃し破壊する。

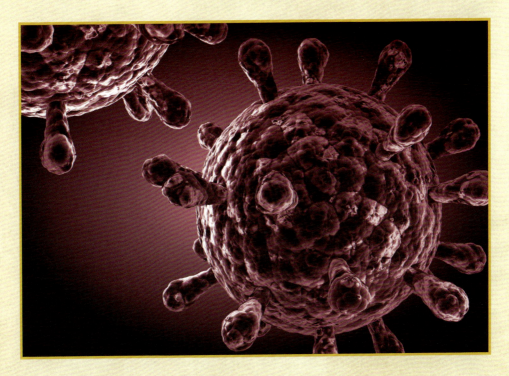

消えない疑念

大半の科学者やエイズ研究者、そしてもちろん科学機関の大多数はOPV説の見解を否定している。そうするだけのとりわけ深い、十分な非科学的理由がおそらくあるのだろう。

最近は、ワクチン接種が危険なのではないかといういわれのない疑念が持たれており、ワクチン接種の拒否の増加や、いくつかの接触伝染病の同時再発につながっている。それに、基本的にあれほどの善意から発生した行動が——暴利をむさぼる製薬会社の話は横に置いて——これほど悲惨な結果を引き起こしたかもしれないなどとは、あまりに恐ろしすぎて信じがたく思えるのだろう。

2つの仮説

人間がエイズウイルス（HIV-1）を一般的な宿主のチンパンジーから獲得した真相を突きとめようとする、起源についての主要な仮説は基本的に2つある。1つは自然感染説つまりブッシュミート説（これにはさまざまなバリエーションがある）、もう1つはOPV説だ。ブッシュミート（"カットハンター"）説とは、チンパンジーを捕らえ食肉処理をして食べる過程でHIV-1がチンパンジーから人間に移ったというものである。

この説は、説得力があるように思えるものの、なぜ数百年前や数千年前ではなく1960年代になって突然感染したのかを説明できていない。また、この説には皮下注射針の登場する変形版があり、時期はほぼ合っているが、完全な説得力はない。

それに対して、OPV説は突飛にも聞こえるが説得力はある。この説に反対する人々は声高に異を唱えて強引にけなそうとするが、すべての疑問にきちんと納得のいく答えを出してはいない。

OPV説は、HIV-1が経口生ポリオワクチン（OPV）を介して移ったとするものだ。国連は1950年代に大規模なポリオワクチン接種プログラムをアフリカ全土で開始した。これは壮大な公衆衛生プロジェクトの一つであり、新しい国連がきちんと機能していること、しかも善いことしかしないのだということを世界に表明するものだった。

もしも指摘が真相だったなら、100万人の子どもの命を救うという完全に賞賛されるべき目的が——想定していたほどには資金が集まらず運営もうまくいかなかったが、とてつもない希望と慈善にあふれた行為が——世界規模の惨事を引き起こしたことになる。

最初の大規模な発生地

ワクチン接種事業の中心地は、当時のベルギー領コンゴのスタンリービルにあった。現在はコンゴとルワンダ、ブルンジに分かれている地域の村々で、100万人のアフリカ人がワクチン接種を受けた。

約10年後、現在エイズとして知られているも

> 人間がエイズウイルス（HIV-1）を一般的な宿主のチンパンジーから獲得した真相を突きとめようとする、起源についての主要な仮説は基本的に2つある。

レッドリボン

レッドリボンプロジェクトは、「視覚芸術を通じてエイズに対する市民の意識向上を図る」組織であるヴィジュアル・エイズが1991年に創始した。今や国際的に認知されているレッドリボンは世界中のエイズ患者の団結を表しており、世界エイズデー（12月1日）のシンボルでもある。

のの最初の大規模な発生が、まさにこれらの村々で見られた。初期の症例の実に76パーセントが、このワクチンの使用地域に関係していると考えられる。これより前の症例が存在するかもしれないが、この点についてはまだ論争中だ。

疑問なのは、現地レベルで何があったのかということだ。アメリカにいる監督役の医師がすべてのワクチンを作ることになっていた。安全な量のワクチンを培養する組織培養には一般的にマカクサルが使われており、これは海外から出荷された。初期出荷品をベースとして使い、そこからワクチンの量を増やして使用することは、アフリカのみならず他の国々でも普通に行われていたのかもしれない。

ミドリザルまたはチンパンジーの腎臓――どちらの動物も SIV-1 のキャリアだ――が現地レベルで使用され、そのせいで HIV になったウイルスにワクチンが汚染されたとの指摘がある。ラボから数キロの距離にチンパンジーの研究施設があったほか、ブースター細胞が使われていたとの証拠が他の国々から出ている。

たとえばフランス領赤道アフリカの科学者たちは、パリのパスツール研究所から受け取っていたワクチンに、ヒヒから採取した細胞を継ぎ足した。ヒヒは SIV-1 のキャリアではないので、副作用はなさそうだった。ラボで働いていた現地の人々から得たいくつかの証拠は、これが程度の差こそあれ非監督状態の作業で起こっていたことを裏付けている。ワクチンがより広く行き渡るようにとの善意からだった。

監督役の医師はこれを否定しており、ワクチンの経口摂取でウイルスが人間に感染した可能性もないとしている（このワクチン接種は注射ではなかった）。しかし、このワクチンは大部分が幼児に与えられた。エイズはとりわけ母乳を通じて感染する可能性があると考えられているので、疑いは残る。

マクナマラ国防長官が
ベトナムに撒いた枯葉剤

1961年4月12日～1971年1月

人物：ロバート・マクナマラ（1916年生まれ）

結果：病気や先天異常で、数千人ものアメリカ人兵士と数百万人ものベトナム人が今も苦しんでいる

失敗：ベトナムの多雨林を枯らすために除草剤を安全用量の4倍で使用した

オレンジ剤は1940年代に開発された除草剤で、特に1950年代のアメリカで農業に広く用いられた。オレンジといっても実は無色の液体で、容器のドラム缶にオレンジ色の線が1本描かれていたことからその名がついた。アメリカでは作物に散布されていたが、使用に関して特に問題はなかった。

ベトナム戦争の初期、ある妙案が浮かぶ。北ベトナムによるゲリラ活動組織、南ベトナム民族解放戦線の兵士たちはうっそうとしたジャングルに潜んでおり、上空からの追跡はほぼ不可能だった。除草剤が大規模農業の土地開墾にそれほど便利なら、これを使ってジャングルを枯らせばいいではないか、と考えたのだ。

問題は、この除草剤が人間に対して極めて有害なものだと後で分かったことだった――ベトナムのゲリラ兵だけでなく、一般市民や、ジャングルを徹底的に捜索するアメリカ人兵士、オーストラリア人兵士までもが被害に遭った。

法的責任を巡って激しい議論が今でも繰り広げられているが、除草剤投下の際に十分な安全確認を怠り、怒りにまかせて戦争の進展に拍車をかけようとしたために惨事を招いたことについて、疑う余地はほぼない。汚染は今も残っている。特にダナン周辺はひどく、先天異常も多く見られる。

ダイオキシン中毒

オレンジ剤は、植物の代謝を妨げてこれを枯らす2種類の化学物質を組み合わせたものだった。その一方には、テトラクロロジベンゾダイオキシンという高レベルのダイオキシンが含まれていた。これは、高用量では人間に対して極めて有害なうえ、食物連鎖に入り込んで先天異常を引き起こす。土壌内でのこのダイオキシンの半減期は3年以上とされるが、実際はもっと

この除草剤は人間に対して極めて有害だった――ベトナムのゲリラ兵だけでなく、一般市民や、ジャングルを徹底的に捜索するアメリカ人兵士、オーストラリア人兵士までもが被害に遭った。

> 戦争のルールに反しているかどうかなど、誰も深く考えていなかったと思います。毒性がよく知られていたかどうかも非常に疑わしいですね。
>
> ——ロバート・S・マクナマラ、2002年5月19日付『オブザーバー』のインタビュー記事より

ロバート・マクナマラ
ベトナムのレミで陸軍のヘリコプターに乗っているアメリカの国防長官ロバート・マクナマラ。1965年7月18日、5日間の視察旅行中に撮影された。

長いかもしれない。

　ホーチミン市に近いビエンホアでは現在（本書執筆当時）、95パーセントの住民の血中ダイオキシン濃度が安全レベルの200倍にも達している。オレンジ剤とその結果生じた被害の関連性を否定する試みもなされてきたが、これほど高レベルの中毒の原因として指摘されたことがあるものは他にない。関連性を示す確実な証拠をアメリカ政府はいまだに否定しているが、退役軍人管理局が定める、退役軍人とその家族への障害者手当に関するガイドラインは、これとは大きく異なる考えを示している。この化学物質と直接的な接触を持った退役軍人のみが被害を受けた可能性が高いようだ。散布そのものが中毒を起こしたのではない。被害をもたらしたのは食物連鎖への作用であり、それが何世代にもわたって続いている。今では、控えめに見積もっても15万人ものベトナムの子どもたちが、オレンジ剤の汚染による先天異常を抱えていると考えられる。

　1961年4月12日、外務顧問ウォルト・W・ロストウは、9つの行動方針を勧めるメモをケネディ大統領に送った。メモには、軍用品研究開発チームをベトナムに派遣して、当時使用可能または開発中だったさまざまな"技術と機械装置"の有用性を調査させることが含まれていた。航空機による枯葉作戦は、これら効果が判明していない"技術"の一つだったのだ。5月までにはホワイトハウスから承認が下り、1961年8月に試用が開始された。1961年11月には国防長官マクナマラが使用許可を与え、パープル剤とピンク剤を含むいわゆる"虹枯葉剤"の投下がほぼ即座に始まった。

ランチハンド作戦

　オレンジ剤については1950年代後半に軍事利用のテストが数回行われたようだが、全面的な分析が動物に対してさえ行われないうちに、深

> 1機の1回の飛行で1000ガロン（3780リットル）ものオレンジ剤を4分足らずの間に投下することにより、1.4平方キロの森林を破壊することが可能だった。放出できる量を増やすために3機が並んで飛行することが多かった。

刻な問題が表面化し始めた。発ガン性があるとの結果がラットで現れて初めて、使用が縮小された。

トレイルダスト作戦の一部として行われたランチハンド作戦ではオレンジ剤が軍事目的に利用され、高い効果を上げる。トレイルダスト作戦では道路や川辺の草木が一掃され、作物が破壊された。1機の1回の飛行で1000ガロン（3780リットル）ものオレンジ剤を4分足らずの間に投下することにより、1.4平方キロの森林を破壊することが可能だった。放出できる量を増やすために、3機が並んで飛行することが多かった。

しかし、ベトコンはこのような大規模な森林破壊をものともせず、必要な食糧を何の問題もなく入手し、ジャングル内にあまりにも巧みに潜んだので、道端の草木が取り払われても姿をさらすようなへまはしなかった。それに引きかえ、路上で作戦行動をとるアメリカ人兵士はいとも簡単に見つかり、格好の標的となった。

作戦の続行

1961年の当初の計画を手がけたランド研究所は1967年10月、2件の報告書を出して次の結論を述べた。それは、この計画がベトコンによる米の消費にほとんど影響を及ぼさず、ベトコンの部隊では深刻な食糧不足が起きなかったこと、作物破壊の標的となった地区の近隣住民が被害を受けたこと、南ベトナムの農民が政府から離反したこと、アメリカとその南ベトナム連合軍に対して強い敵意が呼び起こされたこと、この計画を農民たちは必要とも有益とも思わなかったこと、そしてこの計画はおそらく逆効果だったというものだった。

しかしアメリカ統合参謀本部はこの報告書を却下し、散布を続行した。ランチハンド作戦がようやく最後の任務を迎えたのは1971年1月のことだった。作戦開始から10年、運用が真剣に疑問視されるようになってから4年が経っていた。実際、この戦争が最も激しさを増した1968年には除草剤の使用が最も多かった。

環境保護

アメリカがオレンジ剤の使用をようやく中止したのは1971年のことだった。ベトナムに残った在庫は太平洋に浮かぶアメリカ支配下のジョンストン環礁に移され、ここで1978年に処分される。

同年、国連の環境改変兵器禁止条約が発効した。この条約は、自然環境を長期にわたって損なうおそれのある武器の使用を禁じるものだったが、大半の国々は、長期的な影響を及ぼすおそれのあるオレンジ剤などの化学物質の禁止と解釈。あらゆる除草剤と枯葉剤を禁止するものとは見なさなかった。

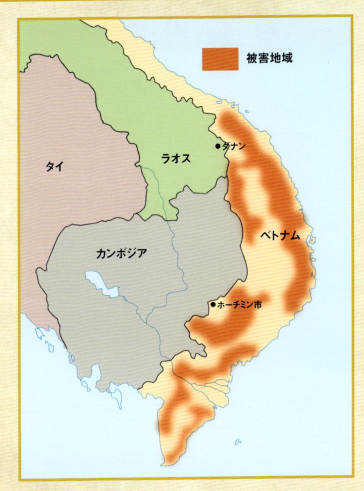

1961〜1971年に使用された"虹枯葉剤"

オレンジ剤などの"虹枯葉剤"の投下は、1961年後半から1971年前半にかけて行われた。オレンジ剤以外にも、ブルー剤やグリーン剤、ピンク剤、パープル剤、ホワイト剤などの化学物質が使用された。これらはすべて、ベトコン軍の作戦行動の場であるジャングルを枯らし、彼らの食糧となる米の収穫を台無しにするためのものだった。

法的責任は不問

2005年、アメリカの連邦裁判所のジャック・ワインスタイン判事は、ベトナム人400万人が起こしたオレンジ剤のメーカーに対する集団訴訟を棄却した。訴えられたメーカーの多くは1984年にアメリカの退役軍人と和解しており、1億8000万米ドルを支払うことで決着がついていた。

ワインスタイン判事は、メーカーは化学物質の使用方法を管理できる立場にはなかったとし、法的責任はないと裁定した。もともと植物を枯らす目的で除草剤を製造していたのであって、人間に苦痛を与える意図はなかったことから、企業には罪を犯す意思はなかったと判断したのだ。

確かに、軍はオレンジ剤をメーカーの定める安全レベルの何倍もの濃度で使用していた。ベトナム人がアメリカ政府自体を告訴することはできないが、政府間レベルでは大幅な除染支援が行われた。

オレンジ剤は、除草剤として製造、使用されたこと（現在はこれも禁止されている）がいけなかったのではない。兵器として使用されたことが誤りだったのだ。

マーフィーの法則と抜けていたハイフン

1962年7月22日午前9時21分23秒〜9時22分16秒

主役：NASA
結果：高価な機材が壊れたうえ、惑星探査に危うく終止符が打たれるところだった
失敗：プログラムにハイフンが抜けていたことで、マリナー探査機を搭載したロケットの燃焼が早まりすぎた

発見と探査の歴史に多くの不運な事故があったことは言うまでもない。コロンブスも、巨大な大陸を発見する幸運に恵まれていなかったとしたら、本書のページを飾っていたかもしれない。もっとも、彼自身は別の大陸にたどり着いたと思い込んでいた。多くの人々が、実際には存在しない湖や経路、財宝を探して命を落とした。ほかにも、たとえばバーク・ウィルズ探検隊（オーストラリア大陸縦断を目指す）やロバート・スコット隊長（南極点到達）、ジョージ・マロリー（エベレスト登頂を目指す）は、文字どおり前人未踏の地への到達に命を捧げた。

宇宙飛行もそれとまったく同じことだった。規模や死者数はさまざまだが、これまでにいくつもの災難が起きている。その大半は人為ミスと技術的故障が重なって起こったが、経費を削減するところを間違えたことによる、非難されても仕方ないような過失から起こったものも中にはあった。宇宙計画におけるいくつかのミッションの末路は、怠慢の例としてひときわ目を引く。宇宙開発の初期、惑星探査計画が危うく打ち切られる原因となるところだったある出来事が起きている。損害額はその後の例ほど大きくなかったかもしれないが、この出来事が特に目立つのは、それに驚くほど似たミスがのちに何度も起こったからだ。歴史から学ばない者は歴史を繰り返す運命にある、という証拠がここにもある。

マーフィーの法則

今にしてみれば、宇宙開発計画が初期段階にあった1950年代、ロケットスレッドの"Gの力"のテスト中にマーフィーの法則（このページ下の引用を参照）が広まったのには、それだけの理由があった。この一連のテストにエンジニアとして携わったエドワード・マーフィー・ジュニアは、そのテストの一つで死にかけたスタップ大佐に対し、実はセンサが逆向きに付いていましたと報告しなければならなかった。

[失敗のおそれがあるものは、失敗する。
　　　——エドワード・マーフィー・ジュニア]

マーフィーの法則と抜けていたハイフン

宇宙開発計画においてずっと後に起こった災難——2004年後半に惑星間探測機ジェネシスが猛スピードでユタ州の砂漠に墜落した事故——は、皮肉にも似たような原因で起こった。減速装置が前後逆に取り付けられていたのだ。宇宙開発計画の歴史の中で、半世紀も離れたこの2つの"ブックエンド"のような事故は、莫大な金銭的損失を伴った不思議な行動の証拠として、ひときわ目を引くものである。

最初に起こった災難でアメリカは莫大な額の損害をこうむり、そのためにアメリカの宇宙探

最初に起こった災難でアメリカは莫大な額の損害をこうむり、そのためにアメリカの宇宙探査計画そのものが危うく早々に葬り去られるところだった。

査計画そのものが危うく早々に葬り去られるところだった。ほとんど信じがたいことだが、宇宙探査ロケット、マリナー1号はハイフン（実際にはオーバーライン〈上線〉）が1本抜けていたために墜落したのだ。

マリナー計画

アメリカとソ連の"宇宙開発競争"が1950年代後半に始まると、NASAのジェット推進研究所（JPL）は、大型で高機能を誇る一連の惑星間探査機、名づけてマリナーの壮大な計画を立案した。これほど大きな宇宙探査機の打ち上げは、新型の強力な打ち上げ用ロケット、アトラス・セントールの開発にかかっていたが、これは厄介で多額の費用が必要となりそうだった。そこで、最終的

マリナー1号

1962年7月22日、探査機マリナー1号を搭載したアトラス・アジェナBロケットの打ち上げ。ロケットは打ち上げに失敗し、地上からの指令で破壊された。

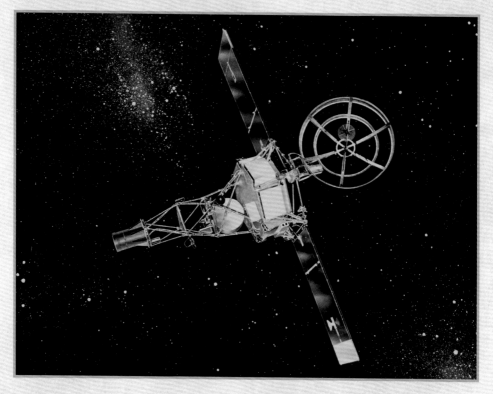

にはマリナーの機能を減らして装備も必要最低限に抑えるしかなく、打ち上げも、すでにある打ち上げ用ロケット、アトラス・アジェナBで行うことになった。このようなコスト削減にもかかわらず、マリナー計画の規模は結局5億ドル以上に膨らむこととなる。

マリナー1号は、近隣惑星である金星、水星、火星の探査目的で計画された無人探査機マリナー・シリーズの1号機だった。マリナー1号は、動力供給を補助する太陽電池パネルが取り付けられていたほか、目的地の金星を調査するための機器を搭載していた。この探査機はロケットに搭載され、1962年7月22日に打ち上げられた

マリナー2号

打ち上げに失敗したマリナー1号の後継機、マリナー2号は1962年12月に金星上空を通過。他の惑星への到達に成功した初めての探査機となった。

が、発射の約4分後、この打ち上げ用ロケットが予定外の方向転換をし、コースからそれ始める。NASAの安全担当職員は、飛行を中止する（数百万ドルもかけた機器を無駄にする）か、続行する（コースをそれたロケットが住宅地や船舶の航路に墜落する危険を冒す）かを1分足らずで決めなければならなかった。彼はミッションの中止を決断した。

NASAの安全担当職員は、飛行を中止する（数百万ドルもかけた機器を無駄にする）かどうかを1分足らずで決めなければならなかった。彼はミッションの中止を決断した。

> 史上最も高くついたハイフン。
> ——アーサー・C・クラーク

バックアップの失敗

事故後のNASAによる調査によれば、この不運な事故には原因が2つあった。1つ目はロケットの無線誘導システムに関する問題だった。ミッションの計画者は、誘導システムに不測の事態が生じた場合は誘導コンピュータが作業を引き継ぐようにしてあったが、この誘導コンピュータにほんのわずかなプログラミングエラーがあったのだ。たった1本、ハイフンがプログラムから抜けていたのである。おそらく誤植かプログラマーのミスだろう。このハイフンが抜けていたために、宇宙船は不必要なコース変更を開始した。プログラムに式$\bar{R}n$（"n"は半径の導関数の平滑化値）と書くべきところ、ハイフン（平滑化を表す）なしのRnとなっていたのだった。このエラーのせいで、何の問題もない小さな速度変動をソフトウェアが重大問題のように見なし、コンピュータが不適切な操舵コマンドを出して、不必要な一連のコース修正をすばやく自動的に行った結果、宇宙船はコースから外れていった。テストでは無線誘導システムが一度も失敗しなかったので、このプログラミングエラーは事前に見つからなかったのだ。

報告書には次のように記載された。「コンピュータに搭載した誘導プログラムからハイフンがなぜか落ちていたため、誤った信号による指示でロケットは左に向きを変えて機首を下げた。（中略）あえて言うなら、アメリカ初の惑星間飛行の試みは、ハイフンが1本抜けていたために失敗した」。このロケットは8000万ドル以上したことから、作家のアーサー・C・クラークはこのエラーを「史上最も高くついたハイフン」と評した。

幸いなことに、マリナー1号には予備機があった。そのマリナー2号の準備が1～2か月以内に整わなかったなら、この莫大な財政的損失により、まだ創世期にあった惑星間計画は本当の始まりを迎える前に打ち切られていただろうといわれている。マリナー2号は打ち上げに成功し、ミッションを完了した。

2機のスペースシャトル、チャレンジャー号とコロンビア号がそれぞれ1986年と2003年に事故を起こすが、その間の1990年代後半にも、本来は避けられるはずのミスが立て続けに起こり、幸い人命が失われることはなかったが、非常に大きな損失を出した。後の章で取り上げるが（198ページ）、その原因はマリナーの事故によく似ている。

マーフィーの法則

エドワード・マーフィーは1918年にパナマのアメリカ管理地区で生まれた。パナマ運河を囲むアメリカの管理区域だ。

第二次世界大戦ではパイロットとして従軍し、少佐に昇進。その後、研究開発士官を務めたライト・パターソン空軍基地で、あの有名な法則を考えつく。

一般的には「運命のいたずらをふざけて表現したもの」と解釈されているが、マーフィー自身は常々こう言っていた。これはむしろ、危険を試みる人々に対して、常に最悪を想定しそれに基づいて計画を立てるように呼びかける警告のつもりなのだと。

ナウルの鳥の糞と
欲に目がくらんだ島民

1968〜2005年

人物：ハマー・デロバート（1922〜1992）とバーナード・ドウィヨゴ（1946〜2003）
結果：国が破産
失敗：国の唯一の大切な資産を管理できなかった

　ナウルは、オーストラリアとハワイの間に位置する世界最小の共和国だ。国土面積20平方キロ強のこの国は、想像しうる最も悪名高い愚行の一つの舞台となった。世界で最も裕福な国（国民一人当たりの計算で）の一つが、まったくの強欲ゆえにほんの数年で破産したのだ。この話には、ロシアのマフィアとイギリスのウエスト・エンドの劇場、メルボルンのコリンズ・ストリート、アフガン難民、北朝鮮の科学者、さらには鳥の糞――大量の鳥の糞――が関わっている。

プレザント島

　ナウルは1798年にイギリスの捕鯨船の船長ジョン・ファーンからプレザント島と名づけられたが、"プレザント（愉快な）"島でいられる時間は長くはなかった。90年後、ドイツがこの島を自らの植民地だと主張する頃にはすでに、島民たちは通りすがりの捕鯨船員が置いていった銃で互いに殺し合い、ただでさえ少ない人口の40パーセントが死んでいた。

　1900年、太平洋リン鉱会社の探鉱者アルバート・エリスは、この島がグアノに覆われていることを発見する。何百年にもわたって海鳥が落とした糞が、海洋底の腐食しかけた微生物や島を形成する天然サンゴ、石灰岩と混ざり、この島は世界で最も豊かで純粋なリン鉱石の産地となっていたのだ。帝国主義型の搾取が1907年に始まり、ナウルの植民地支配者たちは島の中心部から採れる富を収穫した。

　ナウルは基本的に沿岸帯の浜の中央に純粋なリン鉱石の台地ができた島なので、自然水が非常に少なく、その他の資源もほとんどなくて貴重だった。世界で最も隔絶した国の一つと言ってよいだろう。

　この島は第一次世界大戦中の1914年、オーストラリア軍に占領されるが、その後イギリスが委任統治を許され、イギリス・リン鉱委員会の庇護のもとで採鉱権をオーストラリア、ニュージーランドと共有した。この取り決めは第二次世界大戦中の日本軍による過酷な占領で崩れた

探鉱者は、この島がグアノに覆われていることを発見する。何百年にもわたって海鳥が落とした糞により、この島は世界で最も豊かで純粋なリン鉱石の産地となっていたのだ。

が、1943年3月にアメリカ軍が日本の採鉱施設を空襲で破壊し、ナウルの唯一の収入源を奪った。

その後、解放されたナウルは最終的にオーストラリアの管理下に置かれたが、この島はあまりにも荒れていたので、オーストラリアは何と、残っていた地元住民600人をクイーンズランド沖のフレーザー島にまとめて移住させ、ナウルを永久放棄する提案を行う。しかし地元住民はこれを拒否し、独立の形をとってリン採鉱プロセスを管理する道を選んだ。

1968年、ナウルは初代大統領ハマー・デロバートのもと、独立を達成する。1970年代には、国民一人当たりの収入はすでに世界最高に達していた。もはや植民地行政官に押しとどめられることもなく、新しい技術と意欲的な採鉱会社によってリン鉱石は効率よく採掘されていった。ナウルの人口はいつしか1万2000人に膨らんでいた。

しかし残念ながら、儲けた金でできることはあまりなかった。大半が信託財産になっており、世界中に投資されたのだ。投資先は、たとえばメルボルンの50階建てのナウルハウスといったオーストラリアの不動産や、レオナルド・ダ・ビンチの生涯をもとに制作されイギリスのウエスト・エンドで上演されたミュージカ

南太平洋におけるナウルの位置
ナウルはオーストラリアの北東に位置する面積約20平方キロの小さな島で、最も近い有人の地まで東に300キロという絶海の孤島である。

ル──3週間も続かず数百万もの損害を出した──などで、他にも怪しげな計画が多かった。あるいは政府の役人がジェット機で豪遊するのにも使われた。

地元住民は輸入食品に依存し、不健康な西洋料理の味を好むようになったので、糖尿病の発症率は50パーセントに達し、肥満が大きな問題となって男性の平均寿命は55歳にまで落ち込んだ。娯楽といえば、ビールを飲んで島の周回道路をドライブすることくらいしかない。しばらくの間、交通事故による死亡率は世界で最も高かった。

栄華の終わり

こうした快適な暮らしも、いやおうなしに終わりを迎えることとなる。1989年に就任した第10代大統領バーナード・ドウィヨゴの任期中の1990年代前半、リン鉱石が底をつき始め、金は

収容センター

2001年以降、数年間を除いて、オーストラリア政府は島に資金を出してナウル収容センターを運営させている。オーストラリア入国を目指す亡命希望者や不法移民が申請処理中に収容される施設だ。

しかし、多くの人々はこのセンターでの状況が過酷すぎると批判している。そのために2013年には暴動が起きたほどだ。また、この取り決めでナウルは事実上オーストラリアの従属国になったのだと主張する人々もいる。

> 1968年、ナウルは初代大統領ハマー・デロバートのもと、独立を達成した。1970年代には、国民一人当たりの収入はすでに世界最高に達していた。

ほとんどなくなった。島の"トップサイド"と呼ばれる中心部は生態学上の悪夢と化し、ギザギザのサンゴが荒れ地から20メートル以上も突き出した風景はまるで月面のようだった。

GEキャピタルが莫大な債権を回収しようと基本的に島全体を破産に追い込むと、この国の数少ない国際資産は差し押さえられた。推定10億米ドルを超える現金と資産を、不始末と強欲で使い果たしたのだった。国の唯一の天然資源の破壊は、この国を事実上破滅させた。

現在、地元住民は絶望の度合いを増していく貧困にあえぎ、海岸線地帯にしがみつくように住み、わずかな心づけの金をもらって何とか食いつないでいる。リン鉱石はいつ枯渇してもおかしくない。

しかし、この世は不思議な所だ。ナウルの住民は非常に才覚がある。つかの間の富と独立が合わさったことで、彼らは国連などの国際組織の仲間入りを果たし、ほとんどの国が選ばないような手段で国際エージェントとして活動する能力を身につけた。

この種の活動といえばかつては、熱帯の風景を描いた魅力的な切手の発行や、さらにはリベリアのように"便宜船籍"として世界中の商業船舶を認可することくらいしかなかった。しかし1990年代には、もっと実入りのよい選択肢が増えていた。ナウルは、規制に縛られないオフショアの銀行資本としての存在をインターネット上で世界に確立する。

特に、ロシアのマフィアはナウルの"施設"

> 1968年以降、彼らはかなり控えめに見積もっても15億〜20億米ドルを無駄にしました。彼らだけの仕業ではありません。世界中のあらゆる胡散臭い金融業者がナウルに押し寄せ、誤った助言を与えたのです。オーストラリアにはこれを整理する責任があると私は思います。ならずもの国家が太平洋のマフィアになるのは私たちの望むところではないからです。本当に資金不足で困っているなら島を売るべきです……買い取った会社が島を開発して観光事業を行い、漁業資源や鉱物資源を引き出し、その対価として彼らに1〜2億米ドルを支払ったうえ、年間収入も提供してくれるようにするのです。
>
> ——ヘレン・ヒューズ、オーストラリアの独立研究センター

を利用して670億ドルものマネーロンダリングを行ったとされる。ナウルでは、預け入れや引き出しはおろか銀行業務さえ記録する必要がないと定められており、この金は何の痕跡も残さずに消えた。テロ組織も、パスポートを惜しみなく発行してくれるナウルを利用したので、2001年には、ナウルはついにアメリカの"ならずもの国家"リストに載るまでになっていた。

新規まき直し

その後、どうやらアメリカはナウル政府と奇妙な取引をしたらしい。アメリカは負債をすべて帳消しにしたうえ島の再建資金まで出すかわりに、CIA主導の計画に協力を求めた。それはナウル政府が中国に公式に近づいて、北朝鮮の核科学者の亡命を可能にするためだけに大使館を開設する、というものだった。

最終的にアメリカがこの取引から手を引くと、またしても奇妙な展開となる。ナウル政府が、約束の金をとにかく要求しようとCIAを国際裁判所に告訴したのだ。極秘取引のはずが、興味深い手に出たものだ。しかし、ナウル政府はこの取引の一環としてオフショア金融とパスポートビジネスをすでに打ち切っていたため、再び収入に窮することとなった。

ところが、またしても風変わりな収入源が、ほぼ間髪を容れず現れる。それは、アフガニスタンのタリバンによる支配やスリランカの内戦から逃れてきたさまざまな難民を乗せた、水漏れのする木造船だった。オーストラリアへ向かっていたこの難民船は沈み始め、彼らは幸運にも通りすがりのノルウェーの貨物船に発見され救助される。

しかし、オーストラリアのジョン・ハワード首相は彼らに上陸許可を与えなかった。移民と難民を主な争点とする総選挙戦の最中だったのだ。国籍も住むところもない彼らには、ノルウェー船に何週間もとどまる以外ほぼ選択肢がなかった。

そしてようやくハワードは、のちに"パシフィック・ソリューション"と名づけることになる方策を考えつく。それは、船から最も近い陸塊のナウルに難民キャンプを作り、ナウルが難民に安全な避難場所を提供するのと引き換えに、オーストラリア政府が数百万の"援助"金を払うというものだった。

しかし、難民たちは彼らの新しい"故郷"を見るやいなや、ナウルのような荒れ地に降ろされるくらいなら船にこのままいさせてくれと要求。喧嘩が始まった。ここまで敬遠されるとは、この200年の間にプレゼント島に起こった出来事はなかなか大したものだ。

ユニオン・カーバイド社、ボパール工場の経費削減

1984年12月3日

主役：ユニオン・カーバイド・インディア社

結果：最大2万人が命を落とし、生存者15万人が恐ろしい後遺症に苦しんだ

失敗：安全対策よりもコスト削減を優先させた

1984年12月、インドのボパールにあるユニオンカーバイド・インディア化学工場で起きた爆発事故は、多くの人々の命を奪った。事故は、工場で働く人々の福利に対する経営者の卑怯な無関心を示す証拠だった。安全対策はあまりにも貧弱で、会社は最大限の利益を得ることに躍起となり、工場の設計と安全手順はどちらも恐ろしくずさんだった。同社の外部委託とグローバル化の初期の試みが、せめて似たような経費削減に熱心な企業に対する警鐘となってほしいと願うばかりだ。決定的な誘因は怠慢と強欲だった。

この事件の名残はインドの多くの人々の心にいまだうずいている。数十年たった現在でも、多くの人々は自分たちの苦しみを正当に償ってもらっていないと主張し、責任に関する議論が続いている。1992年にはボパールの行政長官が殺人罪の告発状を出し、2万人が殺されたと訴えたが、裁判で解決されることはなかった。

ユニオンカーバイド・インディア社の親会社であるユニオン・カーバイド社は今やダウ・ケミカル社の子会社となっており、ユニオン・カーバイド・インディア社との関係を絶って久しい。惨事の原因はサボタージュ行為だったとし、被害者への補償も十分に行ったと主張。ウェブサイト www.bhopal.com を開設し、申し立ての対応窓口としている。

いくつかの事実については議論の余地がな

> 焼けるような毒ガスがもうもうと濃く立ち込め、人々はほとんど目が見えませんでした。息苦しさにあえげばあえぐほど、ガスの作用でいっそう呼吸困難に陥りました。ガスは眼や肺の組織を焦がし、神経系を冒しました。体の自由がきかなくなり、大小便が脚を伝わり落ちました。妊娠していた女性たちは、逃げまどううちにお腹の子を亡くしました。子宮が自然と開き、出血しながら流産したのです。
>
> ──匿名の目撃者の証言、生存者のウェブサイトより

ユニオン・カーバイド社、ボパール工場の経費削減 **173**

ウォーレン・アンダーソン
インドから帰国後の1984年12月10日、敵意むきだしの報道陣を前にするユニオン・カーバイド社の会長、ウォーレン・アンダーソン。インドでは、ボパール事故に同社が関与したかどで逮捕されていた。

い。ユニオン・カーバイド社は1930年代にインド事業を立ち上げた。ボパール工場の建設は1969年、アメリカのウェストバージニア州にある同種の工場の設計をベースに行われたが、建設工事や資材の基準は異なっていた。ボパールはインドの中央部に位置するマディヤ・プラデシュ州の首都で、工場の建設場所はボパールの人口密集地だった。1984年12月3日の真夜中を少し過ぎた頃、この除草剤工場にある3基のメインタンクのうちの1つ（タンク610）で爆発が起こり、イソシアン酸メチル（MIC）が大量に漏れ出した。猛毒ガスがもくもくと立ち上り、またたく間に半径20平方キロにまで広がって、3800人以上が数分以内に息絶えた。

不運な人たち

MICは、セヴィンという農薬の製造に使われていた。毒ガスとして第一次世界大戦に用いられたことでよく知られているホスゲンの誘導体だ。MICは水と混ざると沸騰して不安定になるが、事故の夜に起きたのはまさにこの現象だった。爆発とその後のガス漏洩で15万人以上が何らかの障害を負ったとされ、死亡者数は2万人との見方が一般的だ。事故の影響は今もなおうかがえる。ボパールの流産率は依然として国の平均値の7倍と高く、ガス中毒の治療にあたる23もの特別病院には今も毎日4000人の患者が列を作っているのだ。

あの夜の光景を目撃した生存者ラシダ・ビーは、ガスの被害に遭った家族5人をガンで亡くした。彼女は、九死に一生を得た人々こそ「不運な人たち」だと言う。「本当に運がよかったのは、あの夜に亡くなった人たちでした」

ボパールの活動家たち
1984年の事故から18年目の2002年12月2日、ボパールでデモ行進を行い、スローガンを叫んで抗議する人々。デモ参加者たちは、ユニオン・カーバイド社の元会長ウォーレン・アンダーソンの絞首刑を要求した。

1989年に示談による和解が成立し、ユニオン・カーバイド社が4億7000万ドルを被害者遺族と生存者に支払うこととなったが、当初の要求額33億ドルには程遠かった。身体に障害を負った生存者が受け取る補償金の平均額は、毎月2ドル強だ。1992年には、ユニオン・カーバイド社はユニオン・カーバイド・インディア社の所有権をすでに手放していた。おそらくこの件で法的責任をそれ以上追求されないようにするためだろう。

しかし、2001年にダウ・ケミカル社がユニオン・カーバイド社を買収しようとすると、ダウ・ケミカル社の株主は法的責任が消失しないことを危惧し、買収を阻止しようと訴訟を起こした。この危惧が特に高まったのは、同社がユニオン・カーバイド社関係の未解決のアスベスト賠償金を支払うことに同意したときだった。この金額はおそらく22億ドルに達しているだろう。

何がいけなかったのか?

問題は工場の制御室にあった。MICタンク内の危険な圧力上昇を知らせる計器が、そこにはなかった。他の計器は爆発までの数時間のあいだに問題の発生を示していたが、誤動作を頻繁に起こしていたため、運転員は計器の示度を無視した。ある計器は、タンクが空なのに22パーセント入っていると表示していた。他の計器は目盛が正しく較正されていなかった。爆発前にMICガスが制御室を飲み込んだとき、酸素マスクのない運転員たちは逃げ出すしかなかった。こうして、運転員が急場を救ってくれるという微かな希望はついえた。

6台の安全装置は一つとして正しく機能せず、サボタージュの真偽はともかく、経費削減策が安全対策の縮小につながったことは明らかだった。MICユニットの作業班は12人から6人に、保守班は6人から2人に減らされていたのだ。

MICに水を混ぜることの危険性については十分な認識があった。この大惨事に先立つ4年間に大きな事故が少なくとも3回起こって作業員1人が死亡、35人が重傷を負っており、その原因がいずれもホスゲンの漏洩だったからだ。ウェストバージニア工場では改善策が講じられたが、ボパールではそれがなかった。

さまざまな安全装置は、まさにこのような事故の防止を目的としていたのだ。しかし、どれ一つとして役に立たなかった。漏洩ガスを燃焼処理するフレアは作動しなかった。パイプが1本欠けており、新しいものを取り付けていなかったのだ。苛性洗浄液による中和もできたは

ずだが、その前に手遅れになった。ガスの温度上昇を抑えタンクへの水の侵入を防ぐ冷却ユニットは、経費削減のためオフになっていた。そして警告のサイレンも、地元住民に誤報を流さないようにとスイッチが切られていた。

さらにその他の調査では、このようにずさんな保守を招いた他の問題も明らかになった。人員体制に問題があり研修計画も不十分なため、大半の運転員は自分が扱う物質についてほとんど何も知らなかった。ましてやその危険性など知るはずもない。注意事項は英語で書かれており、多くの運転員はヒンディー語しか分からなかった。MIC関連の事故が3件も起きていたのに、組織の硬直ゆえに何も対策がとられなかったのだ。こうした問題点の多くはユニオン・カーバイド社による1982年の安全監査でも指摘されていたが、何の手段も講じられなかった。

経費削減

論争は続いているが、どうやらこの工場は抱えている赤字の削減指示を受けていたようだ。干ばつの広がりで需要は低迷していた。計画的な経費削減の明らかな証拠もある。水を故意にタンクへ入れた（ユニオン・カーバイド社はそう考えた）かどうかはともかく、サボタージュ行為そのものの動機は見つからなかったようだ。会社の言い分は、水の流入を防止する各種安全装置を整備していたので今回起きたことは本来起こりえないことであり、それ以上の安全機構の必要性は低かった、というものだった。

> 6台の安全装置はどれ一つとして正しく機能せず、サボタージュの真偽はともかく、経費削減策が安全対策の縮小につながったことは明らかだった。

荒れ地

ボパール工場の正式な賃貸借契約が1999年に切れると、インド政府は、汚染除去に必要な巨額の財源が用意できないとの理由で工場をそのまま放棄した。このため、有毒化学物質と推定5500トンもの廃棄物に覆われたこの土地は、今や現地の子どもたちの遊び場になっている。

欧州委員会は2004年、化学物質の流出が今もこの地域の水道に悪影響を及ぼしていると報告した。グリーンピースの1999年の報告書では、この地域の水銀レベルは安全値の600万倍近いとされた。

毒ガスとなるものを使用する工場での、この安全対策の完全な失敗——これについては誰も強く否定しない——は、このような怠慢を二度と繰り返してはならないという点ですべての化学メーカーが一致するほどにひどいものだった。

1991年、ボパールの地元自治体は事故当時のユニオン・カーバイド社CEOウォーレン・アンダーソンを故殺罪で告発した。インドで裁かれ有罪となれば最大10年の刑期が課せられる。しかし、彼がインドの法廷で裁判を受けることはなかった。国際逮捕状からも、アメリカの裁判所への出頭命令からも巧みに逃れたのだった。何年も行方不明だったが、グリーンピースが2002年8月、ニューヨークのハンプトンズで贅沢な暮らしをしているアンダーソンを発見する。しかしアメリカ政府もインド政府も、逃亡犯引き渡し手続きで彼をわずらわせることには関心がないようだ。

出版王マクスウェル、年金基金を盗む

1984年～1991年11月5日

人物：ロバート・マクスウェル（1923～1991）

結果：自分の会社の年金基金を消滅させた

失敗：大富豪が社員の年金基金を"拝借した"が返済できなくなり、ヨットから失踪後、遺体となって大西洋で発見された

ヤーン・ルドヴィーク・ホッホ、別名 Cap'n Bob（ボブ大尉）、Bouncing Czech（「元気いっぱいのチェコ人」の意。bouncing check〈不渡りの小切手〉を連想させる）は学術誌の出版事業の大改革者としても知られ、イギリス有数の知名度を誇るタブロイド紙のオーナーだった。彼は、今では珍しくない新手のスキャンダルに実業界を2度も巻き込んだ。議員辞職に追い込まれ、モサド（イスラエルの情報機関）のスパイだったともいわれ、ヨットからの転落という不可解な死に方をしたが、オリーブ山（エルサレムにある丘）に手厚く葬られた。このドラマの配役には、ロバート・マクスウェル自身のほかに誰も必要ない。

ロバート・マクスウェルは、銀行やマスメディアからのプレッシャーの中、彼の築いた企業帝国が破綻寸前だという状況を受け入れられなかった。そこで、会社の減っていく財産を守ろうと、全世界の社員の年金基金からその収益全額を勝手に使った挙句、失くしてしまう。こうして、ロンドンの『デイリー・ミラー』紙の印刷作業員からニューヨークのマクミラン社の出版担当役員に至るまで、1万人とその家族を破滅させたのだ。マクスウェルが不可解な死を遂げた後は、訴追しようにも相手は彼の息子たちしかおらず、法人取引銀行の清算後に金は残らなかったので、この年金が取り戻されることはなかった。ただし、当時これは違法でさえなかった。これほど愚かで非道な企業経営者がいようとは、当局も思いもよらなかったのだ。ロバート・マクスウェルを見くびっていたのだったが、それは過去の多くの人々も同じだった。

存命中に企てたよりもはるかに大きなスキャンダルを死後に起こすことが、ロバート・マクスウェルの生まれ持った性分だったなら、彼はそれを2つもやってのけた。

マクスウェル大尉

ヤーン・ルドヴィーク・ホッホは1923年、当時のチェコスロバキアのカルパティア山脈にある小さな村で生まれた。正統派ユダヤ教徒だった両親は、どうやらナチスの手にかかって命を落としたようだ。彼の話では、7歳になるまで靴を一足も持っていなかったという。17歳のと

きイングランドに逃げ、年齢を偽り、名前もイアン・ロバート・マクスウェルに変えて陸軍に入隊。第二次世界大戦に従軍して武勲を立てた。彼が会社を設立して間もない頃の社員たちには、毎日忘れずにしなければならない大事なことがあった。彼が出社すると、社員は立ち上がって「おはようございます、マクスウェル大尉」と言わなければならなかったのだ。

マクスウェルの戦歴はそこそこ本物のようだった。ノルマンディー上陸作戦の第2陣に従軍。オランダでドイツ軍の砲火を浴びながら勇敢に戦ったとして、戦功十字勲章を授与された。勝利した連合軍の情報部の一員としてドイツにとどまると、同国の新聞業界を再編する。その直後、かつてはドイツが中心だった科学系出版界の空白を見てとり、ペルガモン・プレス社を設立した。イングランドに移住すると、中央ヨーロッパの難民があふれていることに気づく。この時期、書籍出版に大改革をもたらした人々だった。新たな母国を受け入れたいと熱望していたマクスウェルは、政界に進出。急速に増えていく富をいささか不釣合いなほど手にしつつ、1964年には強硬左翼の労働党員となった。1968年にイギリスの大手印刷会社BPCCを買収しようとするが失敗。翌年、BPCC社の買収を再び試みるために資金を集めようとペルガモン社の売却を画策するが、困った事態に陥る。会計実務に関して、強い疑問の声が上がったのだ。その大部分は、マクスウェルの経営する他の会社との取引から報告された、不審な利益に関するものだった。その後の出来事に照らして考えると興味深いことに、マクスウェルは、スイスにある自ら所有する会社の一つから調達した金でペルガモン社の株を買いあさることにより、同社の株価をつり上げ、実際よりも儲けが多く価値の高い会社に見せかけようとしたとし

ロバート・マクスウェル
1991年4月17日、ロンドンで記者会見に臨むメディア王、ロバート・マクスウェル。この年の11月に水死体となって海で発見された。

て非難された。非難はあまりにも激しかったので、彼はペルガモン社を意のままに動かせなくなったばかりか、議員辞職にも追い込まれた。

貿易産業省の裁決機関は、3年間の調査の結果、ほとんど前例のない結論に達する──「手腕と行動力には定評のあるマクスウェル氏だが、我々の考えるところでは、上場会社の適切な管理の行使を任せることのできない人物であるとの結論を下さざるをえない」。このような結論が出ていたにもかかわらず、投資家たちや銀行が、マクスウェルにその後の大失敗を犯す余地を与えたことは驚くべきことと思える。

返り咲き

マクスウェルは10年かけて立て直しを図った。株式会社のオーナーとしての自分の身に起こったことに大きなショックを受け、このよう

MGN
ロンドンのホルボーン・サーカスにあるミラー・グループ・ニュースペーパーズの本社。1991年9月26日撮影。

な恥辱を決して繰り返すまいと決意する。自分の帝国の支配に余計な口を挟んでくる人々を、彼はよく思わなかった。家族でさえ、自分の経営方法を理解できないだろうと決めてかかっていた。彼はリヒテンシュタインに個人信託を設定し、失ったものすべてを買い戻す——さらにそれ以上を手に入れる——べく、動き出した。

彼は一度も刑事告訴されなかったので、ほんの数年後には、再び株式会社の買収ができる身となった。まずはペルガモン社を買い戻したが、今回は内密に行い、この会社の儲けをそれまで以上に増やした。次にとうとうBPCC社を買収した。1984年までには、イギリスの最左翼タブロイド紙『デイリー・ミラー』を買収することで、念願の一つを達成した。彼の大きな存在感は同紙の一面をたびたび飾った。その多くは、慈善活動や愛国主義を支援するものだった。BPCC社は、マクスウェル・コミュニケーションズ・コーポレーションとなった。

1987年、彼は書籍出版事業に復帰し、アメリカのハーコート・ブレイス・ジョバノビッチ社を買収しようとした。これに怖気をふるったのがジョバノビッチだ。ポーランド人坑夫を父に持つ彼の生地は、マクスウェルの生地から30キ

> 彼の魅力には衝撃を受けました……圧倒的な貫禄と、とんでもない頭の回転の速さ。彼は私に刺激を与えてくれる、私のヒーローでした。
> ——アン・ロビンソン、マクスウェルの会社の元記者でテレビ司会者

ロと離れていなかった。ジョバノビッチは自ら破産して自分の会社に株を買い戻させることにより、マクスウェルに決して主導権を握らせないようにした。そんなことではくじけないマクスウェルは、ますます自制心を失っていく。ケーブルテレビ、印刷会社、英米の出版社、銀行、警備会社、さらには高級ファッションブランドのクリスチャン・ディオールまで、多くのさまざまな事業の買収や投資を行った。

1988年、マクスウェルはアメリカの大手出版社マクミランを買収する。社名をマクスウェル・マクミラン社とし、自身が会長兼最高経営責任者となった。雑多に買い集められた会社のどれが実際に利益を出していたのかは、今もなおはっきりしない。このごた混ぜを一つに結びつけておくものは、オーナーの桁外れの自己中心癖と、彼のやりたい放題に快く資金を提供し続ける銀行くらいのものだった。マクスウェルのやり口を暴露しようと多くの本が書かれたが、彼は名誉毀損弁護士アンソニー・ジュリアスを雇い、手段を選ばず、これらの本が世に出るのを阻止した。そうした本の一冊を出そうとするペーパーバック出版社を買収さえした。

しかし銀行さえも、1990年にはすでに弱腰になっていた。アメリカ人ジャーナリスト、シーモア・ハーシュは、マクスウェルとイスラエルの秘密情報機関モサドがつながっている可能性があるとの疑惑について本を出版した。その疑惑に登場した『デイリー・ミラー』紙の編集者は、マクスウェルの私生活が彼と国際諜報機関との重大なつながりに関係しているのではないかとの別の疑惑について少し触れただけで、解雇された。会社のいくつかは、現金を手に入れるために売却された。ペルガモン社もその一つだった。マクスウェルが語学学校ベルリッツを日本の出版社に売り渡したことは有名だが、売却金の両替後にようやく弁護士は、この会社の所有権譲渡証書が見当たらないことに気づく。マクスウェルはベルリッツをすでに銀行に担保として譲渡していたのに、誰にも言っていなかったのだった。彼の新しい日刊紙『ヨーロピアン』は、とんでもない速さで損失を出していた。そのさなか、マクスウェルは『ニューヨーク・デイリー・ニューズ』紙を買収するが、数カ月後、カナリア諸島沖の自分のヨットから姿を消す。1〜2日後、むくんだ水死体が打ち上げられ、巨体ゆえに彼と判明したが、検視は行われなかったという。遺体は飛行機でイスラエルへ運ばれ、驚くべきことに国葬が即座に行われて、神聖なオリーブ山に埋葬されたのだった。

存命中に企てたよりもはるかに大きなスキャンダルを死後に起こすことが、ロバート・マク

イスラエルの陰謀

マクスウェルは今もなお陰謀説をかき立て続けている。

つい最近では、彼が数十年にわたりモサドのスパイをしていたという説が出された。国際的な有名人の著作を出版することが、彼のスパイ活動の格好の隠れみのになっていたというのだ。いわく、喉から手が出るほど現金が欲しい彼は金銭的援助を求めてイスラエル政府に近づいたが、何も手に入らないとみるや手のひらを返し、モサドの活動すべてを暴露すると脅したため、暗殺が企てられたというものだ。

この説では、イスラエルが暗殺を隠蔽するため、国で最も崇拝を集める英雄たちの隣にマクスウェルを葬ったのだとしている。

スウェルの生まれ持った性分だったなら、彼はそれを2つもやってのけた。1つ目は彼の死の謎だ——彼は死ぬ数時間前に妻や息子、仕事仲間、弁護士と話をしていたが、元気のない様子や自殺の兆候はなかった。彼ほどの巨漢が大きな豪華ヨットの側面を自力で越えるのも、想像しにくいことだ。

全世界で3万5000人近くいた社員たちにとって、事態は想像よりもひどかった。1969年にペルガモン社の売却で犯したミスからマクスウェルは規制機関よりも多くを学んだので、自分の行いの形跡を隠すことが格段にうまくなっていたのだ。あのミスは、約20年後にアメリカで社員に対して同様の企業犯罪を行うための下準備だったのだと言わざるをえない。

残骸を精査

調査が完了する頃には、マクスウェルが社員の年金制度から10億ドル近くを使い込んでいた事実が浮かび上がる。これは1985年頃から始まっていたようだ。この年、彼は年金制度から金を借りたが年内に返済し、この金の動きは帳簿に載らなかった。誰も気づかなかったし、彼のもとで働いていた誰もが証言するとおり、実際に関与した者は何も言いそうになかった。彼はこれで大胆になり、借用はますます常習的かつ複雑になった。16年前の彼は、自身の所有する株を自身の所有するオフショアの私会社から買うことによって会社の株価をつり上げたが、今回の違いは、自分の金ではなく社員の金を

> 貿易産業省は2001年の報告書の中で、この惨事の「主たる責任」は父親にあったにせよ「ケヴィン・マクスウェルの行為には弁解の余地がない」と述べた。

使ったことだった。以前のように返済する意図がなかった、とまでは誰も指摘していない。結局のところマクスウェルの立場から見れば、彼の会社は拡大を続けており、業績は毎日のように上がっていた。社員の将来の面倒をみる方法として、社員の金を会社に投資することほど安全な方法があるだろうか？　所有権の仕組みがあまりに複雑だったので、年金受給者はおろか年金担当のファンドマネージャーでさえ、彼らの投資がすべてマクスウェルの会社のために取っておかれているなどとは気づかなかった。

1988年、マクスウェル・コミュニケーションズ社はマクミラン社とオフィシャル・エアライン・ガイド社の買収資金として約30億ドルを借り入れる。マクスウェルは、年金基金をその融資の担保に入れた。1990年、この金のいくらかを返済する必要に迫られると、そのために年金基金を使い果たすしかなかった。どの組織も、彼の会計士や法務担当の誰も、彼を止めることができなかったか、少なくとも進んで止めようとはしなかったようだ。会計検査官も金融監督官も気づいていないようだった。この複雑な体系を一つにまとめているのは、もはや年金の金だけだった。それでも彼は会社の買収をやめな

> 原始林をドシンドシンと歩き回る、長い毛を生やしたマンモスのように、
> 不道徳というよりもむしろ前道徳的だった。
> 時として哀れみや愛着に似たものを感じさせる人物だった。
>
> ——ピーター・ジェイ、元駐米イギリス大使

かった。結局、社員が増えれば増えるほど、彼が使える金も増えるのだ。ミラー・グループの約2万人では満足できず、彼は今やアメリカにも多数の社員を抱えていた。しかしついに1990年後半、ある金融ジャーナリストが、FTSE 100（イギリスの代表的な株価指数）に入るどの優良企業にもマクスウェルの年金が使われておらず、マクスウェル・コミュニケーションズ・コーポレーション1社につぎ込まれていることに気づく。そして質問が浴びせられた。あのヨットでの運命的な夜に、その質問がマクスウェルを悩ませていたことは疑う余地がない。

消えた5億ポンド

マクスウェルの死後まもなく、彼の会社の社員の年金基金から5億ポンド（10億ドル）弱が消えていることが発覚。マスメディアの激しい要求を受けて議会のさまざまな審査委員会が何年もかけて調査し報告を行うと、社員保護のための新たな規制を導入する試みがなされた。

1991年12月3日、マクスウェルの後継者である息子たち、ケヴィンとイアンは、マスメディアによるすっぱ抜きを受けてそれぞれの職を辞した。1992年、マクスウェルの会社が破産保護を申請する一方で、ケヴィンは4億ポンドを超える負債を抱えて破産宣告を受けた。重大不正捜査局は1995年にケヴィンとイアンのマクスウェル兄弟をスキャンダルに関与した疑いで起訴したが、結局は2人とも1996年に無罪放免された。ただし貿易産業省は2001年の報告書の中で、この惨事の「主たる責任」は父親にあったにせよ「ケヴィン・マクスウェルの行為には弁解の余地がない」と述べた。

マクスウェルの悪事で痛手をこうむった年金受給者たちが抗議運動を起こすと、イギリス政府による1億ポンドの救済策と1995年の示談解決により、基金の一部は取り戻された。この示談解決は"Major Settlement（大解決）"と呼ばれ、2億7600万ポンドをマクスウェルの4つの年金で分けた。しかし2002年、政府は年金受給者に対し、受給額が信託整理時に約束した額の半分になるとの通知を送付した。

それでも、マクスウェルのもとで働いていた多くの人々は、彼のしたことが強欲だけではなかったと擁護するか、または少なくとも弁明しようとしたのだった。いわく、ロバート・マクスウェルは本当に自分を信じており、自分は悪いことができないと思っていたのだと。貿易産業省はマクスウェルの件に関する最終報告で、「これらすべての出来事から得られる最も重要な教訓は、高い倫理規範と職業規範を常に商業利益よりも優先させなければならないということである。金融市場の評価はこれにかかっている」と結論づけた。この事件への関与で訴追された者は誰もいなかった。『インデペンデント』紙の記事で指摘されたとおり、当時のマクスウェル・グループの多くの古参社員が今や、マスメディアと政府筋で高い地位についている。

"マクスウェル"する

彼の死から数十年、"to do a Maxwell（マクスウェルする）"は企業欲や愚かな経営決断の代名詞となった。しかし、マクスウェル・コミュニケーションズ社の監査法人クーパース・ライブランド社にこの件の過失で課せられた、わずか300万ポンドの罰金が再発防止にほとんど役に立たなかったことは、最近の出来事を見れば、あまりにも明白だ。

ソ連、チェルノブイリで軽率に試験を行う

1986年4月26日

元凶：ソ連の官僚主義体質
結果：おそらく10万人が甲状腺ガンでじわじわと死に追いやられた
失敗：原子力発電所の試験手順のずさんな管理

1986年4月25日から26日にかけての深夜、ソ連（現在のウクライナ）の町、チェルノブイリ原子力発電所で今や原子力事故の代名詞となっている事件が起こった。一瞬の出来事が、45秒も経たないうちに広島の100倍以上の規模の核爆発へとつながった。もちろん、これからあらましを述べる事件に比べれば、世界の原子力計画全体のほうが、潜在的に大きな破壊力を持っていると言える。実際、チェルノブイリの事故の直接的な影響は、他の数えきれない事故に比べればかなり小さい。爆発による死者は31人、さらにその直後に命を落とした救急隊員や消防士は約50人だった。しかし、放射能の影響の規模は今も計り知れないほど大きいのだ。

チェルノブイリ原子力発電所はキエフの北100キロ、ベラルーシとの国境のすぐ南に位置する。4基の原子炉を擁する大規模な核関連施設群だったが現在は閉鎖されている。もっとも、閉鎖されたのはようやく2000年になってのことだ。ここには今、史上最大の可動構造物がある。原子炉4号機を覆うための巨大なシェルターだ。このシェルターに守られて、機械と作業員によるがれきの除去作業が続けられている。

心配の種

1979年のはじめに起こった2つの出来事は、この施設群の運営者と作業員に心配の種を与えたかもしれない。1979年2月21日、のちにソ連の最高指導者となるウクライナKGBの議長ユーリ・アンドロポフは、ソ連の国家保安委員会あてに次の極秘メモを書いた。

「ソ連KGBの所有するデータによれば、チェルノブイリのさまざまな場所で設計からの逸脱や違反が起こっており、トラブルや事故につながりかねない」

一瞬の出来事が、45秒も経たないうちに
広島の100倍以上の規模の核爆発へとつながった。

立入禁止区域
1989年10月、チェルノブイリのフェンスに立入禁止区域の看板を取り付ける民兵。

その1カ月後、アメリカのペンシルベニア州ハリスバーグにある原子力施設スリーマイル島で、部分的な炉心溶融が発生した。この施設の開設からわずか1年での出来事だった。この事件について何年もかけてまとめられた報告書には、チェルノブイリとの特筆すべき類似点がみられる。設計の不備、研修不足、脆弱なシステム、ずさんな工事だ。チェルノブイリについては、ソ連体制の"全身倦怠"の象徴として、また体制そのものの崩壊の寓話として、いろいろと取りざたされている。しかし、合理的に考えて明白なのは、スリーマイル島の事故も一歩間違えれば同じような悲劇に発展していたかもしれず、ウクライナで起こったような過失が一つでもあれば、同じように壊滅的な影響がアメリカの東海岸全域にも及んでいたかもしれないということだ。

極めて重要なのは、スリーマイル島では、事故につながる一連の出来事が1つの圧力弁の故障から始まったということだ。運転員たちは安全装置が作動すると信じ込んでいた。彼らが事態に気づいた頃には炉心の半分がすでに溶融しており、間一髪で大惨事を免れたのだった。数千人が避難し、ローマカトリック教会の司祭は総赦免を与え、ヒステリーが4〜5日間にわたって広がった。しかしチェルノブイリの不運な住民たちは、そのような警告を受けることさえなかったのだ。

試験の開始
4月25日、通常の運転停止の前に、チェルノブイリ原子力発電所4号機の作業員は、ある試験の準備を開始した。タービンが主電源の停止後にいつまで回転し電力を供給するのか調べる

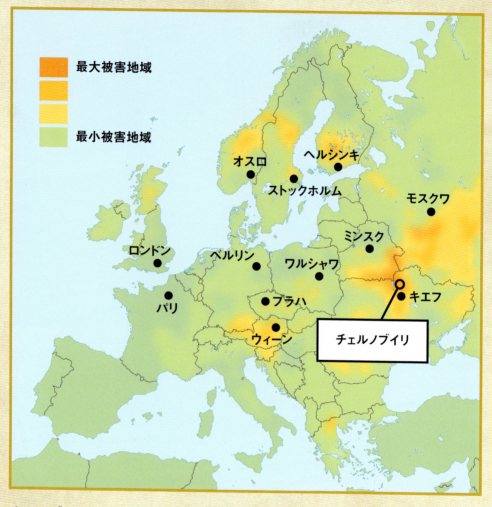

チェルノブイリからの放射性降下物の影響を受けた地域
1986年4月25日から26日にかけての深夜に起こったチェルノブイリの大惨事の後に、ヨーロッパで放射性降下物の影響を最も受けた地域。

テストだ。原子炉が低出力設定で非常に不安定になることが分かっていたにもかかわらず、同様の試験はチェルノブイリでも別の発電所でもすでに行われていた。経験豊富な熟練作業員のいる昼勤時間に行われるはずだったが、出力を下げ始めていた午後2時00分、出力上昇を要請する緊急通話がキエフから入ったため、試験の手順が9時間遅れたのだった。ようやく出力低下を再開したのは日付が変わる50分前で、夜勤時間が始まってもまだ続いていた。それから30分も経たないうちに、手動制御への切り替えミスで冷却水の危険な水位低下が生じる。午前1時15分、試験を続行するため自動運転停止装置をオフにした。この試験は必須ではなかった

が、実施の機会は半年に1度の原子炉停止中しかなかったので、運転員には、試験をやり遂げなければという強いプレッシャーがかかっていた。夜勤の運転員は、この試験が特に危険なものだとは気づいていないようだった。ましてやどのような事態のおそれがあり、それを防ぐにはどうすればよいかなど知らなかった。さまざまな警告や、冷却水の不足、異常を知らせる計器の存在にもかかわらず、試験は4月26日未明の午前1時23分04秒に開始された。これほど多くの問題があったのに、何の事故もまだ起こっていなかった。この大惨事は全体から見れば、試験手順のあらゆる側面で起こった一連のミスから生じたと言えるかもしれないが、それでも最後の致命的なミスさえなければ、発生を免れていただろう。

原子炉爆発

冷却水の流量が低下するにつれて、発電出力は増加した。それまでの数々のミスで不安定な状態に陥っていた原子炉を運転員が停止しようと動いたとき、設計の特異性から急激な出力上昇が発生。燃料要素が破裂し、蒸気の爆発力で炉の蓋が浮き上がって核分裂生成物が大気中に放出された。2回目の爆発で燃料と黒鉛が炉心から放り出されると、空気が勢いよく流入して黒鉛減速材が炎上。原子炉は、試験開始からわずか56秒後に爆発した。

数日のうちに、この地域では黄色い雨がばら

> 夜勤の運転員は、この試験が特に危険なものだとは気づいていないようだった。ましてやどのような事態のおそれがあり、それを防ぐにはどうすればよいかなど知らなかった。

ゴーストタウン

信じがたいことだが、近くの町プリピャチでは即時避難が行われなかった。実は、多くの町民は何か不都合なことが起きたことさえ知らなかったのだ。発電所の管理は、地元当局ではなくモスクワにいる運営者が直接行っていたので、地元当局が事故の重大性に気づいて対応するのに時間がかかった——当初は、ただのぼやだと報告されていたのだ。

爆発から24時間以上たった4月27日になってようやく避難に至ったが、その頃には町民の多くが放射能の影響で倒れ始めていた。3日後には避難が解除される予定だったが、プリピャチは今もなお、人影のないゴーストタウンのままだ。

ばらと降っていた。13万1000人以上の地元住民が即刻避難し、その1週間以内にさらに25万人が避難した。甲状腺ガンの発症率は2倍以上となり、死者数は最終的に最大10万人に達する見込みだ。放射性降下物をまともに浴びたベラルーシ、さらにウクライナでは、先天異常が依然として多い。放射能レベルは、遠くイギリスのウェールズに至るまで異常に高い値を示した。スカンジナビアやドイツでは、土壌内の放射能レベルが依然としてかなり高い。ベラルーシでは国民の5分の1が移住し、8000平方キロの農地が使えなくなっている。2000年、ウクライナではGDPの実に5パーセントが災害軽減の取り組みに消えた。その総額は全世界で3600億ドルにものぼると予想され、汚染の除去には200年かかるだろう。

186　失敗だらけの人類史──英雄たちの残念な決断

CIA、ムジャーヒディーンに武器を提供する

1989年1月〜2001年9月11日

黒幕：CIAとアハメド・アディーブ

結果：2001年9月11日のテロ攻撃に直接つながった

失敗：敵に別の敵と戦わせるための武器を提供した後、無関心を決め込んだ

　何百年も前から、アフガニスタンは幾多の皇帝の夢の終着地点だった。その中でソ連ほど強大な帝国はなかったが、そのソ連でさえ勝てない敵がアフガニスタンにはいた。ソ連は1980年代にアフガニスタンでの大胆な企てで泥沼にはまり、軍隊と財政が麻痺状態に陥って泥にまみれた。

　ソ連のアフガニスタン侵攻を、CIAとアメリカは自分たちが最大限に利用できる大失策だと正しく認識した。外交の常として過去の敵が味方となったのだが、その中には、あまりよからぬ輩もいた。残念ながら、ソ連の崩壊でアメリカは自らのレトリックを過信し、武器を提供した反共主義分子が自らの敵に変貌するのを許してしまう。イデオロギー的に対立するばかりか、完全武装した敵だ。将来の敵の武装をこれほど憂慮すべき規模にまで援助し、けしかけたことが、のちに世界中で起こる一連の反米テロ攻撃への直接の引き金となり、2001年9月11日の事件へとつながる。

動乱の歴史

　中央アジアの要地にあたる現在のアフガニスタンの領土には、動乱の歴史があった。紀元前328年、アレキサンダー大王はバクトリア（現在のバルフ）に進軍してこれを占領。その後の数百年の間には、スキタイ人、白フン族、テュルク系民族による侵入が続く。紀元後642年にはアラブ人がこの地域全体に押し寄せ、イスラム教を持ち込んだ

> 我々の狙いはイスラム原理主義の同胞たちとの結束を示すことであって、ロシアとの戦いに必要以上に関わることではなかった。それはアメリカのやることだった。アフガニスタンで戦うだけでは不十分だと私は悟った。あらゆる戦線で共産主義や西洋の圧制と戦わねばならないのだ。急を要する相手は共産主義だったが、次のターゲットはアメリカだった……この公然たる戦いは最後まで、勝利するまで続くのだ。
>
> ──オサマ・ビンラディン、1995年4月

アラブ人による支配はペルシア人に道を譲り、ペルシア人がこの地域を支配したが、998年にはテュルク系のガズナ朝に征服される。ガズニのマフムード（998〜1030）は過去の支配者たちによる征服を整理統合し、ガズニを文化の一大中心地に、またインドにたびたび不意打ちをかけるための拠点とした。マフムードの王朝が短命に終わった後、数々の王子がこの国の一部を支配しようとしたが、チンギス・ハーン率いる1219年のモンゴル襲来で住民は大虐殺に遭い、ヘラートやガズニ、バルフなど多くの都市が破壊された。

　1227年にチンギス・ハーンが亡くなると、大物とはいえない首領たちや王子たちが支配権を目指して次々と奮闘するが、14世紀末にティムールがアフガニスタンを統合し、広大なアジア帝国を築く。ティムールの子孫でインドのムガル王朝を16世紀の初めに創設したバーブルは、アフガニスタンに築いた公国の首都をカブールと定めた。

　1747年には、アフマド・シャー・ドゥッラーニーが支配を確立する。パシュトゥーン人である彼は、族長たちや小さな公国、分裂状態の州を一つに統合した。1929年の9カ月間を除けば、代々のアフガニスタン支配者全員が、パシュトゥーン人のドゥッラーニー部族連合の出身であり、さらに1818年以降の全員が、この部族のムハンマドザイ家の者だった。その状態は、1978年にマルクス主義者がクーデターを起こすまで続いた。

アングロ・アフガン戦争

　19世紀になると、この亜大陸で勢力を拡大しつつあった大英帝国と帝政ロシアとの衝突が、いわゆる"グレート・ゲーム"状態のアフガニスタンに大きな影響を及ぼした。イギリスは中央アジアでのロシアの進軍とペルシアでの影響力拡大に懸念を抱き、ついにはアフガニスタンの玉座をめぐってアングロ・アフガン戦争が2回にわたり勃発する。アフガニスタンのアミール、アブドゥッラフマーン（1880〜1901）の治世にはイギリスとロシアが公式に国境を定め、それが現代のアフガニスタンとなっている。イギリスはカブールの外務の実効管理を維持したが、のちにインドの分割で影響力を失う。

　アメリカがこの地域でこれほどの影響力を持ったことはなかった。アメリカとして初めて接触を行ったのは、ペンシルベニア州出身の冒険家ジョサイア・ハーランだった。

CIA本部
バージニア州ラングレーにある中央情報局（CIA）本部。1990年6月14日撮影。

アルカイダ

　1980年代後半、オサマ・ビンディンによって設立されたアルカイダは、本部を当初アフガニスタンとパキスタンに置いていたが、1992年頃にスーダンへ移した。その間に、同じ考え方を持つイスラム原理主義者グループ、タリバンがソ連撤退後の激しい内戦で優勢に立つようになり、1996年にカブールを攻略する。その年、スーダンから放り出されたビンディンとアルカイダは、カブールで温かい歓迎を受けた。アルカイダはアフリカ、アラビア半島でテロを実行、2001年9月に米国で航空機を使ったテロは世界に大きな衝撃を与えた。

　1830年代にアフガニスタン政治の顧問を務め、ラドヤード・キップリングの小説『王になろうとした男』のモデルにもなった人物だ。1934年に外交関係を築いてからは、ささやかな援助金をアメリカが提供し、平和部隊が活動していた。

　イスラム教徒が支配するパキスタンは、隣の英領インドとは大きく異なる国になった。アフガニスタンに南方と東方で隣り合うイランがアヤトラの支配下に入ると、アフガニスタンは、急進的なイスラム原理主義者の国に挟まれることとなる。

　アラブ・イスラエル戦争の惨事で、アラブ世界の多くの知識人の間には大きな幻滅感が広がった。そして1970年代のオイルショックでは、数十億ともいわれる計り知れない額の金がアラブ世界の多くのシャイフの手に渡った。強硬な過激分子は、エジプトやシリア、サウジアラビアの君主や大統領が危険なほど西洋かぶれしてしまったと考えた。

"敵の敵は味方"

　ロシア人は歴史的に、アフガニスタンを自らの勢力範囲とみなしていた。また、イスラム過激主義が拡大して、イスラム教徒の多く住むソ連南部の共和国に広がることを不安視していた。カブールの過激派政権をソ連の防衛に対する重大な脅威とみなし、クーデターを画策して、傀儡政権を樹立した。

　アメリカの見方は、もちろんソ連と同じではなかった。おそらく1979年という年はもはや冷戦の絶頂期ではなかったが、アメリカ国務省の思考は共産主義の脅威にまだ支配されていて、この問題が他のすべてに優先していたのだろう。

　1979年2月、ソ連の専門家として有名な駐アフガニスタンアメリカ大使アドルフ・ダブスが、イスラム原理主義者に誘拐される。仲間の闘士2人の解放を要求する誘拐犯と当局との交渉は行き詰まり、その結果降り注いだ砲火の雨で、ダブスは命を落とした。

　アメリカの外交抗議は比較的穏便だったが、これを転機として、アフガニスタンにおけるソ連の影響力を弱体化させる計画が始まった。当初、これはソ連の影響下にある体制への援助を打ち切ることだった。

　しかし、外交政策が"敵の敵は味方"の事例に単純化される場合はたいていそうであるように、かつてイランの支配権をシャーから取り上げた、そしてテヘランではアメリカ人を人質にとっていた、まさにそのイスラム原理主義分子を、CIAはすぐさま支持し始める。イランのアメリカ大使館人質事件ではテロリストとして非難を浴びた活動家が、今度は自由の闘士として賞賛されたのだった。

　アメリカによるアフガニスタンのムジャーヒディーン支持は、皮肉なことに、実際かなり成

功した。ソ連のアフガニスタン侵攻は、ベトナムでのアメリカと同じ末路をたどる。アメリカから資金援助を受けてスティンガーミサイルで武装した反乱軍が荒らし回ると、過去の植民地支配者たちと同様、ソ連もこの国の支配権を手にすることができないまま、1989年に屈辱の撤退をした。

無知、無頓着、無関心の代償

しかし、共産主義者の脅威が去ると、アメリカはあっさりと関心を失った。ベトナムでの過ちのショックを引きずっている国務省とCIAには、反ソ連のジハードで政治プロセスを掌握しようという願望はなく、ソ連が去った今、アフガニスタン問題にそれ以上関与する気はなかった。ソ連に敵対心を持つ誰に対しても、その動機に関係なく武器を供給するということに焦点を置いていたのだ。

そこで、反逆者の選別をパキスタンとサウジアラビアの情報機関に任せた。アメリカの連邦議会は秘密資金の支出を承認した。この金はリヤドに流れたのだろう。サウジアラビアの情報機関の長官であるトゥルキー・アル゠ファイサル王子の参謀長、アハメド・アディーブは、ほとんど思いのままに資金を分配する権限を持っていた。

アディーブは学校教師をしていたことがあり、ジッダでの教え子の一人にオサマ・ビンラディンがいた。ビンラディンは反ソ連暴動の

> アディーブは学校教師をしていたことがあり、ジッダでの教え子の一人にオサマ・ビンラディンがいた。ビンラディンは当時、サウジアラビアの情報機関の周辺要員を務めた。

アフガニスタン紛争
ソ連は1979年にアフガニスタンへ侵攻したが、軍事費がかさみ、1987年にはすでに軍隊の撤退を開始していた。最後の部隊がアフガニスタンを後にしたのは、1989年2月のことだった。

際、サウジアラビアの情報機関の周辺要員を務めた。彼はサウジアラビアとCIAからの資金に加えて私財を投じ、インフラを構築する。このインフラは、反ソ連のジハードのみならず、自らが進めているネットワーク、アルカイダ（"基地"の意）のためのものだった。

こうして、アメリカの政策全体――国務省は激しく反論しているが――と特にアハメド・アディーブは、のちにFBIの"最重要指名手配テロリスト"となる男の武器調達に手を貸し、ソ連が去った後のアフガニスタンに空白が生じるきっかけを作ったわけだ。この空白をすぐに埋めたのが、アルカイダとタリバンの邪悪な結託だった。反ソ連運動への関与に関する当初の是非はともかく、アメリカは、ソ連の撤退後に起こるかもしれない事態に無知、無頓着、無関心であったことの代償の大きさを、今もなお痛感している。

190　失敗だらけの人類史──英雄たちの残念な決断

宝石商ラトナー、うっかり商売の秘密を暴露

1991年4月

人物：ジェラルド・ラトナー（1950年生まれ）

結果：自分の会社をめちゃくちゃにした

失敗：公衆の面前で商売の秘密をうっかり暴露してしまう

2005年4月27日、ジェラルド・ラトナーは英国経営者協会の年次総会で登壇した。それ自体は驚くべきことではなかった。大富豪に返り咲いたインターネット起業家が、年に一度の会合で仲間に話をするだけのことだ。ただし、彼はかつてこの演壇でひどく評判を落とし自分の会社を10秒でめちゃくちゃにした男として、この場に戻ってきたのだった。

ジュエリー事業の謎

本書で紹介する愚行には複雑なものが多い。責任を問われる人物が多いものや、さまざまな種類の愚かさや馬鹿さかげんが関わっているものなどだ。しかし、この話は単純明快だ。ラトナーほど、自らの一生の仕事を劇的かつ分かりやすく台無しにした男はそういない。"悪い宣伝でも、宣伝しないよりはまし"という金言がこれほど疑いなく反証された例も珍しい。そして、イギリス人の頭の中で、少々下品な表現がある出来事とこれほどあっという間に結びつい

た例もめったにない。唯一の問題は、彼がなぜそんなことをしたのかということだ。精神分析医が身近にいないので専門的なことは分からないが、説得力のある唯一の答えは怒りだろう。通常ありがちな世間に対する怒りではなく、特定の個人への怒りでもない。自分自身、自らの会社、自らの仕事に対する怒りだ。

ジェラルド・ラトナーは、父親の営むジュエリー事業を1984年に継いだ。そして、ささやかな小売店を6年以内に数百万ドル規模の帝国へと成長させる。イギリスのありとあらゆる目抜き通りには、ラトナーの店か、彼の買収した関連会社が建っていた。ありていに言えば、ラトナーの店は労働者階級の若者が同じく労働者階級の恋人に指輪を買うような店だった。

ラトナーは自社商品に関連して世間の注目を浴びた実業家であり、彼の経歴はマーサ・スチュワート（カリスマ主婦として脚光を浴びたアメリカ人実業家）の体験談とよく似ている。ジュエリー事業は多くの識者にとって、いまだ

> ラトナーほど、自らの一生の仕事を劇的かつ分かりやすく台無しにした男はそういない。"悪い宣伝でも、宣伝しないよりはまし"という金言がこれほど疑いなく反証された例も珍しい。

宝石商ラトナー、うっかり商売の秘密を暴露　191

> 「まさに悪夢だったよ。ある日には雲の上にいるような気分で、コンコルドに乗る大物だったのに……次の日にはまったくの物笑いの種になっていたんだからね。あれはとんでもなく大きな分かれ目だったよ。まるでB.C.だね、"がらくた"前（Before Crap）と後ってわけだ」
>
> ——ジェラルド・ラトナー、2004年

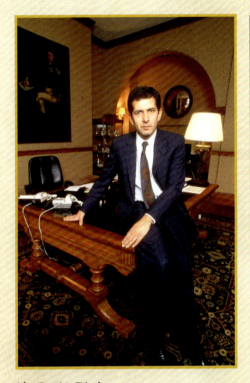

ジェラルド・ラトナー
1990年に撮影された宣材写真。その1年後に飛び出した発言で悪評を呼ぶことになる。

別することも指輪に留められた宝石のカラット数を特定することもできないので、ケースの内張りのビロードや、ケースに型押しされた名前が漂わせる風格で判断するしかない。つまり、個々の商品よりももっぱら評判とイメージに根ざした業界なのだ。実際、ある大手ジュエリー雑誌の編集者が語ったところによると、恋人を連れてニューヨーク五番街の宝石店へ行き、高価なジュエリーをクレジットカードで買った男性が、1時間後に電話をかけてきて本物のダイヤモンドを何分の1かの値段のジルコニア（模造ダイヤ）に交換することは珍しくないという。恋人が決して気づかないと分かっているからこそ、こんなことが安心してできるのだ。

成功の体現者

　成功した起業家が、その成功談を語ってほしいと頼まれることは珍しいことではない。そしてジェラルド・ラトナーは、まさにその成功の体現者だった。運転手付きのベントレーに、ヘリコプター、ボートを所有。ロンドンと郊外に豪邸を構え、バルバドスにある有名人御用達のリゾートホテル、サンディ・レーンにスイートルームを持っていた。さらにはマーガレット・サッチャー首相をダウニング街10番地に訪ねるほどで、ロンドンでは金儲けの天才として知られていたが、そう言われるだけのことはあった。だから、ジェラルド・ラトナーが1991年4月にロンドンで行われた経営者協会の昼食会議で6000人の事業家と記者を前にスピーチをするよう頼まれたことも、自然の流れだったのだ。

に謎だ。なにしろ70パーセント割引が永久に可能で、それでも大きな利益を出せるらしい。この事業で物を言うのは、商品自体のデザイナーのブランドではなく、商品のギフト用ケースに記された小売店の名前と信頼性だ。TV広告は、商品そのものよりも、そのケースを手渡したり受け取ったときの喜びを強調する。ケースの中身に関して言えば、普通の人は本物と偽物を区

"ラトナー"する

2013年にはラトナーは信用の失墜を受け入れたようで、次のようにコメントした。

「ツイッター上では、しくじりといえば私のことですよ……自分ではツイッターをやりませんが、私を検索すれば史上最悪の駄目人間として出てきますし、誰かが"やらかした"ら"ラトナーした"と言うのですからね……私が80年代にイギリス市場で50パーセント以上のシェアを持つ国内最大手の宝石商だったことは、どうでもいいみたいです。私の死亡記事は、駄目人間だったという話で埋め尽くされるのでしょうね」

まったくの愚行

ラトナーは会議後の質問で、なぜ彼の会社はシェリー酒のデカンターを4.95ポンドという驚くべき安価な値段で販売できるのかと尋ねられた。その瞬間、彼は答えた。「ただのがらくた（crap）だからですよ」

彼の答えはこれで終わらない。自虐的発言に熱がこもってきた彼は、自分の会社では「イヤリング1組を1ポンド以下で売っている、これはマークス＆スペンサー（イギリスの高級スーパー）のエビのサンドイッチより安いが、たぶんそれほど長持ちしないだろう」と言い放った。

ラトナーは何を考えていたのか。ジュエリー事業の本質は、なぜそこまで誤解されてしまったのか。公けの場であまり深く考えずに発言することの危険性を、彼は正しく認識していなかったのか。本当のところはいまだに誰も分からない。いずれにせよ、その影響は即座に現れ、致命的だった。マスメディアは彼の発言に飛びつき、すぐにトップニュースとして報じた。ラトナーの店のケースに入った指輪が誰かに贈られる可能性は、もはやほんの少しも残っていなかった。"がらくた"という言葉は全国で"モ・ドゥ・ジュール"（フランス語で「今日の言葉」の意）となり、会社の株価は数日のうちに5億ポンド下落した。ラトナーは会社から追放され、全財産を失い、会社は倒産を免れるために社名とブランド名の完全変更を余儀なくされた。彼はすべてを失ったのだった。

ラトナーは、この件に関して10年以上にわたり口を閉ざした。引きこもり、とりつかれたように体を鍛え、通っているジムを買い取って、はるかに大きな金額で売り払った。2005年前半の『サンデー・タイムズ』紙のインタビューで、彼はついに事の顚末を説明しようとした。

「父のジュエリー事業を引き継いだとき、会社は窮地に立っていました。それを私は年間1億5000万ポンドを売り上げるラトナーグループに生まれ変わらせたのです。そして、あの35分間のスピーチで、シェリー酒のデカンターを私は"がらくた"だと言いました。ちなみにそのデカンターは販売中止になりました。私は、すべてのものにひねった解釈を加えるような洗練されたビジネスマンではありませんでした。しかし報道は延々と続き、株価は私が辞任を免れないレベルまで下落しました。私の身に起こったことにプラス面は何もなかったのです。私はこの仕事を愛していたのに……私の人生は何もかも最高だったのに、すべて奪われたのです。本当にもうめちゃくちゃでした。今でもまだつらいです」

なぜ彼の会社はシェリー酒のデカンターを4.95ポンドという驚くべき値段で販売できるのかと尋ねられ、彼は答えた。「ただのがらくただからですよ」。

返り咲き？

　自らの愚行に悩まされる人々の多くは、ある不思議な特徴を持っている。それは、転落の理由についてじっくり考えても、結局何も理解できないということだ。わずか30分で自らの生計の手段をぶち壊し、自らと投資家たちの財産を使い果たした男が、これは自分のしたことではない、誰かにしてやられたのだ——おそらく報道機関に——というふうに振る舞っている。

　この話には、嘘みたいな落ちがついている。しっぽを巻いてジュエリー業界を去ったラトナーは2003年前半、その大好きな業界に再び参入する試みを決意する。今回はオンラインビジネスを開業し、彼がまさにかつて経営していた種類の店よりも低価格で商品を販売しようとした。しかも、よりによって自らの名前を買い戻そうとしたのだ。かつてその名を冠していた会社が長い間使用していなかった名前だ。この会社はなぜか、彼の名前は貴重な資産なので売るつもりはないと主張。ラトナーは、自らのファーストネームを代わりに使用するしかなかった。インドから在庫を仕入れているそのオンラインストアは大成功していると誰もが言っている。その一因は彼自身の悪名だ——ひょっとすると、"どんな宣伝も、良い宣伝"だと証明しているのかもしれない。あるいは、"カモはいくらでもいる"のかもしれない。ラトナーの再登場が消費者に受け入れられたことを示す市場調査結果に、彼は何とコメントしたか？「ほら、思ってもみなかっただろ？」

転落前

マーガレット・サッチャー首相に面会するラトナー。1980年代の大部分を通じて、彼は独力で立身した"サッチャー主義の"成功の権化だった。

バングラデシュの洪水と東インド会社の森林破壊

1998年

元凶：イギリス東インド会社とその後任会社

結果：1000人以上が死亡、国土の70パーセントが浸水した

失敗：低ヒマラヤ地帯の永続的な森林破壊で自然の秩序を破壊し、低地が浸水した

　現在、生態学的バランスが地球全体でうまくとれていることについては、疑いの余地はほとんどない。もろい各生態系は、バランスを保つため互いに依存するほか、植物と動物との相互作用にも依存している。先に述べたとおり、別の種や外来種の持ち込みは破滅的な影響を及ぼすおそれがある（74〜77ページを参照）。

　このように繊細な関係にあるので、生態系の一部をいじっただけでもその影響は何千キロも遠くまで及ぶおそれがある。たとえば、水路は変えられることを嫌う。1990年代、技術者たちは何十年も苦労してミシシッピ川の川筋を変えようとしたが、春の洪水で川のあちこちが氾濫。ミシシッピ川は、アメリカ中部を通る元の川筋を乱暴に強く主張し返した。オーストラリアのマレー・ダーリング水系では、善意から出た灌漑計画で天然塩が海に流れ込むのを止めた結果、塩まみれの不毛な乾燥地が数キロにわたって生じた。人類による水路管理の華々しい成功例として挙げられるシカゴ川還流でさえ、1992年に作業員が地下の貨物用トンネルの一つに穴を開けたところ、川の水があっさり流れ出し、地下貨物鉄道、地下の店舗や歩道が水に浸かった。

　地震や火山噴火、山火事、津波、洪水は自然の抑えがたい動的平衡の一部であり、科学技術の力で抑え込むことはできない。そして、環境保護を訴えるロビイストの警告が正しければ、地球温暖化の壊滅的な影響を論じるため、本書にもう1章（ことによると新たな1冊）付け加える必要がある。

　しかし、今後起こるかもしれないことはひとまず置いておこう。ここでは、生態系をもてあ

これほど多発する洪水は自然なものではなく、森林破壊とヒマラヤ山脈の山地の開墾によって引き起こされたものだとする科学者もいる。川の流れに運ばれる堆積物が大幅に増えることで川床が高くなり、それによって洪水が起こりやすくなるのだという。

バングラデシュの洪水と東インド会社の森林破壊 195

ひどい洪水

洪水は今でもバングラデシュの主要な問題だ。ドハールでは2016年8月、モンスーンの雨と川の氾濫で、ひどい洪水が起きた。

そぶということがいかに愚かな行為であるかを証明する、実際に起こった過去の被害について見ていこう。

バングラデシュ

　バングラデシュは人口が世界で8番目に多い国だが、国土面積の広さは世界で91番目でしかない。国土の大半は、インド亜大陸の北東部に位置する低地のデルタ地域にあたり、海面よりも低い。

　バングラデシュには200以上の川が流れ、1億3400万人の人口の大半はガンジス川の下流に住んでいる。ガンジス川は、この下流でブラマプトラ川とメグナ川に合流し、ベンガル湾に注ぎ込んでいる。ここは世界で最も人口密度の高い地域で、農業生産高は多いが、洪水や飢饉の被害に遭う危険性が高い。国連が1999年に発表した人間開発報告書によれば、バングラデシュでは毎年平均1万928人が、いわゆる自然災害で亡くなっている。

　これほど多発する洪水は自然なものではな

> 友が僕のところに来た
> 目に悲しみをたたえて
> 彼は助けてくれと言った
> このままでは国が滅びてしまうと
> その苦しみは計り知れなかったけれど
> 行動しなければと確信した
> だから皆に頼みたい
> 命を救う活動に力を貸して
>
> ——ジョージ・ハリスンが、1971年のマディソンスクエアガーデンでのバングラデシュ難民救済コンサートで、ラヴィ・シャンカルについて歌った曲『バングラ・デシュ』

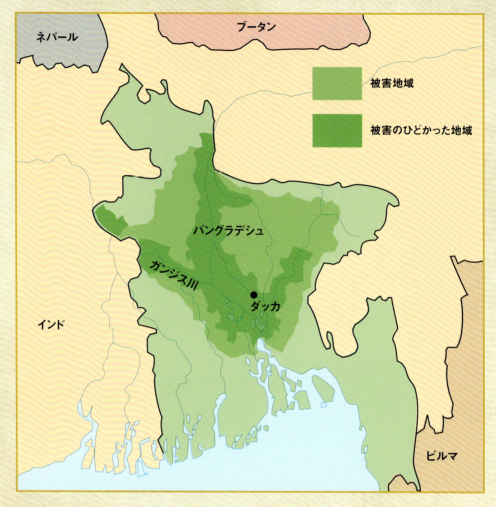

1998年の洪水の被害地域

バングラデシュは、ガンジスデルタやベンガル湾に注ぐ数百本もの川の通り道となっている。国土の大部分は低地の氾濫原だ。ヒマラヤ山脈南部の丘陵地帯での森林破壊は、イギリス東インド会社が北方のアッサムやダージリンなどの地域に茶畑を作るために始めたもので、沈泥の蓄積の原因とされている。これにより川の最大容量が低下し、ひどい洪水が起きる可能性が高まった。この地図は、1998年の洪水で被害を受けたすべての地域を示したものだ。

く、森林破壊とヒマラヤ山脈の山地の開墾によって引き起こされたものだとする科学者もいる。川の流れに運ばれる堆積物が大幅に増えることで川床が高くなり、それによって洪水が起こりやすくなるのだという。

誰の責任？

この壊滅的な森林破壊の責任は誰にあるのか？ 非難の矛先は、個々の農業経営者と彼らの短期的にならざるを得ない耕作手法に向くことが多い。だが、これは一面的な物の見方であ

る。森林破壊が人口の増加で進行したのは確かだが、もともとは、かつての帝国支配の時代に端を発している（本書の多くの章に当てはまる話だ）。

19世紀、中国との茶貿易の独占権を失ったイギリス東インド会社は、インド北東部で茶を栽培するために広大な土地の開墾を始めた。この事業は成功を収め、アッサム（ブラマプトラ川のほとりにある州）やダージリン（北部の町で、県でもある）は今や、これらの地域で生産される茶の代名詞となっている。しかし、そのために下流地域は相当な代償を払わされているのだ。

壊滅的な洪水

1998年のモンスーン期には、バングラデシュの歴史上最悪の洪水が発生した。国土の70パーセントが浸水し、人口1億2600万人のうち3000万～4000万人が被害を受けたのだ。

洪水の出水によって、国土の大半が2カ月以上の長きにわたって浸水した。学校や官庁、そして無数の家屋が破壊され、下痢や肝炎などの病気が発生した。死者は1000人以上にのぼり、数百万人が食糧も身を寄せる場所もなく取り残された。

バングラデシュでは、特に貧困層が洪水の影響を毎年受けている。国連が1999年に発表した人間開発報告書によれば、バングラデシュの農村部では貧しい人々が51.1パーセントを占めるのに対し、都市部では26.3パーセントと少ない。また、1985年以降「貧困層の絶対数は毎年1.2パーセント上昇……観測史上最も速いペース」とのことだ。

洪水は毎年起こるのに、防止策はほとんど講じられていない。1989年には全国洪水対策実施計画が策定されたものの、実施費用がかさんだため最終的には破棄された。バングラデシュ政府も支援組織も、その後これに代わる水害防止計画を立てておらず、問題は依然として残っている。

洪水防止

バングラデシュは非常に貧しい国で、国民の大半は洪水保険に加入する経済的余裕がない。つまり、家や作物が洪水に遭ったときにすべてを失ってしまう危険にさらされているのだ。

洪水を防止するにはさまざまな方法がある。最も効果的な方法は、堤防やダムの建設、洪水警報システムの導入などだが、これらは導入費用がかさむうえに、維持も難しい。

1989年に導入された全国洪水対策実施計画は、全長3500キロの堤防の建設を目指していた。場所によっては高さが7.5メートルにもなり、建設費は80億～120億米ドルと見積もられていた。しかし、主要な寄付団体が計画の規模を40億米ドルに縮小し、さらには技術上、生態学上、社会上の複雑な事情をいろいろと挙げて、計画を完全に破棄した。

1998年のモンスーン期は、バングラデシュの歴史上最悪の洪水を引き起こす。国土の70パーセントが浸水し、人口1億2600万人のうち3000万～4000万人が被害を受けた。

ロッキード・マーティン社、数字の確認を2度も怠る

1999年4月30日と1999年9月23日

主役：ロッキード・マーティン社
結果：数十億ドルもの公的資金が空中に散って消えた
失敗：品質管理の欠如

MILSTAR（Military Strategic and Tactical Relay：軍事戦略・戦術中継衛星）はその名のとおり、アメリカの防衛にとって重要な意味を持つ計画だった。MILSTARはブロック1として、1994年と1995年に1号機と2号機が相次いで打ち上げられた。MILSTAR計画の狙いは、4基の人工衛星を宇宙空間に置き、あらゆるレベルの紛争で、戦略・作戦部隊の指揮、統制に欠かせない持続的通信手段をアメリカ軍に提供することだった。これは極めて重要なミッションとみなされ、巨額の費用を要した。

ブロック2の先頭をきったのは、MILSTAR 2だった。初期のMILSTARよりも技術的にさらに向上。改良型の装備を搭載し、人工衛星間通信も改善されて、電波妨害の防止装置も備えていた。MILSTAR 2はタイタン4セントールロケットで軌道に乗せることになっていた。

入力ミス

ロケットの主段であるタイタンは完璧に作動してペイロードを軌道へ送り届けたが、上段のセントールが誤作動を起こした。予定された3回の燃焼は6時間かけて行われるはずが、発射後89秒以内に最初の軌道で作動してしまう。ロケットは大きくコースから外れ、その姿はまさに何十年も前のマリナー1号のようだった。メーカーのロッキード・マーティン社が最終的に発表した原因は、ロケットのソフトウェアで小数点の位置が誤っていたというものだった（具体的には、エンジニアがファイルを修正してデータを再作成した際に、パラメータ−1.992476を誤って−0.1992476と入力してしまったのだ）。広報のつたない説明によれば、この

> このソフトウェアの検査を行ったのは、コロラド州リトルトンのロッキード・マーティン・アストロノーティクス社である。同社の社員たちは当時すでに悩みを抱えていた。900人規模の人員削減が間近に迫っていたうえ、近隣のコロンバイン高校で生徒12人、教師1人が殺される事件が起きたのである。
>
> ——トッド・ハルバーソン、『フロリダ・トゥデイ』紙、1999年5月8日

ミスを犯したソフトウェアエンジニアは、ほんの10日前に起きたコロンバイン高校銃乱射事件に気が動転し、立腹していたのだという。しかし、ロッキード・マーティン社ではソフトウェアエンジニアの行った作業を問題ないかどうかチェックしていなかったことが、ある調査で指摘された。

重大な誤解

　この種のミッションに用いられるロケットの費用は4億ドルにのぼったが、人工衛星には別途7億5000万ドルが費やされていた。このため、

発射には成功

タイタン4セントールロケットに搭載されたMILSTAR 2は、発射には成功して順調に離昇したが、上段のセントールのプログラミングに誤りがあったため、ミッションは失敗に終わった。

このロケットに積まれた欠陥ソフトウェアがアメリカの納税者に与えた負担は莫大だった。ただし、長期的にみるともっと重大だったのではないかと思われることがある。この人工衛星の監視対象の一つは湾岸戦争後のイラクのミサイル計画だったが、のちに明るみに出たとおり、西側の諜報機関はこの計画についての判断に関

ビーグルの発見

　40を超える火星探査ミッションのうち20以上が失敗に終わったので、2003年にイギリスの着陸船ビーグル2号が火星の大気圏に突入後すぐ姿を消したときには、誰も大して驚きはしなかった。

　しかし、この着陸船は粉々になったと思われていたので、2015年にNASAのマーズ・リコネサンス・オービターが撮影した画像で、ビーグル2号が火星表面に横たわっているらしき様子が確認されたときには、人々は驚いた。ソーラーパネルが展開しなかったために、地球との交信に必要な電力が作れなかったらしい。

　ちなみに、ビーグル2号を火星に届けた宇宙船マーズ・エクスプレス・オービターは、欧州宇宙機関初の惑星間探査機だ。失敗が続いた初期の各種宇宙機関による探査機とは違って大成功を収め、今もなお稼働している。

火星
火星の向こうから昇る太陽。火星に到達したマーズ・クライメイト・オービターは、1999年9月23日、予定の軌道へ進入するかわりに火星の大気圏に突入し、破壊された。

して、重大な誤解をしていたのだった。

　MILSTAR 2と同じくダメージを受けたのが、NASAの評判だった。NASAは、当時進めていた火星探査ミッションによって国民の信頼を回復したいと考えた。

火星探査ミッション

　火星探査の歴史は失敗に満ちている。最初の2つのミッションはソ連が1960年に開始したもので、後に続くミッションの大半を方向づけた。マーズニク1号は発射後すぐに爆発。マーズニク2号は高度約120キロに達したものの、やはり爆発した。次の挑戦は1962年のスプートニク23号（マルス1号）だった。今度こそうまくいきそうに思われたが、1億600万キロにわたる飛行後、苦しい展開となり無線アンテナが故障。地球からの指示を受信できなくなったため、火星を通り過ぎて宇宙空間に姿を消してしまった。

　当初、宇宙開発競争ではソ連よりもそのライ

> 予定された3回の燃焼は6時間かけて行われるはずが、発射後89秒以内に最初の軌道で作動してしまう。ロケットはコースから大きく外れた。

バルであるアメリカのほうが少しまさっていた。アメリカが1964年11月に打ち上げた火星探査機マリナー3号は金星探査機マリナー1号と同じように失敗したが、同じく1964年11月に打ち上げられたマリナー4号が1965年7月に火星へ到達し、ついに連敗を止めたのだった。1960年代後半から1970年代前半には、非常に多くのミッション成功が続く。火星探査の最前線はその後少し落ち着いたが、1994年にはまたミッションが本格的に再開された。

1997年、パスファインダーの探査車は火星に無事到着し、数々の驚くべき発見と火星表面の画像を地球に伝えて、この赤い惑星に対する世間の熱狂を再燃させた。火星探査ミッションは明らかに危険で失敗の可能性が高かったが、その後1998年の終わりと1999年の初めに行われた打ち上げは成功し、次の大きなミッションであるマーズ・クライメイト・オービター（MCO）に期待が高まった。これは、火星の気候を調べるために、火星の周回軌道を長期間にわたって飛行するというものだった。しかし、MCOは1999年9月23日に火星へ到達すると、予定の軌道には進入せず、火星の大気にまっすぐ突っ込んで燃え尽きてしまった。

その後の調査で下された結論はこうだった。MCOを周回軌道に乗せるためのデータを提供した請負業者ロッキード・マーティン社が、メートル法で注文を受けていたのに、ヤードポンド法でデータを提供してしまったというのだ。これはかなりの大問題だった。車での長距離ドライブでこんな間違いをされても十分迷惑なのに、何しろこれは故郷から5億マイル（いや、キロメートルか？）もの旅だったのだから。

> しかし、宇宙ミッションは"ワンストライクでアウト"だということを忘れてはならない……準備万端でないなら打ち上げるべきてはない。
> ——火星計画独立評価チームの報告書、2000年

起きなかった2000年問題、必要なかった備え

1999年12月31日

主役：大半の西欧諸国
結果：何千億ドルもかけた徒労とストレス
失敗：集団パニック

　ローマのサンピエトロ大聖堂を埋めつくした礼拝者たちが、教皇シルウェステル2世に角が生えて地獄の門が開くのを心配そうに待っていた日（36〜39ページを参照）から1000年後。ニューヨークのタイムズスクエアに集まった約100万人もの人々は、タイムボール（報時球）が落下して、空から飛行機が墜落し、エレベータが地面に衝突して、自分たちの銀行口座が空になる瞬間を待ち構えていた。物質界の終焉を実際に信じていた人々は少なかったが、それに対して、高度な技術に支えられたこの世界の崩壊が身の周りで起こると信じていた人々は多かった。これほど大規模な集団愚行は、地球誕生以来おそらく他に例がないだろう。

　話は1958年にさかのぼる。あるコンピュータプログラマが、プログラミング用の初期のパンチカードの一部に存在する潜在的な問題に注意を向けた。それは、西暦の最初の2桁が経費節約のために省かれていることが多いという点だった。つまり、2000年になると、このようなプログラムがすべて1900年に戻ってしまうというのだ。しかし、誰も大して気に留めなかった。今から40年もすれば、その会社もハードウェアやソフトウェアも、もう存在していないだろう、と適切な予測を立てたのだ。実際、1980年代や1990年代にはすでに、潜在的な問題の大半は特定され解消されていた。しかし、パニックを誘発する破滅論的な一連の書籍——999年にこの世の終わりを予言した旅の僧の現代版——が、簡単にだまされやすい人々の間に不安の嵐を巻き起こしたのだった。

『時限爆弾2000』

　エドワード・ヨードンとジェニファー・ヨードンの共著『時限爆弾2000—世界大恐慌を引き起こすコンピュータ2000年問題』は、今となってはネット書店アマゾンで安売りされている

> すべての物事を正しく理解することはできなかったかもしれないが、今世紀が終わろうとしていることは少なくとも知っていた。
> ——ダグラス・アダムズ（SF作家）

が、1997年当時は、この本の宣伝文が誇らしげに示すとおり、状況は違っていた。

「『時限爆弾2000』が世界的ベストセラーとなったのは、単にY2K危機の到来を告げているからではない。個人的なリスクの診断方法と対処方法を詳しく述べているからである。試練の時を前に全面改訂され、経済のあらゆる主要領域のY2K新情報を盛り込んだこの新版は、Y2Kを生き残りたいすべての人にとって必読の書だ！ 14万人以上の読者がすでに証明しているように、『時限爆弾2000』はY2K危機への最も実践的な手引書である。起こりうる問題、個人や社会への影響、今からできる備えについて、最新情報をもとに学べる。この改訂版は、通信、電力供給、交通・輸送、金融、旅行、医療、社会サービス、教育、雇用など、社会のあらゆる主要側面を改めて網羅。機能停止の相対的確率——とその影響——について、専門家の最新評価を掲載している。本書が特に素晴らしいのは、不測の事態への実践的な対応計画と、万一最悪の事態が起こった際の次善策を示している点だ。Y2K問題が気がかりな人、つまり、ほぼすべての人のための一冊である」

ヨードン親子は章ごとに個別のコンピューティング分野を取り上げ、この災いによって起こりうる影響について考察。家庭用パソコンから世界の金融ネットワークに至るまで、2000年1月1日がきっかけで生じるお

パニックを誘発する破滅論的な一連の書籍——999年にこの世の終わりを予言した旅の僧の現代版——が、驚くほどだまされやすい人々の間に不安の嵐を巻き起こしたのだった。

それのあるさまざまな"ドミノ倒し式の影響"と、その余波の沈静化に必要な時間と労力、コストを探っている。実生活に及ぶ影響は、はた迷惑程度のものから壊滅的なものまであり、著

2000年対応

各企業は2000年までの数年間、そもそも存在しないかもしれない問題に立ち向かうため多額の費用をかけて、コンピュータのハードウェアとソフトウェアの両方をアップグレードした。

エドワード・ヨードン
コンピュータソフトウェアエンジニアとして有名なヨードンは、西暦2000年の訪れによる科学技術の終焉のおそれについて予言し、かなりの批判を呼んだ。

> 999年、迫り来るこの世の終焉から世界の住人を救う立場にあったのは聖職者だったが、現代においてその役割を果たしたのは、コンピュータコンサルタントだった。

者たちはそれぞれの極値を分析している。

デジャブ

999年、迫り来るこの世の終焉から世界の住人を救う立場にあったのは聖職者だったが、現代においてその役割を果たしたのは、コンピュータコンサルタントだった。"ドットコム"ブームはあらゆる人々を大いに感化したので、その場限りのちょっとしたことが大失敗につながる一方、この問題を解決できると主張した者は皆、ひと財産を築いた。実在しない問題から

> アメリカン（航空）は、2000年問題への取り組みに関して常に他の航空会社に先んじてきました……アメリカンは、多大な人員と1億3000万ドルの予算を含むリソースを、2000年対応への取り組みに充てています。
>
> ──アメリカン航空のプレスリリース、1999年12月1日

人類を守ろうとすることがこれほどの金儲けになった例も珍しい。西洋文明は便利な装置や商品に強く依存していたので、人々は、どんなに突飛なことでも信じようとしていることに自分でも気づかなかったのだ。おそらく特筆すべきは、ウォール街で1990年代のブームがピークに達したのが実際2000年1月14日だったことだ。そこからわずか3年で株式市場はその価値の3分の1以上を失った。このブーム自体が、ほぼ存在していないような会社の実在しない利益に主に立脚していたので（210〜213ページを参照）、実在しない危機への対応でバブルが頂点に達したことは当を得ていた。

それにしても、なぜあれほど多くの人々がパニックに陥ったのだろうか？ 10世紀の場合は、さまざまな現象とその時代の社会不安や絶望感が、多くの人々を少しずつパニックへと向かわせた。20世紀の場合もそれと大差なかったのかもしれない。何といっても、この世紀には2度にわたる壊滅的な世界大戦とホロコーストがあった。その後は核の脅威が暗い影を投げかけたが、この頃に青年期を過ごした権力者の多くが、おそらく2000年には熟年に達していたのだろう。核による絶滅の脅威はかなり小さくなったものの、文明が終わるかもしれないという話を受け入れる気持ちが、多くの人々の心の中にあった。

まやかしを信じるな

まやかしの大半は明らかに根拠のないものだったが、新しい1000年の始まりを取り巻いた疑心暗鬼による絶対的損失を突き止めるほうが難しい。金銭的影響は確かにあったが、この件から引き出せる教訓はおそらく、過ちを犯したこと──それは確実だ──よりもむしろ、1000年間の学びとそれがもたらした技術的進歩にもかかわらず、人間の精神が1000年前からほとんど進歩していないということかもしれない。

破滅論者

> 「……政府が進めていることや、実業界が進めていることに加え、この難問に一丸となって取り組むために私たち皆がこれから実行しなければならないことについても、説明が必要なことは明らかだからです。そして、すぐにも行動を起こす必要がまだあるのです。（中略）実業界には政府部門と同様、ぽっかりあいた穴がまだいくつもあります。行動を開始しなければ間に合わなくなる企業が（中略）あまりにも多いのです。ウェルズ・ファーゴによる最近の調査では、この問題の存在さえ知らなかった小さな企業のおよそ半数は、何も対策を講じるつもりがないとのことです。しかしながら、これはホラー映画のように、恐ろしい場面は目を閉じていればやり過ごせるといったようなものではないのです」
>
> ──米国科学アカデミーでのクリントン大統領の2000年問題に関する演説、1998年7月14日

ムガベ大統領、ジンバブエの大地を接収

2000年〜2004年

人物：ロバート・ムガベ（1924年生まれ）

結果：アフリカの穀倉地帯が、施しの対象に成り下がった

失敗：植民地独立後、年老いた独裁者が、土地の再分配を待ちきれなくなった

歴史は繰り返すものだが、植民地時代の権利侵害を正そうとしたロバート・ムガベの試みは、本書の中でも特に悲しい話として際立っている。本書では指導者が国民を飢饉で苦しめた話やアフリカの苦悩などを見てきたが、ロバート・ムガベは愚かにもこれらを合体させ、自国の肥沃な土地を台無しにし、国民を不当に扱って、ついには飢えさせた。独立後でさえ極めて豊かで食糧の輸出超過国だった国が、怒りと強欲、高慢、嫉妬によって、今では食糧援助を受ける側に回り、各地で深刻な食糧不足が報告されている。その原因は、干ばつでも病気でも戦争でもなければ——エチオピアやスーダンでは恐ろしい飢饉を引き起こしたが——多くの共産主義政権が試みた楽観的な躍進でさえなかった。国づくりの仕事がまだ終わっていないと考えた老人の、単なる愚かさと短気だったのだ。

前代未聞の行動

もちろん他の関係者にも責任はある。とりわけ責任が重いのは、イギリスからの植民地開拓者だ。19世紀後半、入植者がアフリカ大陸南端のケープ植民地から北へ進み、特にズールー戦争やボーア戦争の影響でこの地域が不安定になってくると、イギリス南アフリカ会社はイギリス東インド会社にならって成長を遂げる。セシル・ローズ(イギリスの植民地政治家)にちなんで名づけられたローデシアは、20世紀の初めに植民地としてまとめられ、広く豊かな農地を誇った。1964年に領土の大部分が独立すると、ニアサランドはマラウイに、北ローデシアはザンビアとなる。

南ローデシアは植民地として存続したが、1965年、イアン・スミス率いる好戦的な白人農民たちが前代未聞の行動に出る。イギリスからの独立を一方的に宣言したのだ。その後の15年

独立後でさえ極めて豊かで食糧の輸出超過国だった国が、怒りと強欲、高慢、嫉妬によって、今では食糧援助を受ける側に回り、各地で深刻な食糧不足が報告されている。

> あらゆるレベルで、驚くべき紛れもない失敗だった。
> ——テンダイ・ビティ、野党「民主改革運動」

ロバート・ムガベ
2006年8月15日、ジンバブエのハラレで国防の日のスピーチを行うロバート・ムガベ大統領。

間、白人の支配するこの旧植民地は、ブラックアフリカにとってもイギリスにとっても目の上のこぶとなって、どんな制裁も乗り切り、南アフリカの白人政権による支援に多少依存しつつ、ZANU（ジンバブエ・アフリカ民族同盟）とZAPU（ジンバブエ・アフリカ人民同盟）による内戦にも耐えたのだった。ZANUとZAPUは互いに相容れないマルクス主義の社会主義組織で、この国での過半数支配を目指して民族主義運動を展開した。

ムガベの台頭

一連の妥協と15年間に及ぶ血みどろの戦いののち、1979年にロンドンのランカスターハウスで行われた会議で、主要な合意が成立。選挙が行われ、この国はジンバブエとなり、首都ソールズベリーはハラレに改名された。物議を醸す選挙は事件と無縁ではなく、今回が最後でもなかった。勝利したのはZANUとロバート・ムガベだ。

イギリス政府と白人入植者は多くの改革を約束したが、その中に農地改革があった。何しろ、人口の1パーセントにも満たない人々——しかもその全員が白人——が、70パーセント以上の土地と基本的にすべての農場を所有していたのだ。これは、20世紀初頭に直轄植民地の所有物

として単純に収用されていたものだった。そして歩み寄りの結果、"売買当事者間の合意"が約束される。白人農民が土地を売る用意がある場合のみ、イギリスはその代金の支払いを助けるために資金を提供するというものだった。

ムガベ政権の功績として、黒人による支配への移行はおおむね非常に平和的に行われたので、大多数の人々がこの地にとどまることを決めた。懐かしく思い出される"母国"に帰らなかった人々は、セックス・ピストルズやブリクストン暴動を生んだ母国が好みに合わなかったわけだ。

ムガベの権力の座は1990年代を通じて徐々に絶対的なものとなり、彼は首相から大統領へと上りつめる。政府が民主主義の色彩を薄めて独裁的になるにつれ、重点は土地の自主的交換から強制的交換へと移った。イギリスはムガベ政権にますます嫌悪感を抱いて援助をあっさり引き上げ始めたので、土地の強制収用は、自主的な譲渡の場合でさえ改革運動の役には立たなくなった。

退役軍人協会の活動

2000年にはすでに、ムガベはしびれを切らしていた。彼は補償を伴わない強制収用についての国民投票を実施し、負ける。すると2週間もしないうちに、退役軍人協会という怪しげな団体が、農場を所有者から奪い取るという暴力的で容赦ない組織的活動を開始した。彼らは農場の所有者と黒人労働者の両方を殺害したが、政府は彼らを止めようとしなかった。むしろ実際、奨励さえしたのだ。これが一種の"民族浄化"を意図していたのなら、狙いどおりだった。4000人いた白人農民のうち、今も土地にとどまっているのは約300人にすぎない。大半は近隣のアフリカ諸国かイギリスに、またはイラクに保安コンサルタントとして避難したのだった。

残念ながら、効果的な土地譲渡や、実際の作付け、栽培方法に関する情報の提供に対しては、資金の投入も計画の策定もなされなかった。農場の大半は小自作農地ではなくアグリビジネスの大企業だったので、その土地に移ってきた黒人農民は、農機具を持たず、あるいは燃料や種を買う金さえなく、大きな成長はほとん

> 作物の生産量はわずか数年で2001年の水準の約3分の1に低下。改善の見込みはほとんどなかった。最近ではムガベでさえ、没収した土地の半分以上が今や休閑地になっていることをしぶしぶ認めている。

通貨崩壊

農地改革が引き起こした経済危機は、最終的にジンバブエの通貨を崩壊させた。ジンバブエドルは1980年にローデシアドルに代わって導入されたが、2000年代のハイパーインフレで価値が暴落。政府はデノミネーションを2001年、2008年、2009年の3度にわたって実施し、額面100兆ジンバブエドルの紙幣を発行しなければならなかった。インフレ率は5000億パーセントに達し、この通貨はついに2009年、発行停止に至る。現在は、米ドル、ユーロ、南アフリカランドなどの外貨が代わりに使用されている。

農業の衰退

多くの新しい農民たちは、金もなければ技術を学ぶこともできないため、グルヴェ地方のこの没収農地で行われているように、家畜を使って土地を耕すしか方法がなかった。

ど望めなかった。一部の農場では、今でも馬で畑を耕す光景を見ることができる。重機は、農場の家屋にあった家財道具とともに没収されてしまったのだった。

悪政の混沌状態

さらに、土地の大部分は、それを耕せる者に託されるというよりも、最終的には単にZANUの忠実な支持者とその悪友の手中に収まったようだった。作物の生産量はわずか数年で2001年の水準の約3分の1に低下。改善の見込みはほとんどなかった。最近ではムガベでさえ、没収した土地の半分以上が今や休閑地になっていることをしぶしぶ認めている。

都市部の黒人中流階級の多くは食糧不足のために国を去り、今やこの国はスタグフレーションに陥っている。スタグフレーションとは、高い失業率とハイパーインフレという、対をなす災いを意味する経済用語だ。トウモロコシの生産量は輸出可能なレベルから低下し、現在は国内需要をまかなうのにも不十分な状態となっている。タバコの生産量も70パーセント低下し、輸出は80パーセント減少。この不安定な経済と輸出品の不足は、さらなる経済的困窮の主な原因となっている。外貨が不足することで、燃料などの必需品を含む輸入品がますます手に入りにくくなるからだ。

実によくあることだが、嘆かわしいのは、これらの問題が避けようと思えば避けられたことだ。もちろん、植民地時代の権利侵害は確かに存在したし、改革が必要だったことに疑いの余地はない。しかし、ロバート・ムガベがその傲慢さをどんどん増していったせいで、彼の国は安定した生産的な移行をあと一歩のところで逃し、かわりに悪政の混沌状態に陥ったように思われる。そして、まだその状態から抜け出せていないようだ。

> はっきりさせておきたいのは、イギリスにジンバブエでの土地購入の費用を弁済する特別な責任があるなどという主張を、我が国は認めないということです。我が新政府は多様なバックグラウンドを持つ者の集まりであって、かつての植民地権益とのつながりはありません。私自身はアイルランド系ですが、ご存じのとおり、アイルランドは植民地化した側ではなく、された側なのです。
> ——クレア・ショート、イギリスの国際開発大臣、1997年

ずる賢いエンロン社、数字をいじる

2001年

> 主役：エンロン社、会計士、株式仲買人、株の予想屋
>
> 結果：数百万ドルの投資と年金基金が消えた
>
> 失敗：実在しない企業の成功を信じたいと皆が思ってしまった

愚か者は手にした金をたやすく失う。欲深い者たちがわけの分からない投資話に財産を賭けては失う、そんなことが何百年も繰り返されてきた。架空の鉄道建設話、ありもしない財宝、わずかな元手で数百万ドル儲かるという話に乗り、結局はさらに金を出す羽目になるなど、今日に至るまで彼らは罠に掛かりつづけている。

株式市場は一部の人々にとって、競馬場と似たような場所だ。競馬に病みつきのギャンブラーも株のトレーダーも、情報通の分析や内部情報に熱心に耳を傾けるが、こうした情報提供者に共通する特徴が一つだけある。それは、本当の答えを持っているなら、それを新聞や雑誌に書いたりはしないということだ。株式市場でも競馬場でも、金は仲介者の手に入る。仲介者とは、私設馬券屋の場合もあれば、マンハッタンの立派な住所を持つ一流らしき投資銀行の場合もある。そのどちらもが、時には客を籠絡するために"耳寄りな話"を喜んで漏らす。そして、この10年間を振り返っても分かるように、そのどちらもが、不正工作をしたり"カモはいくらでもいる"という古いことわざを立証したりすることを、時にはいとわないものなのだ。

不自然な話

レースの必勝情報を持って競馬場をうろつく怪しげないかさま師と同じ数だけ存在するのは、他人の金を利用して目当ての会社の株価を上げようとする、株式市場の情報通だ。本項の主人公であるエンロン社の犯した詐欺は珍しいものではなかったが、その規模と傲慢さは目を見張るほどだった。詐欺被害というものはたいてい、裕福な者から悪賢い者に大金が渡ることだが、エンロン社の話はこれを超越している。

エンロン社は、相手を小ばかにしたやり方で現代の科学技術とコミュニケーションを操ることにより、平凡なエネルギー会社から数百万ドル規模のコングロマリット（複合企業）へと姿

『フォーチュン』誌はエンロン社詣でをし、同社を"アメリカで最も革新的な企業"に6年連続で選んだ。

を変えた。インターネットによる世界規模のエネルギー取引計画の成功に勢いづいた同社は、多くの犯罪者がそうであるように、致命的な過ちを犯す。ずる賢くなりすぎて自らの首を絞めることになったのだ。

ヒューストンナチュラルガス社とネブラスカ州オマハのインターノース社の合併により1985年7月に誕生したエンロン社は当時、州の壁を越える大手の天然ガスパイプライン会社への成長が期待されていた。そして1995年には、重役たちはこの会社を世界有数のエネルギー会社にしようとすでに決心していたのだった。

エンロン社の物語は、片田舎の小さなパイプライン会社が巨大なコングロマリットに成長し、世界30カ国での事業展開と1010億ドルの売上高を誇る世界第6位のエネルギー会社となるまでの記録だ。しかし、これほどのことをやってのけたにもかかわらず、同社のウェブサイトによれば、社員数は1985年の1万5075名から2000年の1万8000名と、わずかしか増えなかった。皆が大いに感心し、投資銀行がエンロン社

に歩調を合わせたのも不思議ではない。CEOのケネス・レイが、のちに大統領となるテキサス州知事ジョージ・W・ブッシュと親しい友人としてつき合い、『フォーチュン』誌がエンロン社詣でをして、同社を"アメリカで最も革新的な企業"に6年連続で選んだのも、不思議なことではない。しかし、ビジネスの基礎知識があれば、会社がそんなにも成長しているのに新しい社員がそれほど増えていないのはどう考えても不自然だと言うだろう。しかし、どうやらそんな話にはならなかったらしい。エンロン社は、自社が革新時代の最先端を走っていると主張した——従来のサービス（エネルギー）提供会社が、天然ガスのパイプラインではなくインターネットのパイプラインを使って、情報提供会社に変わろうとしているのだと。もちろん、

下落

このグラフは、2000年に90ドルで取引されていたエンロン株が詐欺報道後に暴落した様子を表している。

エンロン株の総価値の上昇と下落（1986年〜2002年）

頭を使う

ビル：ちょっと頭を使ってもらいたいんだが。
リッチ：それで？
ビル：停電の口実を考えてくれないか。
リッチ：分かった。
ビル：そっちで何かやり直したいことはないのか？　何か……
リッチ：えーっと……
ビル：……清掃とか、そういうのは？
リッチ：そうだな。今夜やれることがあるよ。
ビル：そいつはよかった。

――エンロン社の従業員とネバダ州の発電所作業員との会話の録音、2001年1月16日

それがすべて巧妙なトリックを用いた会計処理と願望的思考の報道発表だったことは、のちに判明する。これよりもやり口がいくぶん卑劣だったのは、金融アナリストや記者にエンロン社の株価を押し上げ続けるようプレッシャーをかけている間に、特にCEOのジェフリー・スキリング（レイの後任）が、自らの所有する株を急いで売却していたことだった。

カリフォルニアの博打

不運な社員たちと数千人もの投資家のほかには、どのような被害が及んだのか？　投資家にとってエンロン社の魅力はまだエネルギー会社だということにあった、ということを心に留めておくべきだ――"ドットコム"ブーム世代の怪しげな存在は、従来の事業の成功、資産、実際の商品と合わさったことで、誤った安心感を与えた。そして、エンロン社幹部の心に芽生えた傲慢さが純粋な強欲と相まって、2001年のカリフォルニア州でのエネルギー危機につながる。今でも解明が遅々として進まない事件だ。

おかしな話だが、この危機を招いたのは古典的な価格つり上げと露骨な荒稼ぎだった。2000年、エンロン社の重役たちは、実際の利益をどこからか引っ張ってくる必要があると悟る。偽の会社やパートナーシップとオンライン詐欺がいつまでも続くわけではない。そこで気づいたのは、カリフォルニア州へのエネルギー供給は自分たちが握っている――供給を抑えて価格を極端につり上げることができ、それによって利益も増やせる――ということだった。エンロン社は3500メガワットの電力を管理していた。200万世帯に十分行き渡る電力量だ。1998年にはシルバーピーク作戦を発案し、システムを都合よく操る方法を覚えた。「カリフォルニアの博打――この活動を増やす必要があるといつも言っているのに一度もしていない。現金、スケジューリング、リアルタイムをもっとしっかり使って、チャンスを最大限に活かす必要がある」と熱心に説く社内メモもあった。2000年までにはデススター作戦も実施し、これがうまくいくように専売権と政治家からの支援を利用した。

エンロン社はあらかじめ電力不足の状況を作っておき、西部の州の電力会社を窮地に陥らせたうえで、電力を売るともちかけ、法外な価格での買い取りを求めた。左上のコラムで引用した会話は、電力不足のさなかにエンロン社が

エンロン社は、その監査を担当していたアーサー・アンダーセン社も道連れにした。かつて"ビッグ5"の一つに数えられたアメリカの会計事務所だ。

ジェフリー・スキリング
2006年10月23日、ヒューストンの連邦裁判所で24年4カ月の実刑判決を受けた後に庁舎の外でレポーターの取材を受ける、エンロン社の元CEO、ジェフリー・スキリング。

発電所を故意に休止させた証拠として提供されたものだ。翌日、輪番停電がカリフォルニア州全土で大混乱を引き起こしたとき、ネバダ州のこの発電所は52メガワットのエネルギーを供給できるのに、そうしなかった。通常価格がメガワット時あたり36ドルのエネルギーは、ピーク時にはメガワット時あたり1000ドルで売られていた。上級幹部らがカリフォルニア州とワシントン州の両方で政治献金を行い、その見返りとして得た力を利用して、エネルギー価格に上限を設ける案が導入されないようにしたことについては、状況証拠以上のものがある。

はじけたバブル

2001年、エンロン社の不正処理が表面化し始め、バブルがはじけて同社の株価は急落した。2001年12月にエンロン社がアメリカ連邦倒産法の第11章による倒産手続きに入ると、関連のある企業の多くがこの機会をとらえて契約を破棄する。エンロン社は即座に訴えを起こすが、訴訟の過程で同社のエネルギー取引の真実が浮かび上がり始めた。エンロン社ほど隠し事の多い会社ならば裁判を避けたほうがよさそうなものだが、この話に関しては十分すぎるほどの愚行が知られている。電力会社による推定では、エンロン社はこれらの会社とその顧客をだまして10億ドルの"不当な利益"を得たという。その影響は非常に大きかった。カリフォルニア州は、電力会社を倒産から守るために100億ドルを使い果たす。主にこれが原因となって州知事は失脚し、行政サービスは大幅に削られた。

エンロン社は、その監査を担当していたアーサー・アンダーセン社も道連れにした。かつて"ビッグ5"の一つに数えられたアメリカの会計事務所だ。さらに世間の目はアンダーセン社の顧客に向き、派手な企業スキャンダルがうんざりするほど次々に発覚する。同じくアンダーセン社の顧客だったワールドコム社は2002年半ばに倒産。史上最大の倒産企業というエンロン社の不名誉な地位を瞬く間にかっさらった。

皮肉な話だが、エンロン社がもう少し持ちこたえていたなら、2001年9月11日がもたらしたエネルギー価格の急上昇によって莫大な利益を合法的に得ることができ、通常のビジネス手法以外の何ものにも頼る必要はなかったかもしれない。国際石油資本のBP社は世界でのエネルギー取引のみから2004年に20億米ドルの利益を得たと発表したが、その成長はエンロン社の崩壊によって生じた市場の空白に依るところが大きかったのだ。

競馬場の例えに話を戻せば、実業界における法律違反と優れた手腕との差は、"短頭差"ほどしかないのかもしれない。

214　失敗だらけの人類史──英雄たちの残念な決断

津波観測センサ、インド洋に設置されず

2004年12月26日

主役：南アジアの各国政府

被害：死者23万人のうち6万2000人には危険を知らせることができたはずだった

失敗：各国政府は、海中の海洋計測センサよりも核兵器のほうが重要だと判断した

備えのできていない人は皆、万国共通でこう答える。「そんなこと、まさか私の身には起こらない！」と。しかし地震や火山に関して言えば、それは起こる。地球とはそういう惑星なのだ。サンフランシスコ地震はまた起こるだろう。セントヘレンズ山はまた噴火するだろう。問題は、それがいつ起こるのかということだけなのだ。

環太平洋火山帯は、日本からインドネシアにまで延びる広大な海底断層につけられた名前である。太平洋とインド洋にまたがるこの断層が原因となって、この地域ではこれまでに多くの地震や火山噴火が起こっている。1883年のクラカタウ火山の噴火もその一例だ。水深の浅い場所に断層が生じ、海底が変化すると、それに伴って起きる地震が津波を発生させる。この水の壁は発見されないまま広い海洋を進み、陸に近づくにつれて恐ろしい高さにまで盛り上がる。津波の大半は太平洋で発生するが、インド洋でもいくつかの津波が、特に19世紀に観測されている。2004年の津波の発生地域では1797年、1833年、1843年、1861年にも発生が報告されており、1883年のクラカタウの津波では4万人が亡くなった。

無視された警告

1960年のチリ地震と津波で6000人の死者が出たことをうけて、太平洋には包括的な海洋計測センサアレイが設置されたが、インド洋にはこれに類するものがなかった。深海早期センサシステム一式の費用がわずか約3000万ドルであるのに対して、2004年12月の津波が数十億ドルの損失を生み、おそらく20万人以上の命を奪ったことを考えれば、まったくの怠慢からこのシステムの導入を見送った各国政府も、次の津波が来るまでには考えを改めるかもしれない。

震央に近かったインドネシアでは、危険が知らされていたとしても、犠牲者には逃げる時間がほとんど残されていなかっただろう。これより遠い地域では、スリランカで3万5000人、イ

深海早期センサシステム一式の費用がわずか約3000万ドルであるのに対し、2004年12月の津波は数十億ドルの損失を生んだ。

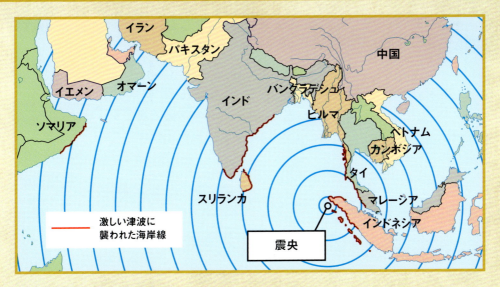

2004年の津波の被害地域

この地図は、2004年12月26日の地震の震央と、津波に襲われた海岸線を示している。被害をまともに受けたインドネシアでは推定死者数が17万人近くにのぼり、それよりも遠いスリランカ、インド、タイでも、6万2000人もの死傷者が出た。適切なシステムが設置されていれば危険を知ることができたはずなのに、いたずらに死に追いやられたのだ。

ンドで1万2000〜1万8000人が命を落とし、タイでも8000人、さらに遠くの地域でも約1000人が犠牲となった。この約6万2000人には、危険を知らせることができたはずだったのだ。

実はこの悲劇の数年前、タイのある上級気象学者が警告を出していた。プーケット島にあるリゾート施設の巨大な建物が、もし次に津波に襲われたら——いや、仮定の話ではない、襲われるときには——非常に大きな損傷を受けるおそれがあるというのだ。彼は全ホテルへのサイレンと警報器の設置を求め、新しい建物は海岸から離れた場所に建てるよう勧めた。しかし、彼は骨折りの甲斐もなく別の部署に異動させられ、その提案はどれも採用されなかった——津波の話をするだけで観光客を不安にさせてしまうかもしれない、というのが政府の言い分だった。だから、報告書を読んで、いずれ（2004年12月26日に）起こる事態を予感したタイの気象学者が口をつぐむことにしたのも、無理からぬことだった。

少女の警告

幸い、その朝タイのプーケット島北部のマイカオビーチにいた10歳のイギリス人少女ティ

> 津波がどういうものなのか私は知りませんでしたが、
> 自分の娘があんなに怖がっているのを見たら、
> 何か大変なことが起こっているに違いないと母親なら思います。
> ——ペニー・スミス、津波の襲来に気づいた少女の母親

> 突然、鳥たちが大騒ぎで飛び立ち始めました……顔を上げて海のほうを見ると、
> 海水がものすごい勢いで迫ってくるのが見えたのです。
> 逃げなければと思いました。
> 私はホテルを飛び出し、一度も振り返らず走り続けました。
> ——ウディタ・ヘッティゲ、スリランカの博物学者

リー・スミスには、そんな遠慮はなかった。世界の大国が設置した立派な地震検知器が眠っている頃——東南アジア諸国が設置しなかった深海早期センサはさておき——家族とビーチでクリスマス休暇を楽しんでいたティリーは、潮が奇妙な動きをしているのに気づく。その数カ月前、彼女の学校の地理の教師が1980年代の津波災害のビデオを生徒たちに見せ、何が起こったのか説明していたのだった。ティリーの母親は、ビーチでの出来事をこう語る。「これを学校で習ったとティリーは言ったのです。プレート理論や海の中の地震について話すうち、娘は興奮してきて、しまいには、ビーチから離れて、と私たちに叫んでいました」

早期警報の効果

事態に気づいて逃げる方法は他にもあったが、そのどれもが、現代の科学技術を特に必要としないものだった。インドネシアのシムルエ島の住民は、1906年に起きた同様の出来事の強烈な記憶を語り伝えていたおかげで、数千人が島の安全な地域に避難した。また、島民や海辺の住人で、この出来事の直前の数分間に鳥などの野生動物の行動をたまたま見て事態を察した者も逃げることができた。興味深いことに、人工的に整備されていない海岸地域は被害が比較的少なかった。

ウィーンにある包括的核実験禁止条約の事務局では、機械が地震活動を感知したが、あろうことかクリスマス休暇で局には誰もいなかった。インド洋の真ん中に浮かぶディエゴガルシア島の米軍基地にメッセージが転送されたが、職員は誰に連絡したらよいか分からなかったようだ。しかるべき電話番号が登録されていなかったのである。オーストラリア大使館は知らせを受けたが、誰にも情報を伝えなかったようだ。さまざまな言い訳がなされたが、時間のせ

地震の規模

2004年の津波を発生させた地震はモーメントマグニチュードが約9.3で、観測史上第3位の規模だった。実際、その強烈な力は地球全体を約1センチ揺らすほどだった。この地震は、ある構造プレート（インドプレート）が別の構造プレート（ビルマプレート）の下に沈み込む（"サブダクション"を起こす）ことで起きた。インドネシアのすぐ西に位置する震央から恐ろしい波が四方八方へ次々と発生し、14カ国の海岸に激突。インドネシアは最悪の被害をこうむった。地域によっては、波が陸に到達する頃には高さ30メートル以上に達していた。

余波
2004年12月26日の津波により破壊された列車。スリランカ南西部のリゾート地ヒッカドゥワの近くで。

いにしたものが特に多かった。しかし、地震発生から津波がプーケット島に到達するまでほぼ2時間あったし、スリランカへの到達にはさらに時間があった。10分あれば海岸から避難できる。

　実際、太平洋の他の国々よりも多くの津波被害に遭ってきた日本では、地震発生から3分以内に津波警報を発表するシステムが整っており、しかるべき海岸地域からの避難は地震発生から10分以内にできるものと考えられている。それでも1993年に北海道を襲った巨大津波では死者・行方不明者あわせて230人という悲劇が起きたが、被害が比較的少なくてすんだことは、こうしたシステムがいかに効果があるかを示している。

　10歳の少女が100人以上を救い、鳥などの動物も数千人を救った一方で、現代の科学技術は一人も救えなかった。本書の最後となるこの項は、これまで見てきたような人間の愚かさの事例がこれで最後にはならないことを感じさせる。

> 太平洋の他の国々よりも多くの津波被害に遭ってきた日本では、地震発生から3分以内に津波警報を発表するシステムが整っており、しかるべき海岸地域からの避難は地震発生から10分以内にできるものと考えている。

参考図書など

　熱心に歴史を学ぼうとする人々に最も役立つ書籍を1冊挙げるとすれば、優れた歴史地図帳ということになるだろう。ベストはおそらくThe Times Complete History of the World（2015年刊）で、これを備えておけば、まず間違いない。いっぽう、お金も手間暇もかけずにそれほど専門的でない調べものやファクトチェック（事実確認）がしたいなら、やはりインターネットが役に立つ。まずはウィキペディア（https://ja.wikipedia.org）をおすすめする。ただしウィキペディアは、基本的には誰でも自由に加筆修正ができるオープンソースのオンライン百科事典なので、上手に活用するには、本文や脚注を注意深く読む必要がある。また、有用なリンク先や情報は、BBC history（http://www.bbc.co.uk/history）でも見つけることができるだろう（このサイトは現在更新停止中）。

　古代文明の歴史については、The Internet Classics Archive（http://classics.mit.edu/）が情報の宝庫と言える。このサイトでは、「59人の著者による441の古典文献」が英語で読める。古代ギリシャやローマの歴史家たちの著作に触れてみたいという向きには、まさしく宝の山だ。

書籍

Bell, J. Bowyer. *Assassin!* New York: St. Martin's Press, 1979.

Blair, David. *Degrees in Violence: Robert Mugabe and the Struggle for Power in Zimbabwe*. New ed. London/New York: Continuum, 2003.

Coll, Steve. *Ghost Wars: The Secret History of the CIA, Afghanistan and bin Laden, from the Soviet Invasion to September 10, 2001*. New York: Penguin Press, 2004.

Eaton, John P. and Charles A. Haas. *Titanic: Triumph and Tragedy*. 2nd ed. New York: Norton, 1995.

Homer. *Iliad*. 2nd ed. Translated by A. T. Murray, revised by William F. Wyatt. 2 vols. Loeb Classical Library. Cambridge, Massachusetts: Harvard University Press, 1999.

Jones, Gwyn, ed. *Erik the Red and Other Icelandic Sagas*. Oxford World's Classics. Oxford: Oxford University Press, 1999.

Keegan, John. *The First World War*. New York: Vintage, 2000.

Kemp, Anthony. *The Maginot Line: Myth and Reality*. New York: Stein and Day, 1982.

Knightley, Phillip, Harold Evans, Elaine Potter and Marjorie Wallace. *Suffer the Children: The Story of Thalidomide*. New York: The Viking Press, 1979.

Lacey, Robert and Danny Danziger. *The Year 1000: What Life Was Like at the Turn of the First Millennium: An Englishman's World*. Boston: Back Bay/Little Brown, 2000.

Lapierre, Dominique and Javier Moro. *Five Past Midnight in Bhopal: The Epic Story of the World's Deadliest Industrial Disaster*. New York: Warner, 2002.

McDaniel, Carl N. and John M. Gowdy. *Paradise for Sale: A Parable of Nature*. Berkeley: University of California Press, 2000.

McLean, Bethany, and Peter Elkind. *The Smartest Guys in the Room: The Amazing Rise and Scandalous Fall of Enron*. New York: Portfolio, 2004.

Milton, Giles. *Nathaniel's Nutmeg, or the True and Incredible Adventures of the Spice Trader Who Changed the Course of History*. New York: Penguin, 2000.

Moynahan, Brian. *Rasputin: The Saint Who Sinned*. New York: Da Capo, 1999.

Pakenham, Thomas. *The Scramble for Africa*. New York: Perennial, 2003.

Ratner, Gerald. *Gerald Ratner: The Rise and Fall… and Rise Again*. Chichester: Wiley, 2007.

Read, Piers Paul. *Ablaze: The Story of the Heroes and Victims of Chernobyl*. New York: Random House, 1993.

Robotham. Maralinga: *British A-Bomb Australian Legacy*. Melbourne: Fontana, 1982.

Rolla, Eric C. *They All Ran Wild: The Animals and Plants that Plague Australia*. London: Angus and Robertson, 1984.

Shakespeare, William. *Antony and Cleopatra*. Edited by Barbara A. Mowat and Paul Werstine. Folger Shakespeare Library. New York: Washington Square Press, 2005.

Silverberg, Robert. *The Realm of Prester John*. Athens, Ohio: Ohio University Press, 1996.

Smith, F. B. *Florence Nightingale: Reputation and Power*. New York: St Martin's Press, 1982.

Tacitus, Cornelius. *Annals of Imperial Rome*. Rev. ed. Translated by Michael Grant. Penguin Classics. New York: Penguin Books, 1989.

Thomas, Hugh. *Conquest: Montezuma, Cortés and the Fall of Old Mexico*. New York: Simon and Schuster, 1995.

Thomas, Peter David Garner. *Tea Party to Independence: The Third Phase of the American Revolution, 1773–1776*. Oxford: Clarendon Press/New York: Oxford University Press, 1991.

Tibballs, Geoff. *Tsunami: The World's Most Terrifying Natural Disaster*. London: Carlton Books, 2005.

Vaughan, Diane. *The Challenger Launch Decision: Risky Technology, Culture, and Deviance at NASA*. Chicago: University of Chicago Press, 1997.

Ward, Andrew. *Our Bones Are Scattered: The Cawnpore Massacres and the Indian Mutiny of 1857*. New York: Henry Holt, 1996.

Wert, Jeffry D. *Custer: The Controversial Life of George Armstrong Custer*. New York: Simon and Schuster, 1996.

Winter, Denis. *25 April, 1915: The Inevitable Tragedy*. St. Lucia, Queensland: University of Queensland Press, 1994.

Wood, Alan. *The Groundnut Affair*. London: Bodley Head, 1950.

Yergin, Daniel. *The Prize: The Epic Quest for Oil, Money, and Power*. New York: Simon and Schuster, 1991.

Yourdon, Edward, and Jennifer Yourdon. *Time Bomb 2000: What the Year 2000 Computer Crisis Means to You!* Upper Saddle River, New Jersey: Prentice Hall PTR, 1998.

索引

英字

NASA（アメリカ航空宇宙局） 164-167, 200
NKVD（ソ連の秘密警察） 125, 126
OPV説（エイズ） 158
Y染色体アダム 9
ZANU（ジンバブエ・アフリカ民族同盟） 207, 209
ZAPU（ジンバブエ・アフリカ人民同盟） 207

ア

アーサー・アンダーセン社 213
アイスランド 32-33, 35
アエネイス（ウェルギリウス） 14
赤毛のエイリーク 32-35, 37
アガメムノン 14
アキレウス 14
アクティウムの海戦 27
アグリッピナ（小アグリッピナ） 28, 29-30
アステカ族 48-51
アスワン・ダム 148
アタテュルク、ケマル 106
アダムズ、サミュエル 58
アダムとイブ 8-11
アトリー、クレメント 138
アピス（セルビア陸軍大佐） 102, 103
アフガニスタン 186-189
アブドゥッラー（トランスヨルダン国王） 121
アフリカ分割 84-89
アメリカ合衆国
　アフガニスタン 186-189
　宇宙計画 164-167, 198-201
　オレンジ剤 160-163
　スエズ動乱 148-149
　第二次世界大戦 128, 130, 132
アメリカ大使館人質事件（イラン） 188
アメリカ独立戦争 56, 59, 61
アラブ・イスラエル戦争 188
アルカイダ 188, 189
アルシング 32, 33
アルバラード、ペドロ・デ 51
アルプス 19, 20-21, 22, 23
アレクサンダル（セルビア王） 102
アレクサンデル3世（教皇） 40-42
アレクサンドラ（ロシア皇后） 91-92, 93
アレクサンドロス大王 12, 42
アンゴラ 84
アンソン、ジョージ 68-71
アンダーソン、ウォーレン 173-175
アンドリューズ、トーマス 95
アンドロポフ、ユーリ 182
イースタービルビー 76
イーデン、サー・アンソニー 146-149
イギリス
　アングロ・アフガン戦争 187
　インド大反乱 69-73
　核実験 142-145
　スエズ動乱 146-149
　帝国主義 68-73, 85, 88, 134-137, 146-149
イギリス海外派遣軍 108-111
イギリス東インド会社 53, 56, 58, 68, 69, 72, 73, 196, 197, 206
イジー・ス・ポジェブラト（ボヘミア王） 44-47
イスパハニ、M・H 136-137
イズメイ、J・ブルース 95, 97
イスラエル 147, 148, 149, 179, 188
イスラム教 85
イヌイット 33, 35
イラク 119-121
イラン 121
イリアス（ホメロス） 12, 14
印紙法 58, 59
インド
　イギリスの帝国主義 68-73
　インド大反乱 70-73
　サティー 70
　分割 187
　ベンガルの米飢饉 134-137
　ボパールの大惨事 172-175
インド洋の津波 214-217
ウィーン会議 99
ヴィクトリア（イギリス女王） 67, 68, 69, 92
ヴィクトリア湖 140
ヴィテブスク 60-63
ウィルソン、アーノルド 121
ヴィンランド 34
ウーンデッドニーの虐殺 83
ウェイクフィールド、ジョン 138-141
ウェーヴェル、アーチボルド（イギリス陸軍大将） 129, 136, 137
ヴェッツェラ、マリー 101
ウェルギリウス 14
ウサギの個体数（オーストラリア） 74-77
宇宙計画 164-7, 198-201
エイズ 154, 156-159
エジプト
　古代エジプト 24-27
　スエズ動乱 146-149
エジョフ、ニコライ 125-127
エゼルレッド2世（イングランド王） 36
エチオピア 43, 86
エデンの園 10-11
エリーザベト（オーストリア皇后） 101
エリザベス1世（イングランド女王） 53
エリス、アルバート 168
エル・ドラド 43
エンロン・スキャンダル 210-213
オイルショック（1970年代） 188
オーウェル、ジョージ 122
オースティン、トーマス 74-77
オーストラリア
　ウサギの害 74-77
　核実験 142-145
　ガリポリ防衛 104-107
　先住民族 143, 145
　ナウル 168-171
オーストリア＝ハンガリー帝国 91, 99, 100, 101
オクタウィアヌス（アウグストゥス帝） 25-27, 28
オスマン帝国 45, 64, 65, 84, 91, 99, 100, 104, 118, 146
オットー3世（神聖ローマ帝国皇帝） 37, 38, 39
オデュッセイア（ホメロス） 14
オデュッセウス 14, 15
オフショア金融 170-171
オレンジ剤 160-163

カ

カーソン、キット 79
カール12世（スウェーデン王） 61
カール4世（神聖ローマ帝国皇帝） 45
壊血病 67
外来種の持ち込み 74-77
カインとアベル 11
カウンポールの虐殺 71
カエサリオン 25, 26, 27

索引

カエサル, ユリウス　12, 24-25
化学兵器　120, 160-163
カスター, エリザベス　81-82
カスター, ジョージ　78-83
火星探査　200-201
カッシウス・ディオ　29, 30, 31
ガマ, ヴァスコ・ダ　52
火薬　36, 49
カリシウイルス　76
ガリポリ　104-7
カルタゴ　18-22
カルロス1世(スペイン王)　51
環境改変兵器禁止条約　162
ガンジー　135
環太平洋火山帯　214
カント, イマヌエル　46
カンネーの戦い　22, 23
飢饉　36, 134-137, 206
キッチナー卿　106
キップリング, ラドヤード　188
ギブス, フィリップ　111
救命ボート　94-97
教会大分裂　44
グアノ　168
クヴァストホフ, トーマス　151-152
クウェート　121
薬
　サリドマイド　150-5
　ベンゼドリン　148
クセルクセス1世(ペルシャ王)　12
クラーク, アーサー・C　167
クラウディウス帝　28, 29
グリーンランド　32-35
クリミア戦争　16, 64-67, 68, 100
グリューネンタール社　150, 152, 154
クリントン, ビル　205
クルド族　119, 120, 121
クレイジーホース　80
グレート・ゲーム　187
グレートトレック　85
クレオパトラ　24-27
クレオパトラの針　26
グレゴリウス5世(教皇)　37, 38
黒手組　102
軽騎兵の突撃　64
ケースメント, ロジャー　89
ケツァルコアトル　48, 50, 51
血友病　92
ケネディ, ジョン・F　153, 155, 161
ケミー・グリューネンタール社　150, 152
ケルシー, フランシス・オルダム　152, 153, 155
原罪　8-11
原子力
　核実験　142-145
　スリーマイル島　183
　チェルノブイリ原発事故　182-185

コイ　76
香辛料諸島　52-55
香辛料貿易　52
ゴーストダンス　82
黒死病　44, 156
古代ギリシャ　10, 12-17
コマンチ(馬)　80, 81
コムギ計画(タンザニア)　140
コルテス, エルナン　48, 49, 51
コロセウム(ローマ)　31
コロンブス, クリストファー　48, 52, 164
コンゴ　86, 87-89, 156, 158
コンスタンティノープル　45, 52, 104

サ

サイクス, サー・マーク　119
サウード, イブン　121
サウジアラビア　121
サッチャー, マーガレット　191, 193
サティー　70
ザマの戦い　20, 22
サミュエル, フランク　138-140
サラエボの暗殺　99-103
サラセン人　36
サリドマイド　150-155
珊瑚海海戦　130, 132
サンタヤーナ, ジョージ　7, 114
サンドクリークの虐殺　79
シーア派とスンニ派の対立　119, 121
ジェイ, ピーター　180
シェイクスピア, ウィリアム　27, 44
ジェームズ1世(イングランド王)　54
シェリー, メアリー　60, 63
シェリダン, フィリップ　79, 81
シカゴ川　194
シカゴ大火　29
地震　216
七年戦争　59
シッティングブル　81, 82, 83
宗教改革　45
十字軍　40-41
集団虐殺　122-125, 145
自由の息子たち　58, 59
シュタインネッカー(ドイツ陸軍大将)　113
種の起源(ダーウィン)　76
ジュリアス, アンソニー　179
シュリーマン, ハインリヒ　16-17
ジョージ3世(イングランド王)　56, 57, 58
ジョージ5世(イングランド王)　127
ショート, クレア　209
植民地解放　138, 146
植民地主義
　アフリカ　84-89
　北アメリカ　56-59, 78
　→「帝国主義」も参照

ジョバノビッチ, ウィリアム　178
ジョフル元帥　108, 114
シルウェステル2世(教皇)　36-39
シンガポール陥落　128-133, 135
真珠湾　128
神聖ローマ帝国　37, 45
人肉食　36, 49
ジンバブエ　206-209
水爆　142
スエズ運河　85, 119, 146, 149
スエズ動乱　146-149
スエトニウス　29, 31
スキピオ・アフリカヌス　20, 22, 23
スキリング, ジェフリー　212, 213
スターリン, ヨゼフ　123-127
スタグフレーション　209
スタンリー, ヘンリー・モートン　86, 87, 89, 140
スパルタ　15
スフラワルディー, フサイン・シャヒード　134-137
スペインのコンキスタドール(征服者)　48-51
スミス, イアン　206
スミス, ティリー　215-217
スリーマイル島原発事故　183
政治的暗殺　98-103
生態学的帝国主義　76
青年ボスニア　102
世界の終わり　36-39
赤軍　123-127
石油産業　146, 147
セネカ　28, 30
セネガル　141
セポイの反乱→インド大反乱
セン, アマルティア　136
先住アメリカ人　78-81
戦象　19-22
ソ連／ロシア
　アフガニスタン侵攻　186, 188, 189
　宇宙計画　200
　スエズ動乱　148-149
　大粛正　122-125
　チェルノブイリ原発事故　182-185
　ナポレオンによる侵攻　60-63
　ラスプーチン　90-93
ソンムの戦い　108-113

タ

ダーウィン, チャールズ　76, 85
ダーダネルス　104-106
第一次世界大戦
　ガリポリ　104-107
　サラエボの暗殺　99-103
　ソンムの戦い　108-113
　背景　98-101
　タイタニック号　94-97
第二次世界大戦

シンガポール陥落　128-133, 135
電撃戦　114, 116, 117
第二次バルカン戦争　100
ダウ・ケミカル　172, 174
タウンゼンド，チャールズ　57
タキトゥス　28-29, 31
タスマニア　77
ダブス，アドルフ　188
ダブリン　35
タリバン　188, 189
タレーラン　99
タンガニーカ（現在のタンザニア）138-141
ダンケルク　117, 129
チェルノブイリ原発事故　182-185
チャーチル，ウィンストン　104-107, 118-121, 128, 131, 132, 133, 147
チンギス・ハーン　43, 187
ツチ族　36
津波　214-217
デ・ウィット，ヨハン　52, 55
帝国主義
　イギリス　68-73, 85, 88, 135-137, 146
　生態学的　76
ディスティラーズ・カンパニー　150, 152, 154, 155
テイラー，エリザベス　25
デイリー・ミラー　178, 179
テニスン，アルフレッド　64
テノチティトラン　50, 51
テルプヌス　29
テレージエンシュタット　103
テレサ，マザー　66
電撃戦　114, 116, 117
ド・ゴール，シャルル　114
ドイツ
　第一次世界大戦　108-13
　第二次世界大戦　114-117
　統一　84
ドイル，アーサー・コナン　89
東条英機　129
ドゥッラーニー，アフマド・シャー　187
トゥハチェフスキー，ミハイル　125, 126-127
トーマス卿，シェントン　128-133
トーマス卿夫人デイジー　130
毒ガス　120, 173
特別保留地（先住アメリカ人）78-80
独立宣言　58, 59
ドットコムブーム　204, 212
トマス　42
ドムス・アウレア　30, 31
トルテカ帝国　48, 50
奴隷制度　88
ドレーク，フランシス　53
トロイ　12-17

トロイの木馬　13-14
トロツキー，レオン　124

ナ

ナイチンゲール，フローレンス　64-67
ナイル川の水源　85
ナイルパーチ　140
ナウル　168-171
長崎　142
ナセル，ガマール・アブドゥル　147, 148, 149
ナツメグ　52-55
ナポレオン・ボナパルト　60-63, 65
ならずもの国家　171
南北戦争　68, 78, 79, 80, 86
ニーウアムステルダム　54
ニコライ2世（ロシア皇帝）90-93
虹枯葉剤　161, 163
2000年問題　202-205
日本（第二次世界大戦中の）128-133
ニュージーランド　104-107
人間の由来（ダーウィン）76
ネストリウス派　42
ネック，ヤコブ・ファン　53
ネロ帝　28-31
粘液腫症　75
年金基金詐欺　180-181
農奴　91
ノース卿　56-59

ハ

パーク，ムンゴ　85
パーシバル，アーサー（イギリス軍中将）128, 131, 133
ハーシュ，シーモア　179
バートン，リチャード　25
バーブル　187
ハーラン，ジョサイア　187
ハーランド・アンド・ウルフ社　95, 97
バイキング　32-35, 36
陪審制　32
バグダッド　119-121
ハスドルバル　22
バッファロー　79, 81
ハドソン，ヘンリー　53, 54
ハプスブルク（家・帝国）47, 101-103
ハミルカル　18
ハリス，サー・アーサー（イギリス軍中佐）121
パリス（トロイの）12-14
ハリソン，ジョージ　195
ハリソン，レックス　25
バルバロッサ作戦　123, 126
バルフォア宣言　118
ハワード，ジョン　171
バングラデシュの洪水　194-197
ハンコック，ジョン　58

ハンセン病　154
パンドラ　10
ハンニバル　18-23
ビーグル2号　200
ピウス2世　46-47
ビキニ環礁　142
ビクトリア州順化協会　74, 76
聖ブレンダン　48
ビスマルク，オットー・フォン　86
ピット，ウィリアム（大ピット）56-57
人身御供　49
ヒトラー，アドルフ　115, 116, 123, 126, 127
ヒラウチワサボテン　76
ビル，バッファロー　82, 83
ビルマとタイを結ぶ鉄道　133
ビロード革命　47
広島　142-144
ビンラディン，オサマ　186, 188, 189
ファールーク（エジプト国王）147
ファイサル（イラク国王）121
ブーディカ　24
フェルディナント，フランツ（大公）100-103
フォークランド紛争　146
フス，ヤン　45
フス派　45
フセイン，サダム　120, 121
ブッシュ，ジョージ・W　211
ブッシュミート説（エイズ）158
フツ族　36
フット，マイケル　141
プトレマイオス朝　24, 27
普仏戦争　114
フラー，ジョン（イギリス軍大佐）116
プラハ　45
プラハの春　47
フランクリン，ベンジャミン　59
フランケンシュタイン（小説）63
フランス
　ソンムの戦い　108-113
　マジノ線　114-117
フリードリヒ1世（神聖ローマ皇帝）42, 43
プリンツィプ，ガヴリロ　98-103
ブルガール人　36
ブルック＝ポッパム，ロバート（イギリス空軍大将）131
プレスター・ジョン　40-3, 52
ブレダの和約　54
プロメテウス　10
米英戦争　65
ヘイグ，サー・ダグラス（イギリス海外派遣軍大将）108-113
ペタン元帥　115
ベトナム戦争　160-163

ベネディクトゥス5世(教皇) 36
ベネディクトゥス6世(教皇) 37
ベリヤ, ラヴレンチー 126
ペルガモン・プレス社 177-180
ベルギー 84-89, 116
ベルダン 108
ベルリン会議 100
ヘレネ(トロイの) 12-15, 24
ヘロドトス 13
ベンガルの米飢饉 134-137
便宜船籍 170
ベンゼドリン 148
ボウナル卿, ヘンリー(イギリス軍中将) 130-131
亡命希望者 170
ポエニ戦争 18-23
ボーア人 85
ボーグル, エリック 107
ポーロ, マルコ 43
北米大陸
　アメリカ独立戦争 56, 61
　カスターの最後の抵抗 81
　南北戦争 68, 78, 79, 80, 86
　ボストン茶会事件 56-59
　マンハッタン 52-55
　→「アメリカ合衆国」も参照
ボストン茶会事件 56-59
ポッサム 76
ポッパエア・サビナ 29-30
ボパールの大惨事 172-175
ボヘミア 44-47
ホメロス 12, 13
ポリオワクチン 158-159
ポリュビオス 20, 21
ホロコースト 122, 134
ボロジノの戦い 60, 63
ホワイト・スター・ライン社 94-95, 97

マ
マーフィー, エドワード 164, 167
マーフィーの法則 164, 167
マイヤーリンク 101
マウントバッテン卿, ルイス 130
マギ(東方三博士) 40
マクスウェル, ケヴィン 181
マクスウェル, ロバート 176-181
マクドナルド 73
マクナマラ, ロバート 160, 161
マクブライド, ウィリアム 154, 155
マクミラン社 176, 179, 180
マコーリー, トーマス・バビントン 69-70
マジノ, アンドレ 114, 115, 117
マジャール人 36, 45
マッキンリー, ウィリアム 99
マッツィーニ, ジュゼッペ 46
マティアス・コルウィヌス(ハンガリー王) 47
マネーロンダリング 171
マフムード, ガズニ 187
マヤ文明 50
マラッカ 52
マラッカ海峡 130
マラリンガ 142-3
マリー＝アントワネット 92
マリナー探査機 164-167
マルクス・アントニウス 24, 27
マルクス, カール 69
マルコ・ポーロ 43
マレー・ダーリング水系 76, 194
マンシュタイン, エーリッヒ・フォン(ドイツ軍中将) 116
マンシュタイン計画 116-117
マンデヴィル, ジョン 40, 42
マンハッタン 52-55
ミシシッピ川 194
ミソジニー(女性憎悪) 9
ミッドウェー海戦 130, 132
ミトコンドリア・イブ 8-9
南アフリカ 85, 157, 206
ミニュイット, ピーター 53, 54
ミュシャ, アルフォンス 45
ミラー・グループ 178, 181
ミルン湾の戦い 132
ムーア人 36
ムカジー, シャヤマ・プラサド 137
ムガベ, ロバート 206-209
ムジャーヒディーン 186, 188
ムスリム連盟 135, 137
ムベキ, タボ 156, 157
メシカ族 48-51
メッテルニヒ, クレメンス・フォン 99
メネラオス(スパルタ王) 12-15
メンジーズ, サー・ロバート 142-143
モサド 176, 179
モザンビーク 84
モンゴル人 45, 187
モンテスマ2世 48-51

ヤ
遊女の支配 36
優生学 155
ユトランド沖海戦 104
ユニオン・カーバイド社 172-175
ヨーゼフ1世, フランツ(ハプスブルク帝国皇帝) 101
ヨードン, エドワード/ジェニファー 202-204
ヨーロッパの統合 47

ラ
楽園追放神話 8-11
楽園の喪失 8-11
ラクナウの包囲 71
ラコタ族 78-83
ラスプーチン 90-93
落花生栽培(タンガニーカ) 138-141
ラッセル, W・H 66, 67
ラッフルズ卿, スタンフォード 130
ラトナー, ジェラルド 190-193
ラン島 52-55
ランド研究所 162
リー＝エンフィールド銃 70
リウィウス 21
リヴィングストン, デイヴィッド 85, 86
リトルビッグホーンの戦い 80-81
リベリア 86, 88, 170
リンカーン, エイブラハム 78
リン採鉱 168-170
リンジー, ヴェーチェル 87, 88
ルーカス, ジョン(イギリス軍少将) 107
ルーズベルト, セオドア 99
ルキアノス 17
ルシタニア号 95
ルドルフ皇太子 101
ルワンダ 36, 122
レイヴ・エイリークソン 34, 35, 36
冷戦 141, 146, 147, 188
レオポルド1世(ベルギー王) 86
レオポルド2世(ベルギー王) 84-89
レッドリボンプロジェクト 159
レンツ, ウィドウキント 154, 155
ロイド・ジョージ, デビッド 119
ローズ, セシル 206
ローデシア 206-207
ロシア正教会 90
ロストウ, ウォルト・W 161
ロッキード・マーティン社 198-201
ロビンソン, アン 178
ロマノフ王朝 90-93
ロラード派 45
ロレンス, T・E 118
ロンドン大火 29
ロンメル, エルヴィン・ヨハネス(ドイツ軍将軍) 116

ワ
ワーテルローの戦い 65
ワシントン, ブッカー・T 88

THE WORST DECISIONS...EVER!

© 2017 by Quarto Publishing plc

Japanese translation rights arranged with Quid Publishing through Tuttle-Mori Agency , Inc., Tokyo

ナショナル ジオグラフィック協会は、米国ワシントンD.C.に本部を置く、世界有数の非営利の科学・教育団体です。
1888年に「地理知識の普及と振興」をめざして設立されて以来、1万件以上の研究調査・探検プロジェクトを支援し、「地球」の姿を世界の人々に紹介しています。
ナショナル ジオグラフィック協会は、これまでに世界41のローカル版が発行されてきた月刊誌「ナショナル ジオグラフィック」のほか、雑誌や書籍、テレビ番組、インターネット、地図、さらにさまざまな教育・研究調査・探検を通じて、世界の人々の相互理解や地球環境の保全に取り組んでいます。日本では、日経ナショナル ジオグラフィック社を設立し、1995年4月に創刊した「ナショナル ジオグラフィック日本版」をはじめ、DVD、書籍などを発行しています。

ナショナル ジオグラフィック日本版のホームページ
nationalgeographic.jp

ナショナル ジオグラフィック日本版のホームページでは、音声、画像、映像など多彩なコンテンツによって、「地球の今」を皆様にお届けしています。

失敗だらけの人類史
英雄たちの残念な決断

2018年1月22日 第1版1刷

著者	ステファン・ウェイア
翻訳者	定木 大介、吉田 旬子
編集	尾崎 憲和、田島 進
編集協力	リリーフ・システムズ
デザイン	渡邊 民人、清水 真理子（タイプフェイス）
発行者	中村 尚哉
発行	日経ナショナル ジオグラフィック社
	〒105-8308 東京都港区虎ノ門4-3-12
発売	日経BPマーケティング

ISBN978-4-86313-402-7
Printed in China

©2018 日経ナショナル ジオグラフィック社
本書の無断複写・複製（コピー等）は著作権法上の例外を除き、禁じられています。購入者以外の第三者による電子データ化及び電子書籍化は、私的使用を含め一切認められておりません。